读客中国史入门文库

顺着文库编号读历史，中国史来龙去脉无比清晰！

▎庐山岳母墓

▎杭州岳飞墓

岳母祠岳母刺字塑像、壁画

▌杭州岳王庙正殿

▌杭州岳王庙"尽忠报国"题刻

▎杭州岳飞墓秦桧、王氏跪像

▎岳飞改谥"忠武"敕文碑

韩世忠墓

杭州凤凰山"忠实"题刻

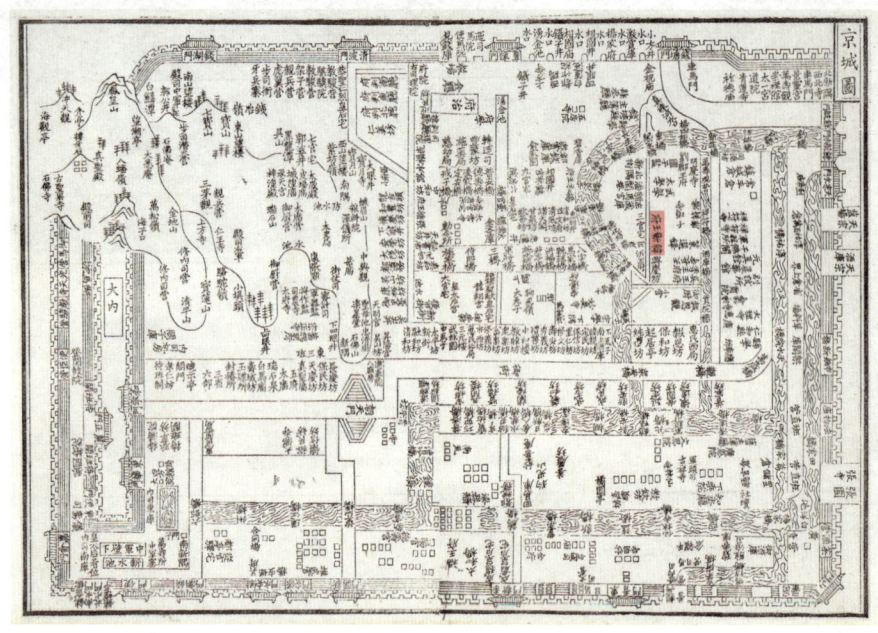

《咸淳临安志》（中国国家图书馆藏）所载南宋京城图

红色标记处为"韩蕲王宅"

韩蕲王祠

吴玠碑及碑亭

吴玠碑额

徽县吴玠墓

吴越国王钱元瓘墓石刻星象图

贯休十六罗汉刻石

宋高宗御书石经

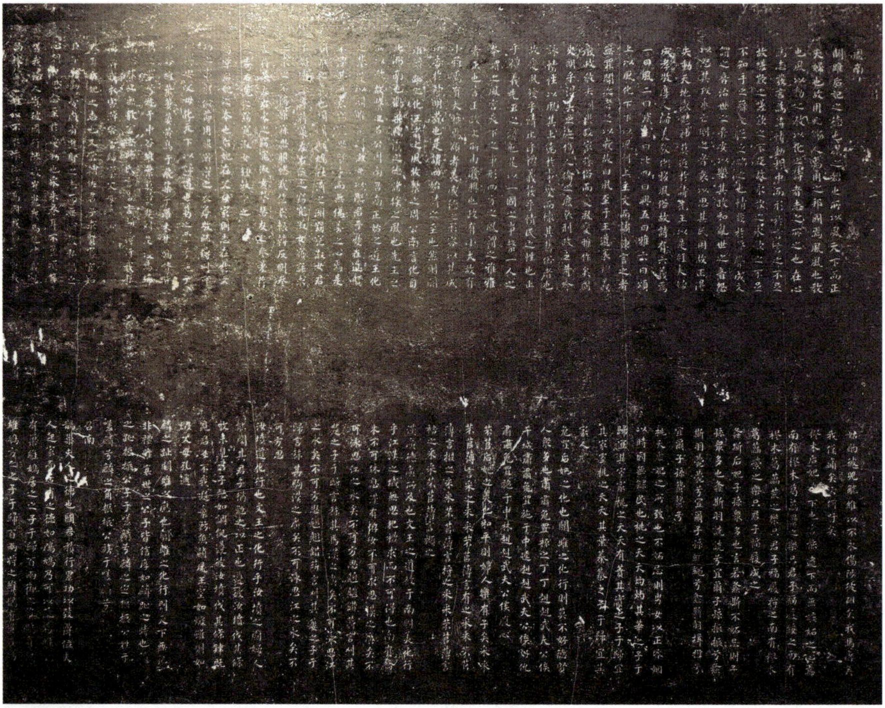

宋高宗御书石经之《诗经》局部

■ 南宋石经秦桧题跋

■ 杭州碑林御书"大成之殿"碑

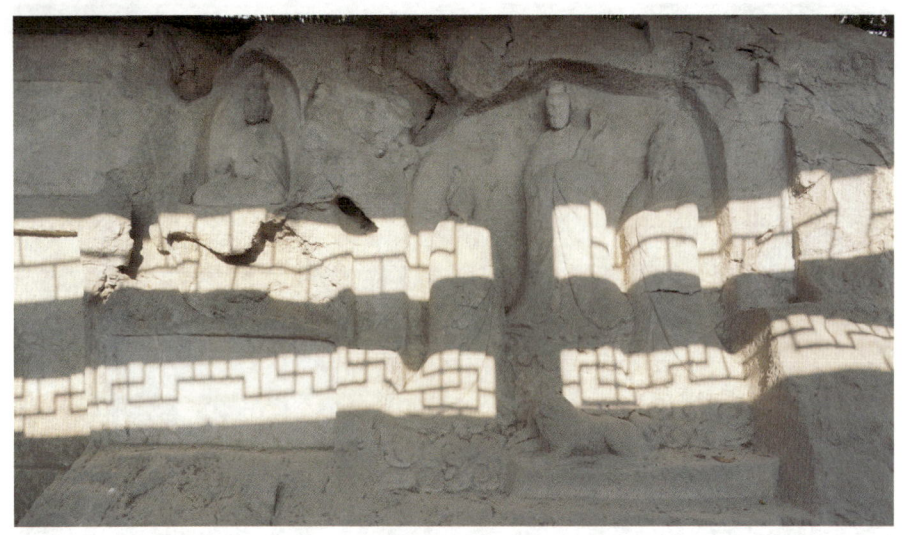

▎通玄观刘敖、元始天尊、三茅真君像

▎杭州吴山明代重刻宁寿观尚书省牒

【释文】尚书省牒:牒奉敕宜赐宁寿观为额,牒至准敕故牒。绍兴二十年(尚书省印)牒。签书枢密院事兼参知政事巫。参知政事余。太师尚书左仆射同中书门下平章事

杉青闸遗址之落帆亭

▎2021年径山寺山门

▎径山寺宋孝宗御碑（阳面）

▎楼钥《径山兴圣万寿禅寺记》（宋孝宗御碑阴面）

径山寺观音像

岳麓书院

张栻墓

▎鹅湖书院

▎白鹿洞书院

"四大宋碑"之地理图碑

"四大宋碑"之帝王绍运（世系）图碑

"四大宋碑"之天文图碑

"四大宋碑"之平江图碑

照江崖

庐山天池塔

昙山朱熹题刻及拓片（上、下）

北固山景区北固楼

祭江亭

赣州郁孤台

▌吴山青衣洞

▌镇江焦山陆游题刻

南宋石刻公园石像生群

史弥远墓

▎李曾伯纪功铭

▎李曾伯纪功铭铭文

▌李嵩《西湖图》（上海博物馆藏）局部

画面中央为孤山，对面的北山当即贾似道宅府

▌从半闲草堂（抱朴道院）眺望西湖

▎民国木棉亭题刻

▎木棉庵碑刻

▍钓鱼城城墙

▍王坚纪功碑残字

▌钓鱼台遗址

▌"九口锅"遗址

真假南宋

寻访18处南宋遗址，还原史书遗漏的真相！

吴铮强 著

江苏凤凰文艺出版社

图书在版编目（CIP）数据

真假南宋 / 吴铮强著. -- 南京：江苏凤凰文艺出版社, 2024. 9. -- ISBN 978-7-5594-8842-8

Ⅰ．K244.09

中国国家版本馆 CIP 数据核字第 20242N7D24 号

真假南宋

吴铮强　著

责任编辑　丁小卉
特约编辑　王　偲　　丁　虹　　尹开心
封面设计　申碧莹
责任印制　杨　丹
出版发行　江苏凤凰文艺出版社
　　　　　南京市中央路 165 号，邮编：210009
网　　址　http://www.jswenyi.com
印　　刷　三河市中晟雅豪印务有限公司
开　　本　880 毫米 ×1230 毫米 1/32
印　　张　11
字　　数　255 千字
版　　次　2024 年 9 月第 1 版
印　　次　2024 年 9 月第 1 次印刷
标准书号　ISBN 978-7-5594-8842-8
定　　价　59.90 元

江苏凤凰文艺版图书凡印刷、装订错误，可向出版社调换，联系电话：010-87681002。

目 录

引言：在田野中寻找南宋　　　　　　　　　　　　　　　001

第一章　庐山岳母墓：相公河北一农夫耳　　　　　　　　007

第二章　苏州韩世忠墓：大雅君子，明哲是保　　　　　　026

第三章　徽县吴玠碑：一进却之间胜负决矣　　　　　　　044

第四章　杭州孔庙石经：君师之任归于一　　　　　　　　060

第五章　杭州通玄观：左右虚皇友三真　　　　　　　　　084

第六章　嘉兴杉青闸：上圣载育之地　　　　　　　　　　098

第七章　余杭径山寺御碑：荷担大事不寻常　　　　　　　111

第八章　长沙岳麓书院：君臣之契渐行渐远　　　　　　　127

第九章　鹅湖、白鹿洞两书院：今人只读书便是利　　　　143

第十章　苏州文庙宋碑：度吾已不可为　　　　　　　　　163

第十一章 庐山照江崖：丞相塔前丞相祠 179

第十二章 昙山朱熹题刻：颓然见此山 192

第十三章 镇江北固亭：廉颇老矣，尚能饭否 207

第十四章 吴山青衣洞：游起于告老之后 224

第十五章 宁波史弥远墓：隧道之碑未立朕甚悯焉 242

第十六章 襄阳李曾伯纪功铭：乾能夬，剥斯复 254

第十七章 漳州木棉庵：宋郑虎臣诛贾似道于此 266

第十八章 合川钓鱼城：嘉陵江中半江血 277

后记：宋朝历史遗迹的四种类型——对寻宋之旅的一点归纳 299

引言：在田野中寻找南宋

熟悉"寻宋"一系列写作的朋友早就说过，于2020年出版的《寻宋》至少会有第二部。因为"寻宋"本质上是对宋朝历史的写作，而不是游记或考古报告。《寻宋》始于陈桥驿（陈桥兵变），终于开封沦陷（靖康之难），那么就应该有续作来记述南宋的历史。的确，"寻宋"系列的写作是通过历史遗迹将两宋的历史串联起来，从历史记忆的角度重新构建两宋历史的叙述体系。而且两宋的地理空间结构发生了根本变化，北宋的政治核心区在河南，重要历史遗迹主要分布在黄河流域，长江流域以及更南的区域往往只是作为人才的供应地、臣僚的游宦地甚至贬谪地，而留存于历史记忆之中。南宋则发生了根本的变化，赵构定都杭州，浙江成为政治核心区域，福建、江西是官僚人才的集中供应地，而江苏、两湖与四川成为宋金战争的前线，这是中国王朝史上前所未有的政治空间格局。从这种意义上来讲，分北宋与南宋两篇各自叙述两宋的历史风云是合适且必要的。

《真假南宋》就是"寻宋"的南宋篇，它涉及文物遗迹的地理位置与北宋篇明显不同，不但不涉及整个黄河流域，而且浙江独占三分之一强（七篇），其中行在杭州又有四篇。此外的十一篇，与浙江毗邻的江苏与江西各占三篇，其他两湖、四川、福建与甘肃各一篇，总计十八篇。各篇的地理布局并没有事先的规划，只是依据历史发展的脉络来确定，结果长江下游占据了绝对的重心，与南宋的政治地理完全相符。

历史遗迹能够遗存至今，是历史事件与历史记忆两个维度综合的结果，其中历史记忆的维度具有决定性的作用。若论历史事件，一部王朝史的大事件应该有一半以上发生在朝堂之上，但所谓的南宋皇城今天已经没有任何地面上的痕迹。南宋长期处于战争状态，但平原与城市一般很难保存战争遗迹，除非特殊的构建，比如李曾伯的纪功铭或山城钓鱼城。而战争中涌现的英雄人物始终为人敬仰与追怀，所以《真假南宋》的前三篇，就是与被称为宋室南渡之初抗金前线"三座长城"的岳飞、韩世忠、吴玠相关的陵墓遗迹，他们的故事又完整呈现了宋金战争的整体格局与基本脉络。

南宋的历史其实有一些特定的主题，除了与北方的战争，还有内部的和战之争，以及理学的兴起、权臣的势力。这几方面的问题又复杂地交织在一起，《真假南宋》正是通过历史遗迹来追录这些主题演变的历程。

主战与主和的主角可不是岳飞与秦桧，而是高宗与孝宗这对奇怪的皇帝父子，《真假南宋》的第四篇至第七篇其实是讲这对父子的传位与和战之争。

今天杭州孔庙保存着非常珍贵的宋高宗御制石经，这不仅是重要的儒学与书法的文物古迹，更为南宋初年的和战之争留下了深刻的历史印迹。石经最初是由秦桧奏请刊刻的，被安置在南宋太学之中，而太学是刚刚以岳飞废宅改建而成的。这两件事就发生在绍兴和议达成与岳飞遇害之后不久。所以太学御制石经的出现，就是高宗对南宋基本国策的一次重大宣示：战争已经结束，太平重新降临。

但和平并没有永久地维持下去，二十年后金人撕毁和议，高宗被迫应战。应战之前，他在杭州兴建道观祈求天神的护佑，神奇的是这次战争略带侥幸地取得了胜利，侵宋的金朝国主完颜亮命丧江北。我与朋友老沈曾专程前往安徽马鞍山寻访过那次比较意外的采石之战，但没有什么收获。真正留下文物古迹的反而是宋高宗为祈求天神而兴建的道观——今天杭州中山南路南宋太庙遗址南侧的紫阳小学内，保存着该市唯一一处道教石刻，这里就是南宋通玄观的遗址所在，此外吴山上还有明代复刻的宁寿观赐额省牒摩崖。这两处道观供奉的都是江苏茅山的三茅真君，那里是高宗最初逃亡江南的必经之路……

采石之战之后，一心享受清福的高宗将皇位传给了养子（宋孝宗），这样做也是把宋朝皇帝的世系归还到宋太祖赵匡胤这一支。第六、七篇《嘉兴杉青闸》《余杭径山寺御碑》就是从出生地与御碑讨论孝宗漫长的继位之路及其主战立场。第八篇《长沙岳麓书院》则从孝宗主动北伐失败之后丧失对理学家的期待写起，全书的话题也由此从高宗、孝宗父子的和战之争，转入到理学家与权臣的权力斗争。

第八篇至第十二篇，这五篇中的文物古迹涉及岳麓书院、鹅湖书院、白鹿洞书院、苏州文庙的四大宋碑、庐山照江崖及杭州昙山的朱熹题刻,人物涉及广义上理学集团的张栻、陈亮、吕祖谦、黄裳、赵汝愚及道学党魁朱熹。这一系列古迹与人物,向今人展现出南宋中期理学家群体的兴起,以及他们与权臣韩侂胄权力斗争的最终失败,南宋的历史也由此走向权臣时代。

南宋后期出现了三位权臣,分别是韩侂胄、史弥远与贾似道。韩侂胄对理学集团发动庆元党禁之后,又为巩固权势发动了开禧北伐。开禧北伐时,他曾动员著名的主战派人士辛弃疾与陆游参与政治,但辛弃疾与陆游在这个过程中只是留下了著名的诗文篇章,与韩侂胄则保持着一定的距离。第十三、十四篇就是通过镇江北固亭和吴山青衣洞这两处古迹来追怀辛、陆两人的晚年心迹。

南宋的历史始于宋金战争,终于宋蒙(元)战争。宁波人史弥远是南宋最成功的权臣,这不仅是因为他掌权时间最长,是令史氏成为丞相世家的核心人物,更重要的是他为南宋后期在战争中的积极防御地位构建了坚实的力量。史氏丞相世家在宁波的东钱湖畔留下了非常壮观的墓道石像生群,第十五篇就是由此讨论史弥远及其家族的兴衰史。而第十六篇通过李曾伯纪功铭讲述南宋曾两度抵御蒙古的强大攻势,李曾伯显然属于史弥远政治遗产的一部分。

南宋的灭亡与最后一位权臣贾似道有密切关系,漳州木棉庵是贾似道的丧命之地。至于南宋的灭亡,《真假南宋》主要讨论的不是杭州的投降或者崖山的海战,而是将更多笔墨用于合川钓鱼城。无论是文物遗址的保存情况与观赏性,还是在战争史上的地位,合川钓鱼城在宋末战争中的历史实在太过曲折、辉煌与精彩,写作结束篇钓鱼城时的心潮澎湃至今仍记忆犹新。

本书及前作《寻宋》最初是以单篇形式在澎湃新闻网的"私

家历史"板块发表的，这里要特别感谢已经离职的饶佳荣先生以及后续负责本板块的于淑娟女士两位编辑，还有对小稿热情推介的钟源先生。因为是单篇结集出版，出版时理应进一步增强文稿的整体性，这一点在两部书中都有一定的探索与尝试。与单篇不同，《寻宋》与《真假南宋》书稿的各篇前面都会增加一段引言，不过《寻宋》主要是从游记的视角交代相关行程的情况及旅游体验，而《真假南宋》则侧重交代相关文物古迹在南宋历史上的地位与意义，更充分地体现"寻宋"作为历史叙述的特点。当然两种引言各自的侧重点在另一部"寻宋"中都以其他方式有所体现，比如北宋篇在各章后附上一个大事件表，这同样是串联历史的一种方式，而南宋篇则会以插图注文的形式更加灵活地介绍相关行程的旅游体验。

"寻宋"系列是我从文物古迹的视角重建两宋叙述的一种尝试，其中的意义我在《寻宋》的前言中已经有所交代。我总是感觉文献中记述的宋朝历史充满了陷阱，文字对历史的呈现可能永远伴随着遮蔽。当然这并不意味着文物古迹就会坦白所有的历史真相，事实上所有的历史遗迹都是后世反复重新构建的结果，但这并不妨碍我在田野中寻找打破文献叙述脉络的乐趣。至于这些写作在多大程度上是有趣与成功的，这完全留待读者的评判。对于我个人而言，不断地走访、不断地写作，本身就是特别有意义的过程，甚至可以理解为个人生存方式的重要组成。

南宋篇写完之后，"寻宋"的写作是不是还要继续？这个问题的答案或许不是那么确定，应该会以不同的方式继续吧。事实上在《真假南宋》交稿的同时，由我主编的一本《杭州寻宋》业已完成初稿，那是对杭州的南宋历史遗迹的一次梳理。毕竟至今我寻访过的宋代遗迹应该不下300处，没有写成文字的还有很多很多。当然，因为学识有限，并不是每一处遗迹都能让我形成文字，但可以确定的是，寻宋之旅还将继续，该走未走的地方还有很多，我与老沈的旅行计划随时都会重启。我在《寻宋》中介绍过老沈，他是我的发小沈波涛，一位痴迷旅游的老朋友，是我的寻宋之旅不可或缺的同伴，疫情对旅行的影响已经让他困扰很久了。

2022年11月21日

第一章 庐山岳母墓
相公河北一农夫耳

古往今来,岳飞抗金的故事曾激励无数热血男儿投军报国。江州(今江西九江)是岳飞征战过的地方,岳飞曾先后两次驻扎在江州,在此地度过了三分之一的军旅生涯。他把江州看作第二故乡,虽然终老于此的愿望没有成为现实,但他的母亲姚氏与妻子李氏就安葬在庐山脚下。

建炎四年(1130),岳飞从沦陷区迎母抵宜兴(今属江苏)随军奉养。绍兴二年(1132),岳飞移居江州;绍兴四年(1134),岳飞徙鄂州(今湖北武汉)。这段时间,姚氏都在军中。绍兴六年(1136)三月二十六日,姚氏病逝,岳飞奏请朝廷解除军职为母亲治丧守孝。岳飞将母亲葬于江州庐山西麓株岭东北端一处有"卧虎舔尾"之称的山岗上,又建"叠翠亭"准备为母亲守墓,但朝廷不允许他解除军职。最终,岳飞

庐山岳母祠岳母塑像

于六月返回鄂州，姚氏墓则由岳飞妻李氏代守。

岳母墓面朝西北，长9.1米，宽3.2米，高1.7米，圆形拱顶，墓碑正面刻"宋岳忠武王母姚太夫人之墓"。墓前有拜台和石祭器，两侧为1962年所勒《重修岳母墓碑记》。岳母墓前拜台下，原有岳母祠，为明正德十二年（1517）九江知府汪颖所建，后为侵华日军炸毁。后来岳飞后裔重建三间用于祭祀的茅舍又被国民党军队拆去修筑工事，自此岳母墓沦为废墟。中华人民共和国成立时岳母墓仅存一张供桌、一对残马，人民政府于1962年、1984年两次重修岳母墓。在后世的岳飞故事中，岳母被塑造成育子的典范，岳母刺字"精忠报国"的故事流传尤广，被尊为中华四大贤母之一。为了发掘历史文化遗产，加强爱国主义教育，1996年岳母逝世860年之际，九江县委、县政府投资二百余万元，征地三十余亩，在墓地原祠遗址上，按明清建筑风格修复了叠翠亭、享殿、岳母祠、仪门、石人石马等设施，并增设照壁。祠（殿）内有岳母、岳飞塑像，供游人祭祀。现在该处已被列为九江市爱国主义教育基地，是庐山风景名胜区著名景点之一。

引 言

在我们这一代人的童年里，看连环画与玩洋片还是获取课外知识最重要的途径。那些绘本中有两位赫赫有名的宋代历史人物——杨令公（杨业）与岳飞，苏轼和朱熹在孩童中的知名度是完全不能跟前两者相提并论的。当然，绘本中描绘的《杨家将》和《说岳》故事与真实的历史相去甚远。杭州的岳飞墓应该是我最早游览过的全国重点文物保护单位，孩童时有所印象的无非是岳王庙正殿壁画上的岳母刺字故事与塑像中儒雅俊武的岳飞形象。初学历史专业时知道了岳母刺字与岳飞塑像都不是历史事实，便对岳王庙有些嫌弃，那时候觉得杭州西湖景区的岳王庙日益冷落也很正常。

稍多读些岳飞的相关论著，总是感慨赵构与岳飞的关系究竟为何破裂，在投降派与抗战派的对立之外，我一直觉得"武人讨论立嗣"与"岳飞怒上庐山"是最具戏剧性的情节，以至于总会在脑海中反复演绎岳飞与赵构当时的脸部表情：耿直与愤恨，错愕与惊恐……

靖康二年（1127）五月初一，赵佶的第九个儿子赵构在南京应天府（今河南商丘）即皇帝位，后来赵构把宋朝都城迁至临安（今浙江杭州），史称南宋。金朝原本想在消灭赵宋政权后扶植傀儡政权统治汉族地区，但两次南侵俘赵构不获，金朝便于1030年册立刘豫为大齐皇帝。绍兴四年（1134）春，赵构命岳飞自江州（今江西九江一带）向鄂州（今湖北武汉）出发，收复襄汉地区。岳飞自五月北伐，至七月相继收复郢州（今湖北钟祥）、襄阳、随州、邓州、唐州（今河南唐河）、信阳军（今河南信阳）等襄阳六郡。八月，岳飞被授为清远军节度使，成为南宋诸大将中继刘光世、韩世忠、张俊、吴玠后第五个建节的将领。

岳飞出身于贫苦农民，是南渡诸大将中最为杰出的立志恢复中原的进攻型将帅。他遇害之时，兵权早已交出，宋金和约也已签订，因此这件事与南宋削夺兵权或者绍兴和议都没有必然联系。岳飞之被冤杀，主要原因是遭赵构忌恨。如念念不忘恢复中原，对赵构乞和战略深表不满；曾经一怒之下辞官上庐山，被赵构视为要挟君主；又在赵构绝嗣情况下提议他立储，触犯宋朝武将干政大忌。

岳飞的家乡是相州汤阴（今属河南），那里的岳王庙至明代才出现。游览汤阴岳王庙是2015年9月两河寻宋行程的一部分，那是继濮阳回銮碑之后的第七站，同在汤阴的重要宋代遗迹还有韩琦的昼锦堂记碑，出身农民的岳飞年轻时曾是韩家的一名长工。在此之前的2015年7月河南之旅，我与老沈还专门寻访过朱仙镇的岳王庙，那是一座比较简陋的民间祀庙。至此我差不多游遍了现存最重要的几处岳飞祠庙，但不知为何总觉得意犹未尽。直到2018年4月庐山之行，那次首要目的地是周敦颐墓、苏轼题壁的西林寺以及观音桥，设计行程时脑海里就冒出了"岳飞怒上庐山"的情节，就特别好奇庐山上还有没有岳飞遗迹，一查才知原来当地已于1996年修复了岳母墓，于是我们特意寻访……

2022年10月，我带宋韵研修班的学员游览岳王庙。现在我喜欢聊起的一个话题是，岳王庙正殿的岳飞塑像特别深入人心，但并不符合历史事实。南宋《中兴四将图》上的岳飞是无须、白净、稍胖的形象，所以某相声演员一度被认为将在张艺谋电影《满江红》中扮演岳飞。

（一）相公河北一农夫耳

绍兴七年（1137）四月，因宋高宗对由岳飞统领原属刘光世的淮西军一事出尔反尔，岳飞愤而自解兵权，步归庐山为母亲姚氏守墓，岳母墓就是这一事件的历史现场。岳飞怒上庐山的原因，当时就有不同的记载：熊克《中兴小历》称这是因为岳飞与张浚意见不合，《岳侯传》称岳飞怒上庐山正值秦桧独相之后求和。但这些说法的时间都与史实不符，已为《建炎以来系年要录》明确否定。

岳飞的母亲姚氏去世于绍兴六年（1136）三月，当时岳飞已经先后收复襄阳六郡、镇压杨幺起义，并开始准备第二次北伐，长驱伊洛。但母亲去世后，岳飞未等朝廷批复，便扶护灵柩往庐山葬母，又连续上表请求为母守丧三年。朝廷连续降制起复岳飞，命令当地官员、将佐等反复请求岳飞视事，高宗还"亲札慰谕，又累诏促起"。五月，岳飞回到襄阳，七月起兵北伐，收复商、虢等地，终因孤军无援、粮草不继而退军。第二年岳飞赴平江（今江苏苏州

庐山岳母祠

一带）、建康（今江苏南京）扈从高宗，官拜太尉，岳飞请立皇储、高宗对岳飞整编刘光世军队一事的反复等，就发生在这时。

高宗对岳飞私上庐山非常不满，对岳飞部将李若虚、王贵下达死令，如不能请岳飞下山，就与岳飞一同按军法处斩。李若虚等人苦劝六日，最后对岳飞哀告说，相公原来不过是河北一个农夫，难道真的想造反吗？如果执意拒绝复职，那我们甘愿受死，也就没有对不起相公的地方了。

岳飞不得不到临安向高宗待罪。高宗对岳飞说，你之前的奏陈太轻率，但我很信任你，也没有生你的气，真的触犯军法自当处罚，所以我决定恢复你的军职，并把恢复中原的重任交给你。

这一幕被秦桧看在眼里，他相信岳飞与高宗的关系已经破裂了。

（二）岳母刺字

　　今天的岳母墓占地甚广，主要是因为1996年岳母逝世860年之际，江西省按"贤母"主题构建了纪念场馆。岳母祠内岳母塑像上悬挂"母仪万世"牌匾，陈列中最显眼的位置是领导人或岳飞后裔等人题写的"千古母范""伟大的母亲""母教传千古，美德励后人""母教典范"等题字。对岳母事迹的呈现，除了广为流传的岳母刺字塑像，还有岳母手把手教幼年岳飞习字的壁画。

　　曾几何时有中华四大贤母（孟轲母、陶侃母、欧阳修母、岳飞母）之说，又因为其中的陶侃、欧阳修、岳飞均与江西有关，江西九江还于2011年兴建了占地1100亩的中华贤母园。不过王曾瑜先生早已指出，岳母应该并不识字，刺字更是专门手艺，并非普通妇女在家中所为之事。岳母刺字的故事非但宋代文献中没有，最早出现

▎杭州岳王庙岳母刺字壁画

已晚至清康熙年间（1622—1722）的《如是观传奇》。《宋史》记载岳飞背上确实刺有四个大字，并在受审时"袒而示之"，不过那四个字是"尽忠报国"，而非"精忠报国"。

置于今天中产阶级对亲子教育极度焦虑的背景中，虚构的岳母刺字、教子习字的情节更像是功利主义及"鸡娃"式教育观的体现，名将的成长之路更应该理解为岳母没有束缚岳飞天性的结果。当然这也是强作解人，事实上岳飞最初的工作是在权贵家中打零工（庸耕）、在市场上当保安（游徼），实在走投无路，才应募充当军队中没有编制的、危险的临时工（敢战士）。这些职业大概会让今天的母亲们集体"社会性死亡"，如果不是发生悲惨的靖康之难，岳飞或许没有多少社会垂直流动的机会，很可能沦为失败者与社会边缘人。

（三）母沦陷河朔

崇宁二年（1103），也就是宋徽宗与蔡京立起元祐党禁碑的那一年，已经三十六七岁的姚氏在汤阴生下第五个儿子岳飞。不过，《说岳》中"因黄河决口，姚氏抱着尚未满月的岳飞在巨瓮中漂流"的故事是子虚乌有。据说，岳飞的家中本来也有"瘠田数百亩"，他有过比较殷实的生活，但由于天灾人祸，年龄稍大时，便不得不背井离乡出外谋生。

岳飞接受过严格的技击训练并粗通文墨，这对于不准备参加科举的农家子弟而言是非常合理而充分的教育程度。岳飞早年两次参军，宋金战争爆发后，岳飞的军队于靖康元年（1126）被打散，他回到家乡交代家事，然后投入到康王的军队中。康王就是后来的宋高宗赵构，岳飞这一次从军便与家人失去联系，临走时他交代妻子刘氏照顾老母与幼子岳云、岳雷。

赵构的军队一直南逃，中原经历持续的战乱。与岳飞失联后，刘氏一人无力照顾老小，不得已改嫁他人。此后，岳飞费尽周折，才将老母与幼子接到军中。

所以岳母去世时，岳飞对高宗说，我跟随陛下渡河，我的母亲却沦陷于河朔，我十八次派人进入沦陷区才寻访到母亲，虽然接到军中，母亲却惊悸致疾，从此长期患病。因为战事我从未有一天在母亲身边侍奉汤药，现在母亲去世，每次想到这些就觉得生不如死，所以希望陛下能同意我为母亲守孝三年。

岳飞接回母亲与幼子，刘氏却早已改嫁，岳飞一边派人给刘氏送了三百贯钱，一边向朝廷报告实情，以免"有弃妻之谤"。等到金军连续攻破建康、临安，高宗亡命海上前后，岳飞又续娶了比他大两岁的李娃为妻，并生岳霖、岳震、岳霭三子。

（四）杭州岳王庙

绍兴十一年（1141）十二月二十九日，岳飞、岳云父子及张宪遇害，事后炮制的判决书最后一段称，"岳飞、张宪家属分送广南、福建路州军拘管，月具存亡闻奏"，岳飞、张宪的家业也被籍没入官。于是岳飞续妻李娃带着幼子在岭南生活了二十余年。直到绍兴三十一年（1161）完颜亮再次入侵，宋廷重新组织抗战，宋高宗下达一道诏令解除"蔡京、童贯、岳飞、张宪子孙家属"羁管，李娃这才带着儿子北归回到江州家中。第二年高宗索性将皇位传给宋孝宗赵昚,宋孝宗就是当年岳飞奏请立为皇太子的赵伯琮,他对坚持抗金的岳飞十分敬重,即位后便下令追复岳飞官职。

隆兴元年(1163),经岳飞的孙子岳甫奏请,宋廷归还岳飞生前在江州所置产业,又过了十五年,宋廷确定岳飞的谥号为"武穆"。这时,被封楚国夫人的李娃已去世两年,安葬于距岳母墓不远的太阳山。嘉泰四年(1204)岳飞被追封为鄂王,宝庆元年(1225)岳飞又改谥"忠武",因此李娃墓也被称为"岳忠武王妃李夫人墓"。

岳飞遇害后,遗体被狱卒隗顺偷出钱塘门外葬于九曲丛祠(今杭州青少年宫)旁,假称"贾宜人坟"。宋孝宗为岳飞平反后,宋廷寻访岳飞遗体,隗顺之子告知官府,于是朝廷起岳飞枯骨于九泉之下,以一品官之礼改葬于杭州栖霞岭南麓,1979年重修岳飞墓时出土两具石俑,当即南宋遗物。岳飞子孙又奏请以显明寺为岳飞功德院,结果因另有功臣停灵于此而作罢。

此后五十余年岳飞墓始终没有功德寺,直至嘉定十四年(1221),岳飞孙子岳琦乞朝廷赐岳飞墓邻近的下智果寺充岳飞功德寺。虽然朝廷赐额"褒忠衍福禅寺",但当时寺内十分破败,岳琦自行出资也不过修成几间住屋。直至岳飞曾孙岳通在咸淳三年(1267)年重建该禅寺,岳庙始成规模,这时蒙古军已开始进攻当年岳飞收复的襄阳,距南宋彻底灭亡不过十余年时间了。

元明期间,岳庙屡毁屡建,其中以明景泰年间(1450—1457)杭州府同知马伟主持的重建规模最大,朝廷又赐额"忠烈"。现在所知汤阴最早修建岳飞庙也是在明景泰元年(1450),至于九江岳母墓最早建祠已是正德年间(1506—1521)。清康熙、雍正年间(1723—1735)杭州知府李铎、浙江总督李卫的两次重修,奠定了杭州岳王庙今天的规模,"碧血丹心"石牌坊也由李卫重建。

岳飞的地位,似乎在北洋时期达到巅峰,因为袁世凯于1914年通告全国建立武庙,并以关羽、岳飞合祀,岳飞由此获得武圣的地位。当时深入人心的岳飞文武双全、忠孝两全的形象,应该来源于清代的通俗小说《说岳全传》,岳母刺字的情节也由《说岳全传》第二十二回"刺精忠岳母训子"的演义而广为流传:

> 安人取笔,先在岳飞背上正脊之中写了"精忠报国"四字,然后将绣花针拿在手中,在他背上一刺……刺完,将醋墨涂上了,便永远不退色的了。

特别值得注意的是,杭州岳飞墓陵园入口处精忠柏亭北侧墙上,有冯玉祥题刻"民族英雄"四个鲜红大字。近年时有人讳言岳飞是民族英雄,其实大可不必,这是对历史一知半解的表现,事实上岳飞"民族英雄"的称号是抗战期间凝聚民族团结力量的精神符号。1936年,全面抗战前,河南省政府主席兼三十二军军长商震在汤阴县主持岳飞的祭祀活动。同年,时任国民党军事委员会副委员长、第三战区司令长官冯玉祥在杭州岳庙题写"民族英雄"四字,并撰楹联"还我河山,一片忠心唯报国;驱尔异族,百年奇耻不共天"。

综观岳飞生平及身后的历史记忆,不难发现,每次出现推崇岳飞的热潮都意味着民族危机的再现,无论是完颜亮侵宋时宋孝宗为岳飞平反,土木堡之变明英宗被瓦剌军俘虏之后明廷兴建汤阴岳飞庙,还是全面抗战爆发之际冯玉祥在杭州岳庙题写"民族英雄"。至于北洋时期岳飞得以与关羽合祀于武庙,似乎是拜通俗小说《说

现存岳王庙前"碧血丹心"石牌坊（1995年重建）

杭州岳王庙山门

杭州岳王庙正殿岳飞塑像

杭州岳王庙《赐褒忠衍福寺额敕》碑

杭州岳王庙冯玉祥"民族英雄"题刻

岳全传》中虚构的文武双全的岳飞形象所赐。今天杭州岳庙中儒将风格的蓄须岳飞坐像、岳母刺字彩绘壁画，以及庐山岳母墓姚氏贤母形象的构建，无不保留着《说岳全传》的深刻烙印。

　　杭州岳王庙总占地达15 700平方米，总建筑面积3000平方米，主要由墓区和庙区两部分组成。1961年，岳王庙被国务院公布为第一批全国重点文物保护单位，同时岳王庙是国家、省、市三级爱国主义教育基地。清康熙五十四年（1715）杭州知府李铎主持重建，奠定了现存岳王庙建筑规模和格局。雍正九年（1731），浙江总督李卫再次重修岳庙，并在曲院风荷北岸竖起"碧血丹心"石牌坊。1918年，岳王庙曾有大修。1979年，在国家财政十分困难的情况下，中央拨专款修复岳王庙。

现存岳王庙头门是二层重檐建筑，正中悬挂"岳王庙"三字竖匾，门殿内侧"气壮山河"则是中国宋史研究会原会长邓广铭先生的题字。正殿是忠烈祠，重檐中间悬着一块横匾，上书"心昭天日"。大殿正中是高达4.5米的岳飞彩色塑像，这座深入人心的岳飞塑像显然采用了连环画等民间想象的岳飞形象，与南宋《中兴四将图》中的岳飞形象不符，一度引起是否应该重新塑像的争议。忠烈庙塑像上方的"还我河山"匾，其字为民国时周承忠从岳飞手书《吊古战场文》《出师表》中集得。正殿两面的墙壁上，是明代莆田人洪珠所写的"尽忠报国"四个大字。岳飞塑像左右两边，是"碧血丹心""浩气长存"两块横匾，由中国佛教协会原会长赵朴初和已故西泠印社社长沙孟海所书。正殿后方则是岳母刺字等巨幅壁画。

"岳母刺字"传说出现于清乾隆年间（1736—1795）钱彩评《精忠说岳》第二十二回"结义盟王佐假名，刺精忠岳母训子"。宋代文献中，《宋史·何铸传》载"飞袒而示之背，背有旧涅'尽忠报国'四大字，深入肤理"，但没有岳母刺字的说法。

岳王庙正殿西面的庭园入口处有精忠柏亭，内有枯柏8段。传说这棵柏树原本生在大理寺风波亭边，岳飞遇害后就枯死了，又被移到岳飞墓旁，称为精忠柏。其实枯柏是松柏科的植物化石，已有一亿多年的历史。庭园南北各有一条碑廊，北面陈列着包括《满江红》在内的岳飞诗词、奏札等手迹，南面则是岳王庙历代修缮的记录以及名人凭吊岳飞的诗词。

庭园中间的石桥名为精忠桥，过精忠桥有墓阙，造型古朴,是1978年重修岳王庙时按南宋的建筑风格修造,墓阙边上有井名忠泉。进墓阙重门即岳飞墓园,墓道两侧有石马石虎石羊各一对,石俑三对,正中便是岳飞墓,墓碑上刻着"宋岳鄂王墓",左边是岳云墓,墓碑上刻着"宋继忠侯岳云墓"。墓道两旁陈列的石虎、石羊、石马和石翁仲,是明代的遗物,1979年修复时曾出土一件南宋石翁仲,现于景区的启忠祠陈列展出。墓前望柱刻对联"正邪自古同冰炭,毁誉于今判伪真",墓阙后方两侧分列秦桧等四人的铸铁跪像。明正德八年(1513),都指挥李隆始铸秦桧、王氏、万俟卨三铜像跪于墓前,它们后来被义愤民众毁坏;明万历年间(1573—1620),按察副使范涞重铸铁像,增加张俊一像;后世这些跪像又经历多次毁弃、增删、重铸。现存四跪像为1979年修复岳坟时据河南汤阴县岳飞纪念馆的铁像重新铸造。墓阙后重门旁有对联"青山有幸埋忠骨,白铁无辜铸佞臣"。

相关景点

◎ 汤阴岳王庙

汤阴是岳飞的故乡,汤阴岳飞庙原名"精忠庙",位于汤阴县城内西南街。汤阴岳飞庙始建于明代宗景泰元年(1450),时值明朝"土木堡之变",明英宗被蒙古瓦剌太师也先的军队俘虏,继位的明代宗(景泰帝)便在汤阴建岳飞庙,以激励军民对抗蒙古的士气。后经成化、弘治、正德等年

汤阴岳飞庙精忠坊

间扩建,汤阴岳飞庙的规模日益宏大,明末、清代、民国年间又经历多次修葺。

岳飞庙原由岳氏后裔管理,中华人民共和国成立后,岳飞第二十七世裔岳佐臣将岳飞庙交给国家管理。1963年岳飞庙被列为河南省第一批重点文物保护单位。1977年,经过全面修复,岳飞庙再度对外开放。2001年,汤阴岳飞庙被列为第五批全国重点文物保护单位。

汤阴岳飞庙古建区域占地六千二百余平方米,殿庑建筑百余间。岳飞庙西大门称"精忠坊",约建于明正德七年(1512),额题"宋岳忠武王庙",为"三间六柱五楼柱不出头式"结构,通高10.35米。庑殿顶覆着绿琉璃瓦,两侧壁间

▎汤阴岳王庙施全像及秦桧等跪像　　▎汤阴岳庙"武官不怕死"题刻

"忠""孝"两大字为明万历十四年（1586）彰德府推官张应登手书。精忠坊内，山门坐北朝南，两侧扇形壁上镶嵌着滚龙戏水浮雕，门前则有一对石狮。山门檐下有"浩然正气""精忠报国""庙食千秋"三块巨匾，分别为当代书法家楚图南、舒同、萧劳所书。山门对面为施全祠，内塑施全铜像。绍兴二十年（1150）施全刺杀秦桧未遂被处极刑。如今的施全祠前，列着秦桧、王氏、万俟卨、张俊、王俊五人的铁跪像。施全祠后壁镶嵌着四块五尺见方的巨石，上镌"尽忠报国"，书者为明成化年间（1465—1487）云南道监察御史孙珂。山门东侧有清高宗弘历于乾隆十五年（1750）所题《经岳武穆祠》御书诗碑。

穿过御碑亭是岳庙正殿。正殿始建于景泰元年（1450），是硬山式建筑，五踩重翘重昂斗拱形制，通面阔五间19.1米，高11.2米。殿门楣上悬五块巨匾，分别题为"乃武乃文""故乡俎豆""忠灵未泯""百战神威""乾坤正气"。其中"百战神威""忠灵未泯"为清光绪帝和太后慈禧所题。正殿中央为岳飞彩塑坐像，上悬"还我河山"巨匾。正殿前东庑为周同、宗泽、韩世忠、梁氏、何铸等五贤祠，西庑为牛皋、杨再兴等部将祠。此外又有寝殿、岳云祠、四子祠、三代祠、贤母祠、孝娥祠等。

附录文献

满江红·写怀

怒发冲冠，凭栏处、潇潇雨歇。抬望眼、仰天长啸，壮怀激烈。三十功名尘与土，八千里路云和月。莫等闲、白了少年头，空悲切。

靖康耻，犹未雪。臣子恨，何时灭。驾长车，踏破贺兰山缺。壮志饥餐胡虏肉，笑谈渴饮匈奴血。待从头、收拾旧山河，朝天阙。

（录文根据唐圭璋编《全宋词》，中华书局1965年版。）

第二章 苏州韩世忠墓
大雅君子,明哲是保

韩蕲王祠就在苏州西郊木渎镇西北灵岩山西麓山前公路上。进山不远有两条岔路,左手边通往韩世忠墓冢,右手边通往韩世忠墓碑。

韩世忠被削夺兵权后一直在杭州生活,直至逝世,但韩世忠长期驻守镇江,在苏州广占田宅,包括当时已为章惇章氏家族所有的沧浪亭。韩世忠退闲后,宋高宗将木渎灵岩禅寺赐予韩世忠,韩世忠又在灵岩山下修建道观,宋高宗赐额"希夷观"。绍兴二十一年(1151)八月韩世忠在临安去世,享年63岁,同年十月大葬于灵岩山。

韩世忠墓是与包括梁氏在内的四位夫人的合葬墓,据说初建时地广百亩,清道光年间(1821—1850)曾经重修。1956年韩世忠墓被列为江苏省重点文物保护单位,1990年修复后重新开放，2008年由民营企业家捐资重新修缮。韩忠世墓碑是宋孝宗御篆碑额的神道碑，文物价值极高。据称韩世忠初葬时有墓无碑，乾道四年（1168）宋孝宗追封韩世忠为蕲王，才命礼部尚书赵雄撰写韩世忠神道碑。该碑碑身之高、碑文之多均为天下第一，由翰林学士周必大书丹，并御书"韩忠武王世忠中兴佐命定国元勋之碑"十六个大字。

引 言

2017年2月18日苏州寻宋之旅，首要目标是玄妙观、文庙四大宋碑、天平山范仲淹祠与沧浪亭。玄妙观与文庙四大宋碑是特别重要的宋代文物，范仲淹是苏州的标志人物，那时我还在着迷于苏舜钦与沧浪亭的关系，对韩世忠与苏州关系的认识还是一团混沌。

绍兴和议之后，韩世忠一直在杭州生活，这是让我印象特别深刻的事情，因为南宋的京城图中赫然标注着韩蕲王宅，宋话本《碾玉观音》的主人公璩秀秀就出自韩宅。岳飞遇害前韩世忠曾为其申辩，岳飞遇害后韩世忠在飞来峰建翠微亭纪念岳飞，然后整日在西湖边闲逛，还曾非常豪横地举荐过湖山间偶遇的落拓士子臣僚。更何况之前听说过韩世忠的墓址常有争议，除了苏州说，还有湖州说与临安说，湖州至少明确有韩世忠之子韩彦直等人之墓。所以在我的想象中，苏州如果的确有韩世忠墓的话，它应该像杭州岳飞墓那样闻名于世。既然它在苏州的旅游景点中从未被提起，其真实性就显得很可疑。不过既然韩世忠墓名列江苏省文保单位，寻宋之旅似乎不应错过此处。但无论如何，我从没想到寻访韩墓的过程会如此曲折，韩世忠的神道碑如此壮观，这背后的故事又如此令人嘘唏。

简单地介绍一下，中兴四将之一的韩世忠是陕西人，他在杭州镇压过方腊起义与苗刘之变，在镇江黄天荡围困过金军。后来韩世忠长期驻守镇江，宋廷赐府第于苏州，沧浪园应该是在这时成为韩园。被收回兵权后韩世忠纵情于西湖山水，但去世后仍葬于苏州，不过苏州人民可能真的不怎么待见韩世忠。

（一）杭州老德胜桥

同样是出身寒微、坚决主战的中兴大将，岳飞在身后升格为武圣、民族英雄，而韩世忠知进退所以得善终。

韩世忠年长岳飞约十三岁，南渡前已在西夏前线及平定方腊的战争中立下赫赫战功，并因生擒方腊而转为武节大夫。在靖康之际投奔河北兵马大元帅赵构时，他已是一名中级将领。

靖康元年十一月，宋徽宗第九子赵构本来奉命往金营乞和，途经磁州（今河北磁县）时得知金军南侵，便不再前行。这时知相州汪伯彦请赵构前往相州（今河南安阳），并亲率军队迎接。闰十一月中旬，钦宗赵桓以蜡书诏任命赵构为河北兵马大元帅，汪伯彦、宗泽为副元帅，令他们急速率兵援救开封，岳飞就在这时再次从军。

十二月一日，赵构在相州就任大元帅，此时金军开始进攻开封城，赵桓再次向赵构求援。赵构率近万军队踏冰渡过黄河抵达大名府（今河北大名），并要求河北各州府军队前来会合。于是副元帅宗泽率军二千人，信德府（今河北邢台）知府梁扬祖率部将张俊、杨沂中及三千兵马，刘光世、韩世忠也率所部相继抵达大名府。至此，中兴四将已全部归到赵构麾下，重建南宋的赵构集团初步构成。

由此时至建炎四年（1130）的黄天荡战役之前，韩世忠在对金战争中并无胜绩。但因平定苗刘之乱时忠勇无比，建炎三年（1129），韩世忠已经建节（武胜、昭庆军节度使）并除浙西制置（守镇江），奠定了宋金战线上江淮战区主帅的地位。

韩世忠在苗刘之乱中表现突出，与对他有知遇之恩的王渊有关。韩世忠是陕西绥德（宋代绥德属延安府）人，32岁时随王禀从西北战场到东南平定方腊（另据民国《杭州府志》记载，韩世忠在此掩击的是苗刘叛军，而非方腊的军队），其间与王渊相遇。据韩世忠神道碑称，两人在杭州北关的堰桥遭方腊军围攻，韩世忠在堰桥伏击，然后追至王渊舟前"斩首数级，师遂大克"。王渊赞叹韩世忠"真万人敌"，两人从此定交，韩世忠成为王渊的部下，堰桥从此被杭州人称为"得胜桥"。宋代的堰桥或"得胜桥"即今天京杭运河上的老德胜桥，连接着杭州长板巷与夹城巷两条小路。

> 德胜桥东出长板巷，西接夹城巷，跨京杭运河。该桥初建于北宋，在籴场后，始称"堰桥"。相传韩世忠于夹城巷东桥头大败叛军，生擒刘正彦，堰桥因此改名"德（得）胜桥"。明代王希范题"湖墅八景"，以"夹城夜月"为首，即指站在德胜桥靠长板巷的桥头西望中秋夜月。德胜桥屡圮屡建，清康熙五年（1666）重建，1952年改建，1970年因新建良山港拓宽航道需要列入配套工程，1990年拆建成平坦新桥。今德胜坝、德胜路、德胜新村等，皆因桥得名。

▎杭州老德胜桥

事实上,苗刘之变相当程度上是因为王渊而起。韩世忠随王渊投奔在大名的赵构时,靖康之难尚未发生,宋钦宗赵桓对议和还抱有幻想。这时赵构一边命兵马副元帅宗泽南下开德府(澶渊,今河南濮阳)向开封进军,自己却撤到济州(今山东巨野县一带)。靖康之难发生后,群臣拥立赵构,靖康二年五月,赵构在应天府(今河南商丘)称帝,改元建炎。赵构称帝后设立御营司,任命王渊为都统制负责皇帝新设立的这支禁卫军,《宋史》称王渊因此"扈从累月不释甲"。

十二月金军再次南侵,宗泽依靠两河地区的数十万义军有效击退金军进攻,同时二十四次上《乞回銮疏》请求赵构返回开封,以号令抗金斗争。第二年宗泽又提出出师渡河计划,赵构置若罔闻,宗泽忧愤离世。得知宗泽去世的消息,金军大举南侵,追击赵构。继任东京留守杜充对河北义军采取敌视态度,官军分崩离析。建炎二年(1128)十二月,金兵攻陷东平府(今山东东平县一带)和大名府,知济南府刘豫降金。建炎三年初,金军先后打败韩世忠、刘光世的军队,破楚州(今江苏淮安),陷天长军(今安徽天长),十万宋军望风解体,金军推进到距扬州城仅数十里的地方。赵构仓皇渡江逃到镇江,金军因不便渡江,焚扬州而返。

从扬州保护赵构渡江撤退时,御营司都统制王渊对船只的分配出现混乱,更谈不上组织对金军的有效抵抗,事后更处置失当,引起其他将领强烈不满。在王渊的主张下,赵构从镇江撤到杭州,不久王渊也从苏州来到杭州,赵构让王渊继续负责御营司。结果到三月,御营司武将苗傅、刘正彦发动兵变,捕杀王渊及内侍百余人,胁迫赵构将皇位禅让给年仅三岁的皇子赵旉,由孟太后垂帘听政,改元"明受"。

兵变发生后,韩世忠一面被苗傅等授予捧日天武四厢都指挥使等职,一面得到在平江府的礼部侍郎张浚联络勤王的消息。韩世忠自盐城收集散卒数千人往平江与张浚相会,首语"我便去救官家"。不过韩世忠誓杀苗、刘二人的另一个重要原因显然是为"识世忠于微时,待之绝等"的王渊复仇。

韩世忠请求赴行在杭州,竟获得苗傅同意。于是,韩世忠自平江率三十里船队先抵秀州(今浙江嘉兴)营造武器,苗傅派人带走韩世忠妻梁氏及子为人质。右丞相朱胜非对苗傅说,可以让梁氏到秀州劝韩世忠归顺。事后苗、刘对各路勤王军汇聚秀州感到恐慌。四月初赵构已经复辟,韩世忠发兵自临平(今杭州临平区)进入杭州见到赵构，苗、刘等人皆遁走。赵构诏除韩世忠为武胜军节度使，韩世忠请求朝廷赐地厚葬王渊，不遗余力地照顾王渊家人，又请求由他继续追捕苗、刘等人。五月，韩世忠降苗傅、擒刘正彦，七月还至建康，亲斩苗、刘诸人于市。

（二）凤凰山"忠实"题刻

苗傅、刘正彦伏诛之后，韩世忠除武胜、昭庆军节度使，赵构御书"忠勇"二字以赐，其妻梁氏也被封为护国夫人。韩世忠妻妾有白氏、梁氏、周氏、茚氏等，除结发妻白氏卒于苗刘之变以前之外，其他梁、周、茚三氏皆是娼妓出身，其中周氏原是知秀州赵叔近之妾，为王渊所得后赠予韩世忠，茚氏本是杭州名妓吕小小。

梁氏就是清代戏曲小说中赫赫有名的巾帼英雄梁红玉，宋代文献没有出现"红玉"之名，但宋人笔记中有韩梁姻缘的传说。韩梁相识应该在韩世忠平定方腊之时，罗大经《鹤林玉露》称梁氏一次进入镇江官府庆贺节日，忽然见到殿柱下"一虎蹲卧"。梁氏惊骇而出，待人多时再视却是士卒韩世忠，于是主动邀酒、尽欢结纳。当然这是小说家言，平定方腊时韩世忠已是赫赫武将，绝非廊下兵卒。

自古英雄配美人，让韩梁风流千古的是战场传奇，而非风月之事。梁氏第一次被载入史册是凭借苗傅兵变时其机智勇敢的表现。平定苗刘兵变后，在群臣的请求下，赵构由杭州移跸江宁府（今江苏南京一带），并派使臣北上求和。使臣还在途中，金朝以完颜兀术为统帅再次南侵，由归德（今河南商丘）急速南下，准备南渡长江追击赵构。赵构仓皇乞和，致信金军统帅称"天网恢恢，将安之耶……惟冀阁下之见哀而赦"。金军不予理睬，赵构由建康经镇江、平江府逃往临安府、越州（今浙江绍兴）、明州（今浙江宁波）、定海县（今浙江宁波市镇海区），又渡海至昌国（今浙江舟山市定海区）、台州（今浙江临海一带）。金军一路追击，直至入海三百余里遇风暴退回明州。赵构自海上返回温州江心屿，避居江心寺，数天后才敢登岸。

金军因战线漫长，无力再战，一边撤军一边焚城掳掠，明州、临安、平江等地均遭浩劫。建炎四年正月，完颜兀术从平江府撤军，准备在镇江渡江北上时，韩世忠率八千水师，在镇江焦山寺附近的江面拦截十万金军，将金军水师逼入建康东北70里处的死水港黄天荡，先后相持四十余日。金军掘开老鹳河故道通秦淮河，以火器击退韩世忠水师后撤退，此后金军未再渡江。史籍记载黄天荡之役"梁夫人亲执枹鼓"，今天杭州老德胜桥有一组纪念韩世忠的铜像，并无方腊、苗刘之变的痕迹，而是表现黄天荡之役韩世忠立马骑射、梁氏击鼓退兵的英武形象。

黄天荡之役后，岳飞击溃从陆上撤退的金军，收复建康。此后宋金反复交战，岳飞收复襄阳六郡后驻守荆襄，吴玠在仙人关大捷后驻守川陕，韩世忠获得大仪镇（今江苏仪征）战役的胜利后驻守两淮，成为宋金防线上的三大主帅之一。绍兴十年（1140），金军撕毁和议再次南侵，岳飞反击并收复河南诸多失地，韩世忠则在两淮战区多次击败金军。而赵构与秦桧却加紧求和，并决意解除抗金主帅兵权。绍兴十一年，韩世忠先罢兵权而任枢密使，再罢枢密使而为太傅，并在痛斥秦桧议和误国无果之后自请隐退。得知岳飞将被赐死，韩世忠责问秦桧"'莫须有'三字何以服天下"，此后闭门谢客，纵游西湖。

绍兴和议始成，赵构从此偏安杭州。传说南宋皇城所在的杭州凤凰山麓"忠实"二字题刻是议和五年后赵构御书，这时的赵构忙于核定太学生员的名额，南宋又是一派太平景象。

"忠实"题刻在凤凰山圣果寺遗址。圣果寺位于杭州上城区将台山与凤凰山之间的茚帚湾西面。该寺始建于隋文帝开皇二年（582），初名"胜果"，唐乾宁年间（894—898）改"圣果"，北宋仁宗时又赐额"崇圣"。五代时吴越国王钱镠登临圣果寺，在石壁上镌刻西方三圣及十八罗汉像。

南宋在杭州建都后，将圣果寺的原址改为殿司衙，寺庙则迁徙至包家山。如今的凤凰山圣果寺遗址内有两处南宋摩崖题刻，一处是王大通"凤山"题刻，高约一米，右刻"宋淳熙丁未春"，左刻"洛人王大通"。另一处相传为宋高宗御书"忠实"题刻，楷书大字，高92厘米，宽182厘米，刻于淳熙十四年（1187）。但宋代文献并没有高宗御书"忠实"的记载，"忠实"二字与宋高宗书法风格迥异，故有学者认为"忠实"题刻是宋理宗御笔。

（三）苏州中兴佐命定国元勋之碑

岳飞遇害后第十年（绍兴二十一年，1151）的秋天，韩世忠"薨于临安府之赐第"（今杭州市武林路的万寿亭一带）。韩世忠去世后，赵构"降旨临奠"，魏国夫人茆氏以道路窄隘上疏辞免

（其实韩府在御街所经之地）。后韩世忠葬于苏州灵岩山西麓。

南渡以后韩世忠就在平江府广置田宅，因此葬于苏州也是理所当然，不过苏州人民似乎不怎么待见这位韩忠武王。2019年12月20日，吴中区人民检察院向吴中区人民法院提起行政公益诉讼，状告苏州市吴中区文化体育和旅游局（吴中区文物局）不履行文物保护监管职责。2020年3月24日，吴中区人民法院公开审理此案，判决确认吴中区文旅局未依法履行文物保护监管职责的行为违法，自判决生效之日起三十日内对韩世忠墓、碑所属韩蕲王祠后院被他人占用进行违法建设（硬化地面、挖掘水井、铺设道路、搭建水泥房、鸽子棚等）的行为履行监管职责。无怪乎我与老沈2017年4月寻访韩世忠墓、碑时，非但韩蕲王祠是破败废弃的模样，作为重点文物保护单位的韩墓四周竟然毫无标识。我们一直爬上灵岩山顶仍无处寻觅，最后瞎猫碰着死耗子般地从无名道路拐进一处公墓，才与韩世忠墓不期而遇。

我从吴中区文旅局被判决对韩蕲王祠监管失职的报道中还发现：韩蕲王祠废弃已久，其后院自2003年起就被出租给个人种植盆栽；号称"天下第一碑"的韩世忠神道碑"（被）垃圾环绕、被坟头包围"；更有甚者，由于沿路无指示牌，游人无处寻找韩墓，当地村民竟动起了"生意经"，要求付费带路找墓。

这篇报道在最后援引戈春源教授的介绍，指韩世忠葬于苏州灵岩山是因为他曾经"领军长期居住苏州，韩府曾设置于苏州城内的沧浪亭"。在苏州，韩世忠不仅占沧浪亭而改称韩园，他还曾获赐朱勔的南园及陈满塘官地1200亩，又在私宅修建楼阁专门收藏受赐御书，赵构甚至打算御书阁名"懋功"。虽然如此，但韩世忠领军时驻地主要在楚州与镇江两地，被解除兵权后，又始终有职务在身。因此，绍兴和议后，他纵游于杭州西湖山水之间，似乎很少有机会回到苏州私宅品味园林奥趣。

韩世忠曾经多次在苏州出现，但未必给苏州人民留下了美好印象。建炎三年，赵构从扬州渡江时曾在苏州停留三日，再至杭州时就把御营司都统制王渊留在苏州，《宋史》记载王渊在苏州时整修兵器，"戎器全缺，兵匠甚少，乞括民匠营缮"。王渊随后赴杭，不料引发苗刘之变，韩世忠赴苏州与张浚等会商后起兵往杭州平定兵变。苏州于是成为平叛的根据地，知平江府汤东野负责后勤支持非常得力，"百须，东野实主之"，这势必让苏州民众承受巨大压力。苗刘之变平定之后，金军再次南侵，赵构逃亡海上。金军撤军时韩世忠以黄天荡之役一战成名，但宋军并未保护苏州，苏州民众惨遭金军屠戮，城内外收尸几近三十万，金军又从苏州裹挟男女青壮十万北上，成为苏州历史上的空前浩劫。金军北撤后，宋军进入"一屋不存"的苏州城，仍执居民以搜财物。沧浪亭应该是在这时归韩世忠所有，苏舜钦之后沧浪亭的主人章惇虽被指为"奸臣"，但有史籍记载韩世忠占据沧浪亭的过程：

绍兴初，韩蕲王提兵过吴，意甚欲之，章殊不悟，即以随军转运檄之，章窘迫，亟以为献，其家百口，一日散居。

绍兴六年赵构再次驻跸苏州，就多次在韩世忠重修的沧浪亭内议事、聚饮，其中一次在沧浪亭"后圃置酒七行"。

韩世忠下葬时，为韩世忠撰写墓志铭的是为宋钦宗起草降表的骈文大家孙觌。孙觌在墓志铭中描述韩世忠解除军权之后的生活：

国恩粗报,弩矣归休。奉身而退,以老菟裘。大雅君子,明哲是保。一马二童,担夫争道。

在秦桧仍然当权的时代,孙觌一语"大雅君子,明哲是保"不但道出韩世忠晚年的真实处境,更表现出孙觌之流文臣对武将的认同方式。

韩世忠墓前原本没有高大的神道碑,直至淳熙三年(1176),北伐意志已经消沉的宋孝宗赵昚突然忆及中兴勋臣,称"韩世忠感会风云,功冠诸将,可特赐忠武"。这时距韩世忠去世已经二十六年,除了获赐与诸葛亮、郭子仪同样的谥号外,韩世忠之子韩彦古也看准机会,请求御撰韩世忠神道碑。孝宗于是诏赵雄撰碑,周必大书丹,又御书碑额"中兴佐命定国元勋之碑"。该碑原高8米有

▎韩世忠神道碑

余,碑文一万三千九百余字,有"天下第一碑""万字碑"之称,据说真正竖立于韩墓之前已是嘉定年间(1208—1224)。1939年5月,韩碑为飓风吹倒,碑石碎裂成十余段。七年之后,灵岩山僧人妙真邀集地方人士及韩氏后裔用水泥将断碑浇合成两段。

神道碑对韩世忠解除兵权之后的描述,在"明哲令终"之前增加了"王之论和,忠愤激烈,利害皎然,黑白区别,圣主俞之,权臣仇之"等坚定主战的描述,也第一次出现了韩世忠质问秦桧以莫须有之罪杀害岳飞何以服天下的情节。神道碑还描写韩世忠的出身:

王起寒素,饭糗衣纻,出际盛时,蛟龙云雨。

史籍记载,韩世忠显贵之后,与将吏骑马郊游时常喜欢"坐于浅草中",又说他"语急而声厉,每言出则吐舌",因此有蛇精转生的说法,这也是神道碑中"蛟龙云雨"的出处。也就是说,二十六年后,韩世忠在文人心目中的形象由"大雅君子"转变为"转世蛇精",这其中是多少世态情伪、人心厚薄。

相关景点

◎ (1)镇江宗泽墓

宗泽墓在镇江市东郊京岘山北麓。宗泽(1060—1128)是浙江义乌人,他去世后,其子宗颖和岳飞护送灵柩到镇江,与

宗泽墓及墓前牌坊（上、下）

宗泽夫人合葬于京岘山上，岳飞又在附近花山湾云台寺创设功德院。嘉定十四年（1221），岳珂在镇江出任淮东总领时重修宗泽功德院，并亲撰记文。

宗泽墓在明清时经过多次重修，康熙帝驻跸镇江时亲书"忠荩永昭"四字。1937年日军全面侵华前夕，镇江政府再次重修宗泽墓，墓道前竖起石牌坊，并镂刻楹联"大宋濒危撑一柱，英雄垂死尚三呼"，横匾"民族之光"。此后宗泽墓于1984年、2013年两次重修。

◎（2）苏州沧浪亭

附录文献

《韩忠武王世忠中兴佐命定国元勋之碑》节选

王起西陲布衣，杖剑从戎，不十数年，功名与日月争光，何其盛耶！为平寇将军，为都统制，为宣抚使，为常置使，为营田大使，为诏讨使，为枢密使，所践无非达官要职，而能益彰；平全闽，夷江西，剪湖湘，歼苗、刘，摧兀术，鏖大仪，拓东海，扞杨楚，震淮阳，所当无非勍寇剧贼，而功益俊伟不可及。及和议初定，虏使稍不恭顺，王则忿其无礼于吾君，诵言诛之，且下令所部州无得少屈，虏使为之沮戢。性不喜便佞，事关庙社，必伛偻玉陛上，流涕极言之，虽不加文饰，而诚意真切，理致详尽。人主知其出于忠实，不以为忤也。秦桧用事，遣中原人亲属还虏中，有恋国恩不忍去，必械繫以送，至谋遣赵荣。王力争曰："荣不忘本朝以归，父母、妻子悉遭屠灭，相公尚忍遣之，无复中原望耶！"弗听。岳飞之狱，王不平，以问桧，桧曰："飞子云与张宪书虽不明，其事体莫须有。"王艴然变色曰："相公，莫须有三字何以服天下！"于时举朝悍桧权力，皆附离为自全计，独王于班列一揖之外，不复与亲。每建大议谠言，家人危惧，或乘间劝止，王曰："今明知其误国，乃畏祸苟同，异时瞑目，岂可于太祖官家殿下吃铁棒耶！"言虽质，留旨深，士君子至今传之。

············

臣雄曰："自起、翦以来，山西出将尚矣、呼吸雷风，动摇山岳，战胜攻克，卓然以勇略闻者班班不绝于册书。至于达之以智谋，本之以忠义，如古之所谓名将者，山西盖亡几也。秦、汉而下，可以言智谋忠义如古名将者，若诸葛亮、郭子仪，其庶几乎！王本山西之豪，与起、翦相望，而其智谋忠义有过前修，无不及焉。方逆傅滔天，王闻变恸哭，士卒皆哭，莫能仰视，遂自海道径还。吕颐浩方以贼为忧，王谓贼既取铁券，必无他虑，颐浩又虑贼难胜，王则深言逆顺之理，知其必胜，于是颐浩计乃决，傅卒成擒。至如中兴之初，倡议西都长安，乘建瓴之势，东向以图中原，朝议不从，识者以为深恨。及维扬危急，六飞南渡，诸帅咸欲西趋岳鄂，径往长沙，王独以谓今已失河北、山东，惟有淮、浙号称富实，若又弃之，更有何地！太上嘉纳。江左立国之谋，于是乎始定。臣雄尝待罪太史氏，获睹日历所纪太上皇帝圣语甚详，最后论战论和，章数十上，皆算无遗策，盖所谓定大事，决大疑，忠义禀于天资，智谋出于人表，视山西以勇略称者，不可同年语矣。是以太上洊赐诏曰：'虽古名将，何以加诸！'而皇上特以忠武易名，盖以王为亮、子仪之流。惟二圣日月之明，知臣莫若君，德音铿鍧，天下传诵。世忠得此嘉奖，其亦可谓死而不朽也耶！臣观宣王中兴，如《采芑》《江汉》之诗，所述荆蛮来威，王国庶定等事，虽以褒大方叔、召虎之功，然其任贤使能，致此巍巍，则宣王盛德之形容，光明伟杰，不可掩也。臣愿颇采《周雅》声为铭诗，以彰元勋，以歌尧父舜子知人之明，以称明指，显耀韩氏，以昭示于亿万世。其词曰：

昔在宣靖，崇极而倾。胡酋不恭，神州尽腥。天地重开，真人龙翔。德业巍巍，周宣汉光。凡此中兴，谁实佐命。繄时元勋，王国以定。元勋谓何，维师蕲王。王奋山西，起薰之乡。铁胎之弓，悍马长槊。方在童年，气震山岳。逮事徽皇，至于钦宗。天下兵动，外阻内讧。王先戎行，是磔是剪。浙西山东，绩用丕显。霸府肇新，来乘风云。扫清南都，大驾时巡。淮海之间，剧盗狷起。解甲束戈，如父诏子。帝幸余杭，王征徐方。逆臣乘虚，反易天常。贼虐枢臣，都城喋血。凶焰孔炽，震惊宸阙。王在海上，闻变号呼。凡尔众士，今当糜驱。吾与群凶，不共戴天。山川鬼神，实临此言。舟师鼓行，雷动电击。挠彼凶徒，裂胆褫魄。天位反正，乾清坤夷。生擒渠魁，枭首大逵。有狡汝为，盗据富沙。流毒全闽，血人于牙。大江之西，重湖之南。蜂屯蚁结，虎猛狼贪。三方百城，地数千里。夺攘矫虔，声势相倚。当宁谋帅，宜莫如王。授以斧钺，往摏其吭。覆其穴巢，锄其根萌。阅岁未周，三方悉平。奔旗奔师，捷书相望。贷遣协从，雄别善良。尔商尔财，我弛尔征。尔农尔田，我资尔耕。仁义之兵，吊伐是尚。帝有恩言，卿古名将。胡马饮江，充叛以降。金陵不支，洊窥上邦。王整虎旅，邀截归路。虏术虽强，望风震怖。海舰如云，江之中流。北剸援兵，南鲗归舟。水战陆攻，摧枯拉脆。杀伤莫数，俘获万计。酋师小黠，仅脱其身。敌势寖销，皇威益信。术犹不悛，纔数年期。倾国南侵，步骑分驰。逆党成林，尘暗穹苍。九重制诏，罪己如汤。王曰呼嗟，君父盱食。臣何生为，矢死报国。部分将佐，直趋淮壖。亲室归途，示无生还。妙算既定，奇策先施。声言守江，已驻大仪。众寡虽殊，我整彼乱。虏骑纷呶，马足俱断。四面麕击，若降若屠。积骸为丘，洒血成渠。折馘献俘，千里相踵。骁将数百，岂计辎重。偏裨在楚，亦以捷闻。王来穷追，虏师大奔。振旅凯歌，天子曰都。世忠忠勇，虏不足诛。江左人心，恃此宁谧。中兴以来，武功第一。淮阳钟离，莫非俊伟。生平战多，竹帛莫纪。王屯极边，志清中原。和议既谐，弛强铄坚。王之论和，忠愤激烈。利害皎然，黑白区别。圣主俞之，权臣儳之。明哲令终，天实休之。孰不为将，孰不建功。动摇丘山，呼吸雷风。惟王天资，与勇将异。达以智谋，本以忠义。大疑大事，决于片词。较彼起罴，王其过之。王起寒素，饭糗衣纻。出际盛时，蛟龙云雨。解衣推食，言听计行。任用不疑，天子之明。三镇节旄，三事典策。报功惟优，天子之德。惟圣天子，使臣以礼。哀荣死生，福禄终始。重华神武，志大有为。眷言勋劳，恨不同时。真王启封，贵穷人爵。忠武之谥，如葛如郭。八言衮褒，更赡云章。谁克有勋，上不汝忘。丰碑岩岩，亿载有耀。凡百臣子，其思忠孝。

（录文根据曾枣庄、刘琳主编《全宋文》第241册，上海辞书出版社、安徽教育出版社，2006年版。）

第三章 徽县吴玠碑
一进却之间胜负决矣

宋故将军吴玠之墓及"宋故开府吴忠烈墓志铭碑",在甘肃省徽县城东北隅吴山之上。墓在碑正东约8米处,呈圆形,高约1.4米,底径9.3米,底部以石块垒起。墓碑高2.96米,宽1.58米,厚0.31米,坐东向西,正面篆刻"宋故开府吴忠烈墓志铭",正文21行,每行约70字,文字剥落难辨,幸《徽县志》《陇右金石录》有记。碑背面有清嘉庆年间(1796—1820)徽县知县张伯魁的《重修吴王庙记》。据张伯魁考证,当时吴山东麓山沟中的一座废庙便为曾经的吴王庙,他将庙移至山顶重建,又将吴玠碑内移四十步,并修碑亭保护。1963年,吴玠墓及碑被列为省级重点文物保护单位。1978年,墓碑被复正,并重修碑亭一座。如今吴玠碑前的石马、石人,是由虞关穆坪村移到此地。

引 言

前几年时而会问起包老师（包伟民教授）有没有兴趣一起寻宋，包老师略有些嫌弃，意思是我跑的地方他基本上都去过。有一次包老师提到，川陕古道与宋金甘肃战场他还没有去看过。宋金甘肃战场最激烈的战争应该是吴玠的仙人关之战，那是在甘肃徽县，而川陕古道是宋初统一蜀地与蒙哥侵宋所经的路线。

2018年暑假，我与老沈商议寻宋行程。因为之前曾被大足石刻的精美宏大所震撼，当时我对安岳石窟心心念念，老沈又是大苏的粉丝，认为眉州之行势在必行，所以我们决计往四川寻宋。我又问老沈这次行程有没有可能加上川陕古道与宋金甘肃战场（位于今甘肃陇南徽县），这样似乎还可以途经广元，弥补我还没去过三星堆的遗憾。老沈研究了半天，说这样就要横跨川陕甘三省，如果再加上我们一直想去的宝鸡，行程就会拉得太长；如果放弃宝鸡，那么陕甘行程的寻宋内容并不会很多。我们犹豫了半天，最终达成共识：虽然寻宋目标不够集中，但这样就能体验一把李白吟咏的蜀道难。途中除了广元三星堆，还有剑门关，后者的历史价值远不止寻宋。何况汉中是汉族族名的来源，这里有唐以前史书中赫赫有名的褒斜栈道以及诸葛武侯墓，这些对我们而言都是机会难得的必游景点。

这次川陕甘寻宋之旅从7月28日的安岳石刻开始，至8月5日眉州短松冈为止，历时9天，同行者除了老沈，还有包老师与陈老师（陈晓燕教授）。7月28日安岳石窟第一站由我驾车，在路上就出了问题，车陷泥潭无法驶出。包老师从人烟稀少的村中找来老乡拖车，我们才得以解救。7月30日，参观完巴中南龛摩崖造像，天色已晚，再次由我驾车前往汉中。从巴中到汉中大概就是川陕古道中的米仓线，那夜天降暴雨，气温逐渐下降，我们在高速公路上翻山越岭，视线昏暗而车流颇急，这也算是我生平最惊险的一次驾车经历。从喜神坝下高速时将近晚上9点，一行人在汉中入住酒店，然后找到西式快餐充饥，那天我拍下快餐发朋友圈的时间已是凌晨零点五分。

我和老沈的寻访节奏过于密集，包老师有些不适应，有时会略过一些他不感兴趣的景点。过度密集的行程也以放弃联系当地向导为代价，徽县之行匆匆而过，我们仅凭地图导航寻访仙人关战争遗址，结果只看到几处路标，包老师显然有几分失望。第二年的暑假，包老师便与徽县共同组织了"吴玠、吴璘暨仙人关战役"学术研讨会，也是得着这次会议的便利，在当地主办方的带领下我才寻访了吴玠碑与杀金坪——宋金仙人关战役的战场。

南宋初年，宋金为争夺川陕地区展开多次激烈战争，建炎四年至绍兴四年间主要有富平、和尚原、仙人关三次战争。绍兴三年（1133）正月，金军正是从兴元府（今陕西汉中）再次侵宋，吴玠亲率数千精骑飞驰饶风关（今陕西石泉西），与金军鏖战六昼夜后退守仙人关（今甘肃徽县东南）。次年（1134）吴玠以一万兵力抵御进攻仙人关的十万金军，在杀金坪与金兵厮杀三昼夜，终于守住仙人关并大举反攻。吴玠等人领导的川蜀保卫战的胜利，减轻了南宋在东南战场上的压力，使宋、金军事力量渐趋平衡。

（一）无蜀是无东南也

南宋的半壁江山，依赖江淮、荆襄、川陕三大战区构筑的漫长防线得以偏安。浙江、福建是南宋的政治核心区域，则江淮战区属于前卫,荆襄一带策应东西,川陕一线就成为南宋的边卫地带。《孙子兵法》称,"故善用兵者,譬如率然。率然者,常山之蛇也。击其首则尾至,击其尾则首至,击其中则首尾俱至"。宋人就把宋金防线比喻为常山蛇势,以首、脊、尾比喻三大战区,并有首尾优劣之论,认为东南为首属于偏安之势,若图恢复中原当以川陕为首,"今以东南为首,安能起天下之脊哉?"当然赵构为了在杭州坐稳皇帝的位置,绝对无意以川陕为首号令中原。但常山蛇之势意味着首尾相连,川陕战区犹如咽喉之于心腹,"咽喉闭塞,则心腹不能以自存",因此对于北人而言"取吴必先取蜀",对于南宋而言"无蜀是无东南也"。

绍兴和议之前,三大战区的主帅分别是韩世忠、岳飞与吴玠。赵构在大名府出任天下兵马大元帅时,韩世忠、岳飞就已投奔赵构,都算得南宋王朝的从龙之臣,但远在川陕的吴玠终身"未尝得一见天子"。

吴玠出生于元祐八年(1093),本是德顺军陇干(今甘肃静宁)人,父亲吴扆由水洛城(今甘肃庄浪)寨卒升至指挥使,死后葬于水洛城。吴玠约在政和元年(1111)从军,与韩世忠一样在西夏战争以及镇压方腊、河北义军中建功立业,靖康元年又打败进攻怀德军(今宁夏固原北)的西夏军。建炎二年吴玠开始抗击金军,并收复华州(属今陕西渭南),不久升右武大夫而成为中级武官。建炎三年,张浚指出"中兴当自关陕始,虑金人或先入陕取蜀,则东南不可保",赵构任命张浚为川陕宣抚处置使,张浚将吴玠升任为权永兴军路经略司公事,一度收复长安。但宋军在九月的富平之战中失利,吴玠收散兵退保大散关(位于今宝鸡西南)东的和尚原,扼守入蜀通道。

绍兴元年（1131）五月，金军出大散关合攻和尚原，吴玠坚守阵地，连战三天，击退金军，以功升陕西诸路都统制。同年十月，金军"自宝鸡连三十里"再战和尚原，吴玠造劲弓强弩轮番发射，又设伏大败撤退的金军，取得和尚原大捷，以功授镇西军节度使，建节时间比岳飞早三年。

绍兴三年，饶风关激战六昼夜失利后，吴玠从和尚原退守仙人关，在关右筑垒以守。绍兴四年，十万金军进攻仙人关，吴玠以一万兵力抵抗，吴玠弟吴璘率军火速支援，在仙人关与吴玠军会合。宋金两军在杀金坪厮杀三昼夜，宋军苦战仍无法抵挡，但在退守第二道隘寨后击退金军的猛烈进攻，又以长刀大斧砍杀金军骑兵，终于守住仙人关，并大举反攻。四月，宋军收复凤、秦、陇三州。绍兴五年（1135）十二月，吴玠所部由地方军被编为朝廷直属的行营右护军，成为南宋的西北长城。

仙人关遗址在徽县县城东35公里的虞关乡以南。仙人关即中唐所置鱼关，亦称"虞关"。虞关在今虞关乡东北老虞关城，《略阳县志》记载："古有何尚翁在此修真，道成飞升，故名'仙人岩'。"此处山重水复，地势险要奇诡，易守难攻，是古代关中入蜀的著名关隘。南宋名将吴玠曾率军驻守于此。绍兴四年（1134），吴玠率军三万与金兀术十万大军在此激战，他利用地形诱敌深入，在仙人关杀金坪聚金军而歼之。如今杀金坪遗址依稀可寻，尚有残碑及摩崖文字可辨。

虞关乡西3公里处又有吴王城遗址，为吴玠屯兵处，后人追思吴玠功绩，在此修吴公祠，俗称"吴王城"，祠今已圮。明李昆有《登吴开府玠故城》诗曰："平础烟苍苍，清溪

▌"仙人关—吴王城"路标

▌徽县铁山仙人关杀金坪

山宛宛。飞蓬隐断碑，斜阳照荒畹。故垒犹可依，遗熏复谁挽。感此重踌躇，邈矣空悬悯。"如今的吴王城嘉陵江边，仍有一块断为两截的《宋安公大资宣相生祠碑》。该碑由白知微题写，刻于嘉定二年（1209），详细记载安丙诛杀叛逆吴曦的经过及百姓为安丙立生祠的过程。如今的吴王城尚有遗迹留存，包括一段长约6米的残垣。1975年，吴王城被列为县级文保单位。

（二）葬于德顺军水洛城北原茔之次

仙人关大捷后，吴玠的地位更加稳固，制衡吴玠成为朝廷必须重视的问题，于是朝廷派席益以安抚制置大使的身份入川。席益既要调处四川本土势力的矛盾，又要为朝廷制约吴玠，结果力不从心，于绍兴七年离任。此后朝廷又派出四川安抚制置使胡世将入川，胡世将颇有才干，对吴玠既笼络又避让，较好地维系着吴玠与朝廷的关系。

这时宋金两国的朝局经历了复杂的演变，议和的主张逐渐成为主流，张浚也被罢相。张浚是主战派，志大而才疏，在四川有富平溃败、冤杀曲端的经历，但吴玠毕竟是张浚一手提拔，始终视张浚为恩公。张浚罢相两个月后，吴玠派使臣到临安觐见，请求赵构犒军，赵构认为这是在试探，他让使臣转告吴玠，吴玠一路升官"皆出于朕，非由张浚也"，在警告的同时仍满足了吴玠犒军的要求。

吴玠与张浚都属于主战派，绍兴八年（1138）张浚被贬，秦桧复相。绍兴九年（1139）赵构以和议大赦，张浚复官，但又因反对议和被排挤出朝。宋朝以向金朝称臣纳贡为代价,换得了原刘豫所据的河南、陕西等地,以及金朝归还徽宗赵佶梓宫和韦太后、钦宗赵桓及宗室的许诺。赵构派王伦出使金朝,双方交割地界,兀术渡河回燕京(今北京),将行台尚书省自开封府迁到大名府,后又迁往燕京。由于正朔、誓表、册命、纳贡数量等问题尚未达成协议,双方没有正式签订和约。

为了安抚吴玠,赵构给吴玠与岳飞都加开府仪同三司的荣衔,然后又任命吴玠为四川安抚使。吴玠非但坚决推辞,还以病重为由上疏请求朝廷免去自己所有职务。赵构拒绝吴玠的请求,命胡世将在蜀中寻访名医为吴玠治病,接着派出御医前往四川。不料御医未到,吴玠便于绍兴九年六月在仙人关去世,享年47岁。本来议和已成,金国准备交割土地,吴玠应该与父亲一起葬在水洛城。据说吴玠生前已在庄浪水洛城营建墓穴,神道等均已完工,因此庄浪县至今仍有吴玠墓。但七月金国发生内讧,宋朝使臣王伦被拘,金国主和派完颜宗磐、完颜昌以谋反罪被处死。

绍兴十年五月,金朝撕毁和议,以兀术为元帅,从宋金防线三大战区同时进攻南宋,河南、陕西州县重新落入金人之手。宋军在三大战场组织有效抵抗,除韩世忠、岳飞等从江淮、荆襄出兵之外,在川陕战区抵挡金军的主帅是吴玠之弟吴璘。宋金重新开战,意味着吴玠无缘葬回水洛城。

2019年夏,甘肃徽县召开纪念吴家将及仙人关之战的会议,会议期间又寻访吴玠墓、碑及仙人关、杀金坪等遗址。吴玠墓、碑在徽县东北的钟楼山上,山因原有吴王祠而俗称吴山。对吴玠是否安葬于此的问题,目前仍有争议,不过对吴玠碑倒是无所质疑。但若与文献对照,吴玠碑让人产生了颇多困惑。

（三）一进却之间胜负决矣

吴玠碑高约3米，碑额题"宋故开府吴公墓志铭"。"开府"是指一度被吴玠拒绝的"开府仪同三司"，吴玠去世后又赠少师。碑的背面有清嘉庆十一年（1806）徽县知县张伯魁重新修缮吴玠碑的记文与诗作，正面原碑文之上又有覆刻的"宋故将军吴玠之墓"八个楷书大字。

吴玠碑令人困惑之处在于碑文的石本无法与传世的纸本对应起来。现存两篇题为吴玠墓志的纸本文献，一篇是出自乾隆版《甘肃通志》卷四八的《开府仪同三司赠少师吴玠墓志》，作者署名胡世将。另一篇记载于《三朝北盟会编》卷一九五，作者是王纶，他也为吴玠撰写了神道碑。吴玠碑末尾部分漶漫不清、残缺甚多，但仍能反映与纸本的对应关系。《甘肃通志》中胡世将所撰墓志与石本开篇大部分内容大体相同，但至"呜呼虽古名将何加焉"而止，缺末尾部分。《三朝北盟会编》载记王纶所撰墓志，该志缺石本开篇叙述吴玠去世过程的部分，末尾却有胡世将与吴璘论吴玠用兵等内容。这就造成了胡世将撰、王纶撰及石本墓志三者之间关系的谜团。

《三朝北盟会编》又记载，张发在撰写《吴武安功绩记（序）》时指出胡世将所撰吴玠行状及墓志的不足：

> 方其（吴玠）薨也，其长子未冠，而二季尤幼。胡宣抚为行状，不询其子，使二旧吏立供。为之墓志又据行状而言，是以如是之不详。

这段话的信息量不小,特别是"胡世将是在未经吴家邀请的情况下主动为吴玠撰写行状、墓志等"一事,但所谓吴玠之子年纪尚幼的理由似乎站不住脚,毕竟吴玠去世时其弟吴璘已接任川陕军队的指挥权,吴玠神道碑就是吴璘邀请王纶撰写的,王纶在碑文的最后感叹吴玠"国之霖雨,惜乎不永"。

姑且不论胡世将是否绕开吴家自作碑状,从墓志的内容看,胡本开篇称"其弟璘与诸孤奉丧葬于德顺军水洛城北原茔之次",应该作于宋金第一次和议撕毁之前,又以"开府仪同三司赠少师"称吴玠,而未述及绍兴十年吴玠谥"武安"。而王本墓志述及胡世将与吴璘论兵时称"后胡世将为川陕宣抚使使",与胡本墓志自称"命四川安抚制置使成都守臣世将为访状况医治疾"不同,当非同一墓志的误署,而是的确出现过两个版本的吴玠墓志。又据《吴武安公玠神道碑》,绍兴九年九月吴璘已邀请王纶撰写神道碑,王本墓志所增论兵之事又有明显的吴璘因素:

> 后胡世将为川陕宣抚使,公弟吴璘适在军中,一日从容问公所以战,则曰:"璘与先兄束发从军,屡战西戎,不过一进却之间,胜负决矣。至金人,则胜不追,败不乱,整军在后,更进迭却,坚忍持久,令酷而下必死,每战非累日不决。盖自昔用兵所未尝见,胜之之道,非屡与之遇者,莫能尽知。然其要在用所长、去所短而已。盖金人之弓矢不若中国之劲利,而中国之士卒不若金人之坚忍。尽吾长技,洞中重甲,数百步外则彼固不能及我;据其形便,更出锐卒,与之为无穷以挫其坚忍之势,则我固有以制彼。至于决机两阵之间,变化如神,默运乎心术之

微,则璘有不能言。"

因此,吴璘很可能在胡世将之外又请王纶另撰吴玠墓志。

吴璘这么做自然是对胡本墓志有所不满,至于不满的具体原因已难以确定,或许是胡本过于仓促而事迹不详、未及谥号,或许还有别的政治原因。但大致可以猜测,现存徽县吴玠碑,是吴璘综合胡世将、王纶两篇吴玠墓志而成,因此传世吴玠墓志实有胡本、王本及石本三个不同版本。

值得注意的是,近年有学者重新讨论吴玠死因,因为《宋史》记载吴玠"晚节颇多嗜欲,使人渔色于成都,喜饵丹石,故得咯血疾以死"。现存史料中此说首见于李心传的《建炎以来系年要录》,更早出处虽不得而知,但《建炎以来系年要录》多参考官修史书。问题的关键不在于吴玠病因,而是如何记述涉及政治评判的问题。胡世将、王纶撰写碑志时以吴玠为西北长城,当时官修史书似不至于记述吴玠死于嗜欲。绍兴和议之前,岳飞遇害,韩世忠被罢兵权,宋金防线上唯川陕战区的吴家将在吴玠之后又传吴璘、吴挺、吴曦三代,结果以吴玠的侄孙吴曦于开禧二年(1206)叛宋而告终。《宋史》将吴曦之叛与吴玠嗜欲联系起来,称:

> 然玠晚颇荒淫,璘多丧败,岂狃于常胜,骄心侈欤!抑三世为将,酿成逆曦之变,覆其宗祀,盖有由焉。

因此,官方记述吴玠之死与嗜欲有关,恐怕是在吴曦叛宋之后的事情。

■ 吴玠碑

附录文献

《宋故开府吴公墓志铭》录文

绍兴九年春三月,开府仪同三司吴公以寝疾,奏乞谢事。天子恻然忧之,命四川安抚制置使、成都守臣世将,访善医治疾,又驰国医往视。公以六月己巳薨于军,享年四十有七。七月遗表闻,上震悼，辍朝二日。赠公少师，凡恤典，悉加厚。其弟璘与诸孤，奉丧归葬于德顺军水洛城北原先茔之次。十一月，上念公之已葬，诏有司赐钱三十万，擢璘继神龙卫四厢都指挥使。以慰恤其家，恩义备矣。盖自天下用兵，乘舆省康吴，会公以偏师起西鄙，奋孤忠抑大难，保川陕共百十六州，以重上流之势。屏翰王室，屹如长城。方敌国深侵，叛臣僭窃，道路阻绝，公未尝得一见天子。独其精忠上达，圣主明见万里之外，谓公可属大事，当方面，凡军事不从中御，而赏罚付之不疑，以卒成却敌固围之功者，惟天子之明，而公之忠也。既葬，诸孤以行状请铭，谨序而铭之。

惟吴氏出泰伯之后，以国为姓。至季札避位，其子孙家鲁卫之间，厥后散处四方。虽谱谍遗佚，遂不可尽考，而起守西河，芮国长沙。汉封广平，皆本德义。尚忠勇，为世良将。而公天挺英奇，崛起于数百千载之后，赫然功名，与之相望迹，其流风余烈，盖有自焉。公之曾祖讳谦，赠太子少保；妣李氏，永宁郡夫人。祖讳遂，赠太子太傅，妣齐氏，普宁郡夫人。考讳扆，赠少保，妣刘氏，嘉国夫人。自少保而上，世居德顺之陇干。以公贵，追荣三世。

公讳玠，字晋卿。少沉毅，有志节，善骑射，知兵，读书能通大义。未冠，以良家子隶泾原军。政和中，夏人犯边，力战有功，补进义副尉，稍擢队将。从讨浙西贼方腊，破其众，擒酋长一人。及击破河北群盗，累功转忠训郎，权泾原第十一将。夏人攻怀德军，公以百余骑突击追北，斩首级百四十有六。转秉义郎，擢本路第十二副将，自是威名益震。建炎二年，金人内侵已三载矣。春，渡河出大庆关，略秦雍，所过城邑辄下。自巩州至凤翔，陇右都护张严邀战失利，敌势愈张，谋趋泾州。大将曲端拒守麻务镇，命公为前锋。公进据青溪岭，逆击，大破之，敌始有惮公意。转武义郎、权泾原路兵马都监，兼知怀德军。冬，以本道兵复华州。师入，命将士无杀略，居民按堵，转武功大夫、忠州刺史。三年冬，剧贼史斌寇兴凤，据长安，谋为不轨。公击斩之，转右武大夫。四年春，擢泾原路马步军副总管。金人谋取环、庆，大将娄室以众数万，至麻亭，公与战于彭店原，士殊死斗，杀伤过当，敌惧引去。而曲端劾公违节度，坐降武显大夫，罢总管，论者不平。未几，复故官，职改秦凤路马步军副总管、知凤翔府，兼权永兴军路经略安抚司公事。进复长安，转右武大夫、忠州防御使。宣抚处置司将合五路兵，与金人决战。公谓宜各守要害，以待其敝。秋九月，师次富平，都统制会诸将议战，公又曰："兵以利动，今地势不利，何以战？宜据高阜，先为不可胜者。"众曰："我师数倍，又前临苇泽，非敌骑所宜。"不听，既而敌骤至，囊土逾泽，以薄吾营，军遂大恐溃，五路悉陷，巴蜀大震。公独整众保散关之东曰和尚原，积粟缮兵，列栅其上。或谓公："宜屯汉中，以安巴蜀。"公曰："敌不破我，不敢进。坚壁重兵以临之，彼惧吾蹑其后，保蜀之道也。"明年改元绍兴，春三月，敌将没立果率锐兵犯我。期必取而后进，公击败之。真拜忠州防御使，兼帅泾原。夏五月，没立复会别将乌鲁折合众数万，使大将由阶、成出散关先至，公与之战三日，大败而去。没立方攻箭筈关，公复遣麾下击退，卒不得与二将合。转明州观察使。丁嘉国忧，起复，寻兼陕西诸路都统制。敌自破契丹以来，狃于常胜，至每与公战辄北不胜。其愤，冬十月，其元帅四太子者会诸道兵十余万，造浮梁跨渭水，自宝鸡连营三十里，又垒石为城，夹涧水与官军相拒。公指授诸将，选劲弓弩号驻队，番休迭射，矢发如雨，贼稍却，则以奇兵旁击，如是者三日，度其困且走，则为覆于神岔，以待其归，覆发，敌众大乱，俘其将羊哥孛堇及其酋领三百余人，甲士八百六十人。尸填坑谷者二十余里，获铠仗数万计，拜镇西军节度使。二年，兼宣抚陕西处置使司都统制，节制兴、文、龙州。敌久窥蜀，必欲以奇取之。三年春，衰其兵，又尽发五路叛卒，声言东去，反自商于出汉阴，捣梁、洋。金州失守，公亟率麾下倍道疾驰，且调兵利、阆，既至，适与敌遇，使人以黄甘遗其帅撒离喝，敌惊曰："吴公来何速邪？"遂大战饶风关。凡六日，敌皆败，杀伤不可胜计。撒离喝怒斩其千户孛堇数人，以死犯关，出官军后，公徐结阵趋西县，或曰："蜀危矣！"公曰："敌去国远斗，而死伤大半，吾方全师以制其极，蜀何忧邪？"月余，敌果退。加检校少保，充利州路阶、成、凤州节度制置使。四年二月，敌复大入，犯仙人关。公豫为垒关旁曰"杀金坪"，严兵以待。敌据阜战，且攻垒，公命将士更射，又出锐兵击其左右，战五日，皆捷，敌复遁去。上闻之嘉叹，赐以亲札曰："朕恨不抚卿背也。"是役也，敌决意入蜀，自其元帅以下皆尽室以来。又以刘豫腹心为四川招抚使。既不得志，度公终不可幸胜，则还据凤翔，授甲士屯田，为久留计，自是不复轻动矣。夏四月，徙镇定国，除川陕宣抚副使。秋七月，录仙人关功，进检校少师，奉宁保静军节度使。五年春，攻下秦州。六年，兼营田大使，徙镇保平静难军。公与敌对垒且十载，常惠远饷劳民，屡汰冗员，节浮费，岁益屯田至十万斛。又调戍兵，命梁、洋守将治褒城废堰，灌溉民田，复业者数万家。朝廷嘉之，每降玺书褒谕。七年冬，敌废刘豫，且益兵众以为疑，公策其将去。九年春，和议成，上以其功高，复赐亲札进开府仪同三司，迁四川宣抚使。遣内侍赍告以赐，而公已病甚，扶掖听命，自以赏过其劳，固辞，优诏不许。时失地既复，方依绥附，而疾不可为矣。天……其岁□□终始保蜀，付之安全，若有所待，以是蜀人尤悲而思之。公娶张氏，故侍中耆之后，封永宁郡夫人。子男五人：拱，右武郎；扶、扨，皆承奉郎；扩、揔尚幼。女四人……公能乐善，每观史，前事可师者，必书而识之左右。用兵本孙吴，而能知其变。务远大，不求近效，故能保其必胜。御下严而有恩，视卒之休戚如己，而同其甘苦，故人乐为之用。既贵，而自奉之约，不逾平时。至推以予士不少吝，故家无赀而至，无宅而居。呜呼，虽古名将何加焉！

（录文根据蔡副全著《陇南金石题壁萃编》，中华书局2021年版。蔡副全注称："以上铭文据新椎拓本，参考张伯魁《徽县志》及张维《陇右金石录》录入。《陇右金石录》录文首尾较完整，并言'俱依拓本改定'，然误录及增改者颇多，故疑张维录文时曾参考过明庭杰《吴武安公功绩记》等史籍。"）

第四章 杭州孔庙石经
君师之任归于一

　　自绍兴元年（1131）起，杭州孔庙便从凤凰山麓一带迁至凌家桥的慧安寺故基重建，也就是今天杭州市上城区吴山广场北侧的劳动路，此后一直未曾易地。南宋时杭州孔庙称临安府学，经扩建后有大成殿、养源堂、御书阁、先贤祠、斋舍、小学等建筑，学生多达千人。元明清各代屡有兴废，格局基本不变。民国以后，杭州孔庙逐渐废弃。2008年杭州孔庙复建落成并对外开放，重修后的杭州孔庙占地1.32公顷，由棂星门、泮池、大成门、东西庑、碑亭、大成殿等建筑组成。

　　孔庙大成殿是杭州唯一保存完好的清代重檐歇山顶木构建筑，殿内保存大量清代彩画。殿内孔子坐像居中，颜回、曾参与孔伋、孟轲"四配"端立两侧，三侧墙上描画七十二弟子

杭州孔庙大成殿

像，东、西庑分别陈列杭州科举文化展与孔子圣迹图。

杭州孔庙东区江南园林式庭院被辟为杭州碑林。位于东区最北端的石经阁陈列宋高宗赵构御书南宋太学石经。石经阁之南的星象馆展出吴越国王钱元瓘墓石刻星象图。与星象馆隔水相望的文昌阁收藏唐贯休十六罗汉像石刻。碑林设碑廊贯穿整个孔庙东区，长达三百余米，收藏唐代至民国各类石刻五百多通，包括李公麟绘、宋高宗题孔子及七十二弟子像赞刻石，宋理宗御书"大成之殿"碑及《道统十三赞》刻石，赵孟頫书佑圣观重修玄武殿记等。此外还有王羲之、王献之、苏轼、米芾等书法大家的法帖，以及露天耸立着的、高4.8米的康熙四十三年（1704）免除浙江税赋的谕旨碑。

引 言

秦桧，字会之，江宁人，宋徽宗政和五年（1115）进士。靖康之难时，秦桧曾上书言金人狡诈，不可割三镇，又反对张邦昌称帝。靖康二年被俘至金，金主将他赐予皇弟挞懒（完颜昌）。秦桧上书金帅宗翰倡言和议，于是挞懒纵之使归宋，成为宋廷内部的主和派代表人物。建炎四年十月，秦桧回到临安，谎称杀死监守金兵夺船逃回，朝中议论皆不信。但宰相范宗尹与秦桧素有交情，为他辩护并把他推荐给高宗。秦桧向高宗献上他所起草的与挞懒求和书，急于求和的高宗称赞他"朴忠过人"，命刘光世向挞懒通书致意，任用秦桧为礼部尚书、参知政事。绍兴元年八月，秦桧受命为右仆射、同中书门下平章事兼知枢密院事。这时秦桧抛出"南人归南，北人归北"的求和之策，遭到朝内许多大臣的反对和谴责，高宗被迫将秦桧罢相。

绍兴三年至六年间，南宋军民英勇抗金，保卫川陕，收复襄阳、扬州。金朝有意议和，高宗便于绍兴八年恢复秦桧相位，令其专事议和。金使提出宋高宗取消皇帝的称号和国号、向金朝称臣纳贡等无理要求，高宗以接回徽宗梓宫和生母为借口有意接受屈辱的议和条件，秦桧则以"屈己议和，此人主之孝也"怂恿高宗，并要求"乞专与臣议，勿许群臣预"。尽管朝野激烈反对，如胡铨奏请斩秦桧以谢天下、岳飞疾呼"金人不可信，和好不可恃"，但高宗全然不顾。秦桧则以高宗守丧为借口代替高宗跪接"诏书"，迫不及待地与金人签订了屈己称臣、岁贡绢币的和议。金朝兀术于绍兴十年再次侵宋，遭到岳飞等顽强抵抗，岳飞取得郾城大捷之后开始挥师北上，但被高宗强令召回。秦桧在宋军获得战场优势的情况下仍向金朝屈辱求和，并在绍兴十一年十一月签订绍兴和议之后杀害岳飞。

绍兴和议之后，秦桧权倾一时。绍兴二十五年（1155）十月，秦桧病死，高宗赠秦桧申王，谥忠献，但开始罢斥其党羽。开禧二年，秦桧被追夺一切王爵，改谥谬丑，从此被唾骂为千古罪人。今天除了岳庙中秦桧的跪像，几乎不可能有任何秦桧的历史遗迹。不过在杭州碑林的宋高宗御制石经中，我们可以找到秦桧的题跋，而这些石经最初竖立于南宋的太学，南宋太学又是由岳飞遇害后的岳飞废宅改建的……

（一）杭州寻宋

近年来时而会被问及杭州寻宋的推荐路线，我一般的答复是：（1）如果意不在寻访古迹文物，不如安心游览西湖十景，西湖十景源自南宋，是南宋临安留给杭州最丰厚的遗产，也可以理解为中国现存最早的古都风貌。换言之，杭州西湖景观是作为南宋都城的重要组成部分而保留至今的。与之相对，南宋以前的古都目前所见只有地下考古遗址，南宋之后，保存下来的古都风貌也只有北京故宫。（2）对南宋皇城遗址不要有执念，因为几乎没有地上文物可供观览。皇城所在凤凰山最值得寻访的古迹是梵天寺经幢，但那是五代遗物。如果非要在凤凰山寻访南宋遗迹，还得劳驾爬几步山路，在胜果寺遗址可以找到宋高宗的"忠实"题刻。（3）杭州最显赫的南宋遗迹当然是两处首批国保单位——六和塔与岳庙，但不知为何近年来日益冷落。而六和塔与岳庙以下最值得推荐的无疑是位于劳动路孔庙的杭州碑林，这里才是杭州南宋文物精华所在。

（4）离此处不远的钱王祠虽是全新建筑，但所存明刻苏轼《表忠观碑》一度也保存在杭州碑林。此外最近钱王祠还在施工中重新发掘了宋刻《表忠观碑》碎石，至于此《表忠观碑》背后的离奇故事，可以参读《寻宋》中《苏轼被退稿》一篇。

从文物价值与观赏性的角度来讲，杭州碑林最引人注目的应该是吴越国王钱元瓘墓石刻星图与贯休十六罗汉刻石。如果是寻访历史的印迹，杭州碑林所存宋高宗御制太学石经、宋高宗题赞李公麟绘孔子与七十二弟子像刻石、宋理宗道统十三赞及"大成之殿"刻石，不但是三种极珍贵的南宋御制石刻文物，而且基本勾勒出一部南宋政治文化的演变史，或者说是南宋道学的命运史。

要不要客串导游给特定的游客讲解宋代遗迹对我来说是相当踌躇的问题，因为总是担心自己的兴趣点与别人有很大的落差。比如一到杭州碑林，我最想卖弄的就是寻找太学石经的秦桧跋语。辨认出秦桧的落款之后还意犹未尽，又在"宋高宗题赞李公麟绘孔子与七十二弟子像刻石"前指认已被磨删的秦桧跋语。无论如何，杭州孔庙与碑林的故事，首先与高宗、秦桧这对君臣密切相关，其次由杭州孔庙又会扯出南宋太学与岳飞故宅的一系列问题，结果就让南宋太学石经与绍兴和议那段历史纠缠在一起了。

（二）太学石经

现在一般认为"南宋石经刊石太学当在高宗绍兴十三年（1143）十一月之后"，依据是南宋李心传《建炎以来系年要录》卷一四八绍兴十三年十一月丁卯条记载：

> 丁卯，秦桧奏："前日蒙付出御书《尚书》，来日欲宣示侍从官，不惟观陛下书法之妙，又令知陛下圣学不倦如此。"上曰："朕之性与人异，无事惟静坐观书，所得甚多。"又曰："朕观古之人君有嗜杀人者，盖不能养性，故多恣暴。大率知足更无事，贵为天子，谁能制之，若不知足，更为侈靡，未有不乱，如唐明皇是也。"时上所写六经与《论语》《孟子》之书皆毕，桧因请刊石于国子监，仍颁墨本赐诸路州学。诏可。

但这条记载只能说明御制《尚书》的始刻时间是绍兴十三年十一月，后面讲到"时上所写六经与《论语》《孟子》之书皆毕，桧因请刊石于国子监，仍颁墨本赐诸路州学"可以理解为是追述前事。事实上御制石经的刊刻是一个持续的过程，南宋王应麟《玉海》记载：

> 十三年二月，内出御书《左氏春秋》及《史记·列传》宣示馆职。少监秦熺以下作诗以进。六月，内出御书《周易》。九月四日，上谕辅臣曰："学写字不如便写经书。不惟可以学字，又得经书不忘。"既而尚书委知临安府张澄刊石，颁诸州学。
>
> 十四年正月，出御书《尚书》。十月，出御书《毛诗》。十六年五月，又出御书《春秋左传》，皆就本省宣示馆职，作诗以进。上又书《论语》《孟子》。皆刊石，立于太学首善阁及大成殿后三礼堂之廊庑。
>
> 淳熙四年二月十九日，诏："知临安府赵磻老于太学

建阁，奉安石经，置碑石于阁下，墨本于阁上，以'光尧石经之阁'为名，朕当亲写。"参政茂良等言："自昔帝王未有亲书经传至数千万言者，不惟宸章奎画，照耀万世，崇儒重道至矣。"上曰："太上字画天纵，冠绝古今。"五月二十四日，磻老奏："阁将就绪，其石经《易》《诗》《书》《春秋左氏传》《论语》《孟子》外，尚有御书《礼记》中庸、大学、学记、儒行、经解五篇不在太学石经之数。今搜访旧本，重行摹勒，以补礼经之阙。"从之。六月十三日，御书"光尧御书石经之阁"牌赐国子监。

这样看来，高宗御制石经的刊刻似乎经历了三个阶段，第一阶段是绍兴十三年九月，这时新的太学虽已建成，但主要是在"诸州学"刊石。这个时间点其实非常确凿，因为太学石经各篇末均有秦桧跋语，最后的落款是：

绍兴癸亥年秋九月甲子，太师、尚书左仆射、同中书门下平章事兼枢密使、监修国史、兼提举实录院、提举详定一司敕令、提举编修玉牒所、魏国公、臣秦桧谨记。

第二阶段是绍兴十四年（1144）以后，这时才刊石于新建成的太学首善阁。第三阶段则是孝宗淳熙年间（1174—1189）重建"光尧石经之阁"以"奉安石经"并补刻《礼记》五篇。这样梳理下来，杭州最早的刊刻石经并不是在新建太学，而是在临安府学，而绍兴十三年九月临安府学应该刚刚丧失太学的功能。

一般认为杭州碑林的"大成之殿"碑是宋理宗御书，但也有学者从书法风格与历史背景等方面考察，认为它更有可能是宋高宗的御书。

（三）临安府学

临安府学就在今天的杭州孔庙。

赵构称帝后，为躲避金兵而从南京应天府退至扬州。建炎二年七月，金军再次南下追击赵构。十二月，金兵攻陷东平府和大名府，知济南府刘豫降金。这时赵构派御营司武将苗傅率八千将士，护送孟太后退至杭州，苗傅抵达杭州后驻扎在奉国尼寺。后来赵构也退至杭州，苗傅与刘正彦等发动兵变。兵变被平定后，赵构升杭州为临安府。直到绍兴二年（1132）正月，赵构遭金军多次追击后终于将朝廷迁至临安。绍兴八年赵构定都临安后，坐落在凤凰山下的杭州州府就升格为南宋皇城，临安府就被迁至当年苗傅驻扎过的奉国尼寺。2005年，杭州市考古所对荷花池头旧城改造工程工地进行考古发掘，出土遗迹被认定为是南宋临安府治，并确定其范围南起河坊街，北至三衙前，东依劳动路，西邻南山路。随着府治的迁徙，府学也势必迁址重建。

目前所知有关杭州官学最早的记载是范仲淹笔下的"前知州李谘在任日重修宣圣庙"。李谘于天圣六年至七年（1028—1029）知杭州，当时的州学当然也在凤凰山的州治附近，《乾道临安志》记载"旧在府治之南，子城通越门外"，据此推测应该就是今南宋皇城遗址西南的苕帚湾西端。而赵构一旦决定以原杭州州治为南宋大内,府学也随府治"于凌家桥东以慧安寺故基重建",这就是今临安府治遗址东北方向的劳动路杭州孔庙。

因南宋定都杭州,这时的临安府学号称"京学"。都城理论上还需要建设一座规格更高的"太学",但一时无从着落,于是"绍兴十二年四月议复置太学,诏增修临安府学为太学",所以现在的杭州孔庙曾短暂承担太学的功能。但府学内设太学终究不是长久之计,这时岳飞已经被杀害,宋金达成绍兴和议,于是南宋又以前洋街岳飞故宅建置太学。据《续资治通鉴长编》卷一二六记载,绍兴十三年正月"诏以钱塘县西岳飞宅为国子监太学",秋七月"奉安至圣文宣王于国子监大成殿,命太师秦桧行礼,时学初成,帝自题赐书阁榜曰'首善'"。岳飞宅或南宋太学的所在地就是今天杭州延安路的嘉里中心,我上大学时这里是浙江医科大学(后改为浙江大学医学院)。

南宋太学建成后,临安府学始终是杭州地方官学,历元明清三代再未迁址。1912年民国成立,杭州府学功能丧失,仅府学内孔庙作为祭祀孔子的场所得以保留。1927年国民政府下令废止祀孔,杭州绅儒组织孔圣纪念会,自行筹款办理祭祀并兼管孔庙庙产。1931年九一八事变后政府恢复祭孔,1935年孔庙后院空地被建成浙江省立杭州师范学校新校舍。杭州沦陷后,杭州孔庙被汉奸拆卖后另建,抗战胜利后国民政府再次重建杭州孔庙,1949年以后杭州孔庙陆续为单位及居民占用。1979年,政府决定以原存放在孔庙的南宋太学石经、道统十三赞等珍贵文物为基础,广泛搜集与杭州历史文化相关的各类碑刻建成杭州碑林。

杭州孔庙棂星门

杭州孔庙孔子像

杭州碑林元代"杭州路重建庙学碑"

（四）吴讷收拾御碑

依据《玉海》绍兴十三年九月"尚书委知临安府张澄刊石颁诸州学"的记载，南宋石经最早是在"诸州学"刊刻，最初并非"太学"石经。但《玉海》又记载绍兴十四年以后刻石是"立于太学首善阁及大成殿后三礼堂之廊庑"，之前为诸州学所刻石经应该由此并入太学石经。这样推测的话，南宋时临安府学没有出现过宋高宗御制石经。

但绍兴十三年九月未必是南宋石经最早刊刻的时间，这里的问题比较复杂，其中就涉及南宋石经内容的问题。南宋潜说友编纂的《咸淳临安志》记载，"光尧石经之阁"有御书石经"《易》《诗》《书》《左氏春秋》，《礼记》五篇（《中庸》《大学》《学记》《儒行》《经解》）及《论语》《孟子》"，前引《玉海》记载也是如此。南宋灭亡之后，元僧杨琏真迦在系统性地毁灭南宋文物时，本计划以南宋石经充作塔基，幸得杭州推官申屠致远力争，石经才未得全毁。此后石经长期未获保护，直至明宣德元年（1426）由巡按浙江监察御史吴讷重加搜集，而吴讷记述此事称：

> 绍兴二年宣示御书《孝经》，继出《易》《诗》《书》《春秋左传》《论》《孟》及中庸、大学、学记、儒行、经解五篇，总数千万言，刊石太学。

两相比较，吴讷记述的太学石经就多出了一篇《孝经》，而且将时间大大推前，这里就涉及到御制《孝经》刻石的问题。据吴雪菡《南宋高宗御书〈孝经〉刻石考论》，《孝经》刊石确有其事，时间是在绍兴九年：

> （绍兴九年）六月十三日。宰臣秦桧乞以上所赐御书真草《孝经》刻之金石。

这时南宋还没有太学，甚至《孝经》刊石与学校无关，只是秦桧的个人行为。绍兴十三年正月二十五日，朝廷应秦桧的胞弟、湖州守臣秦棣所请，颁秦桧所刊高宗御书《孝经》石刻拓本于各地州学。然后到绍兴十四年七月二十二日，朝廷又应御史汪勃所请，命各地州学以绍兴十三年所赐高宗御书《孝经》拓本刊石。这里的各地州学应该包括临安府学而不包括新建成的太学，因此南宋太学石经的确不包括《孝经》，只是与太学石经差不多同时在临安府学中出现了御制《孝经》石刻。至于吴讷将《孝经》视作太学石经的一部分也情有可原，因为他追述石经在南宋灭亡以后的情形称：

> 元初，西僧杨琏真伽造塔行宫故址，取碑石垒塔，杭州路官申屠致远力争而止。后因改学为西湖书院。岁久阁废，石经断折零落。洪武中，移仁和学于书院，然石经久废，人莫留意也。宣德元年夏，予出按于杭，观之慨叹，乃以属郡守卢君玉闰，率教官生员收拾全碑若干，碑折若干，一一补辏，共得经碑百片，异置殿后及两庑焉。

原来在元朝，南宋太学改为西湖书院，而临安府学改为杭州路儒学。此后孔庙屡毁屡建，一次是至正二年（1342）失火，一次是至正十二年（1352）为徐寿辉军所毁，永乐十七年（1419）再次失火，"荡熄殆习，所存者仅戟门"，直至宣德三年（1428）由巡抚熊概再次重建。因此，宣德元年吴讷重新搜集太学石经时，杭州孔庙尚是一片有待熊概重建的废墟，原存临安府学的《孝经》石经这时或者之前很可能已被移入这时已改为仁和县学的原南宋太学，所以在吴讷看来《孝经》也是南宋太学石经的一部分。

▌ 吴讷石经歌碑

吴讷搜集的南宋太学石经100石，当时仍保存在原南宋太学，即明代的仁和县学。直到正德十三年（1518），巡按浙江监察御史宋廷佐才将石经残石移入府学，即今天的杭州孔庙。1949年以后清点石经，得85石，1958年杭州文化局为石经保护问题与孔庙旧屋使用单位制氧机厂订立合同。现存85石石经包括《易》2石、《书》7石、《诗》10石、《中庸》1石、《春秋》48石、《论语》7石、《孟子》10石。又据现存石经数量及石经总字数比例推算，原南宋石经总量可能是131石。

（五）君师之任归于一

如果将《孝经》纳入南宋太学石经的范畴，又将太学兴建与岳飞遇害、石经刊刻与秦桧当政联系起来，那么南宋太学石经就撇不开与绍兴和议的联系。吴雪菡《南宋高宗御书〈孝经〉刻石考论》就指出，"绍兴九年六月那次《孝经》刊石，其实是绍兴八年高宗决心与金和议的连锁反应"，绍兴十三年"诏令各地州学以御书《孝经》刊石，真实目的在于平息反对议和的言论"。按照这样的逻辑，绍兴十三年正月"诏以钱塘县西岳飞宅为国子监太学"及同年太学石经刊刻同样可以理解为平息反对议和言论的连锁反应。正因如此，南宋太学石经与绍兴和议一样，是宋高宗与秦桧合作的产物，首先是高宗赐书而秦桧因请刊石，其次是高宗御制而秦桧题跋，清代丁丙所见石经尚保留三篇秦桧跋语：

九月甲子，左仆射秦桧请镌石以颁四方，卷末皆刊

> 桧跋语……今《诗》《论语》《左传》末一碑俱存,皆有桧跋,跋语同。

秦桧跋语的中心思想是树立高宗作为皇帝的权威,宣扬圣王是将君主与导师两种身份合二为一,也就是将治道与道统合二为一,政治权威与文化权威合二为一,其全文如下:

> 闻之《书》曰:"天降下民,作之君,作之师。"自古圣王在上,则君师之任归于一,故尧舜之世,万邦咸宁,比屋可封者,治教之明效大验也。仰惟主上以天锡勇智,拨乱世反之正。又于投戈之隙,亲御翰墨,尽书六经以及《论语》《孟子》,朝夕从事,为诸儒倡。因得请刊石于国子监,颁其本遍赐泮宫,尧舜君师之任,乃幸获亲见之。夫以乾坤之清夷,世道之兴起,一人专任其责,所为经纶于心、表仪以身者,勤亦至矣。所望于丕应者岂浅哉?《诗》不云乎:"思皇多士,生此王国,王国克生,维周之干。"臣愿与学者勉之。

丁丙在编辑《武林坊巷志》时详细记载了包括秦桧跋语在内的杭州府学宫所存南宋太学石经的情况,其中又提到"朱竹垞《杭州府学宋石经跋》谓秦桧一跋已为明巡按吴讷椎碎者,殊误"。这是说有记载称吴讷当年砸去了石经上的秦桧跋语,其实秦桧跋语至今尚存,故有"殊误"之叹。其实这是一个误会,吴讷的确砸掉了一篇秦桧跋语的刻石,不过不是石经,而是"宋高宗题赞李公麟绘孔子与七十二弟子像刻石"。吴讷不但磨去了秦桧的这篇跋语,而且自己另写了一篇覆刻其上，并清楚说明了他磨去秦桧跋语的原因，也直接引用了秦桧原跋中的"错误言论"。吴讷跋语的全文如下：

> 右宣圣及七十二弟子赞，宋高宗制并书，其像则李龙眠摹所画也。高宗南渡，建行宫于杭。绍兴十四年正月始即岳飞第作太学，三月临幸，首制先圣赞，后自颜渊而下亦撰辞，以致褒崇之意。二十六年十二月刻石于学，附以太师、尚书左仆射、同中书门下平章事兼枢密使秦桧记。桧之言有曰"孔圣以儒道设教，弟子皆无邪杂背违于儒道者。今缙绅之习，或未纯乎儒术，顾驰狙诈权谲之说，以侥幸于功利"，其意盖为当时言恢复者发也。呜呼！靖康之祸，二帝蒙尘，汴都沦覆，当时臣子正宜枕干尝胆以图恢复，而桧力主和议，攘斥众谋，尽指一时忠义之言为狙诈权谲之论，先儒朱熹谓其"倡邪说以误国，挟虏势以要君，其罪上通于天，万死不足以赎"者是也。昔龟山杨先生时尝建议罢王安石孔庙配享，识者题之。讷一介书生，幸际圣明，备员风纪，兹于仁和县学得观石刻，见桧之记尚与图赞并存，因命磨去其文，庶使邪诐之说奸秽之名不得厕于圣贤图像之后，然念流传已久，谨用备识，俾后览者得有所考云。

这篇跋语的信息非常丰富，特别是说明了御制题赞其实是漫长的过程。李公麟本是北宋的官僚画家，宋高宗最早为李公麟画作题赞是在绍兴十四年临幸新建太学时，此后才陆续为七十二贤人题赞,而秦桧题跋时间已是绍兴二十五年八月。至于李公麟绘画及宋高宗题赞刻石完成已是绍兴二十六年(1156)十二月,这时秦桧已去世将近一年。美国学者蔡涵墨(Charles Hartman)为该秦桧跋语撰写过一篇题为《新近面世之秦桧碑记及其在宋代道学史中的意义》的长篇论文,其中特别关注秦桧原跋中出现了"道统"的说法。蔡涵墨教授注意到,秦桧所谓的"道统"无非是把宋高宗君师合一,这与石经跋语的主题是完全一致的。

既然如此,吴讷为什么只删题赞跋语而不删石经跋语呢?其实这个问题吴讷已经交代得很清楚,赞美皇帝从来不是一个问题,皇帝继承道统对于一个明代的文官来说更是常识,题赞跋语的错误言论在于被吴讷摘出来的这一句"孔圣以儒道设教,弟子皆无邪杂背违于儒道者。今缙绅之习,或未纯乎儒术,顾驰狙诈权谲之说,以侥幸于功利"。秦桧攻击当时出现不纯洁的、"狙诈权谲"的儒家思想当然不是泛泛而谈,而是特指反对和议的道学党人。所谓道学,即北宋程颐开创的理学,当时又称为"洛学",朱熹以后就统称"程朱理学"。这个学派在为南宋太学题写道统十三赞的宋理宗时代就被确立为正统思想,因此在吴讷的审查中,秦桧跋语的错误不在于赞美皇帝,而在于攻击程朱理学。

其实南宋初年高宗与秦桧一度都扶植道学,只是道学党人既不同意与金和议,又试图以"道统"建立超越皇权的政治文化权威,故而遭到高宗与秦桧的摒弃。因此,南宋太学石经具有为绍兴和议辩护以及由皇帝自立儒学权威的双重意义,至于将秦桧攻击道学的言论刻石于太学,恐怕是因为高宗预感到秦桧去世后道学可能卷土重来吧。

杭州碑林所藏的孔子与七十二贤人像石刻,由宋高宗赵构于绍兴二十六年(1156)诏令立石于太学。石刻以南宋内府藏李公麟画卷为母本,由赵构为每位圣贤御制御笔赞辞,并撰序称:"朕自睦邻息兵,首开学校,教养多士,以遂忠良;继幸太学,延见诸生,济济在庭,意甚嘉之。因作《文宣王赞》。机政余间,历取颜回而下七十二人,亦为制赞,用广列圣崇儒右文之声,复知'师弟子间缨弁森森,覃精绎思'之训,其于治道人心,亦庶几焉。"

石刻原有15石,现存14石,每石高41厘米,宽119厘米,其中完整9石,残缺5石,存孔子及弟子65人。石刻末原有秦桧跋文,明宣德年间(1426—1435)吴讷磨去秦跋后撰记覆刻,并明确提出其画像是"李龙眠所画也",李龙眠即李公麟。

▎吴讷覆刻高宗御制题赞跋拓本

李公麟《孔子像》石刻拓本

今首都博物馆藏有纸本设色孔子及七十二弟子像,传为唐阎立本所绘,有孔子及弟子59人,卷首有乾隆皇帝御题"杏坛遗范",据鉴定为北宋时期作品,可能是阎立本画作的摹本。又北京故宫博物馆另藏绢本设色孔子及七十二弟子像,现存37人,下方题款称"元祐三年二月臣李公麟绘草上进"。两种圣贤像绘画风格、技巧或有差异,但人物形态完全一致,显然在唐宋之际已经出现成熟的圣贤像模式。

相关景点

◎ 杭州碑林宋理宗御制道统十三赞碑

宋理宗御制道统十三赞碑之文王拓本

马麟绘《伏羲像》

宋理宗将理学定为"正学之宗",将周敦颐、张载、程颢、程颐、朱熹、司马光、邵雍、张栻、吕祖谦等人抬进孔庙入祀,并选用理学名士,确认道统谱系并御书《道统十三赞》。除了保存于杭州碑林的宋理宗《道统十三赞》刻石之外,御用画家马麟还绘制过一套《圣贤图像》,每件宽110厘米、高240厘米,其中《伏羲》《尧》《禹》《汤》《武王》五幅现藏于台北故宫博物院。《伏羲》的题赞前有一段小序称:"朕获承祖宗右文之绪,祗遹燕谋,日奉慈极,万几余闲,博求载籍。推迹道统之传,自伏羲迄于孟子,凡达而在上其道行,穷而在下其教明,采其大指,各为之赞,虽未能探赜精微,姑以寓尊其所闻之意云尔。"显然马麟的《圣贤图像》是奉命为理宗《道统十三赞》所绘制的配图,图上所题赞辞即理宗御制《道统十三赞》。更值得注意的是,有研究者指出马麟所绘诸圣贤的面貌均以理宗为原型,"龙颜隆准""姿貌庞厚"。

附录文献

秦桧跋宋高宗御制石经

闻之《书》曰:"天降下民,作之君,作之师。"自古圣王在上,则君师之任归于一,故尧舜之世,万邦咸宁,比屋可封者,治教之明效大验也。仰惟主上以天锡勇智,拨乱世反之正。又于投戈之隙,亲御翰墨,尽书六经以及《论语》《孟子》,朝夕从事,为诸儒倡。臣因得请刊石于国子监,颁其本遍赐泮宫,尧舜君师之任，乃幸获亲见之。夫以乾坤之清夷、世道之兴起，一人专任其责，所为经纶于心、表仪以身者，勤亦至矣。所望于丕应者岂浅哉？《诗》不云乎："思皇多士，生此王国，王国克生，维周之干。"臣愿与学者勉之。

绍兴癸亥岁秋九月甲子，太师、尚书左仆射、同中书门下平章事兼枢密使、监修国史、兼提举实录院、提举详定一司敕令、提举编修玉牒所、魏国公、臣秦桧谨记。

（录文根据杭州碑林刻石及〔清〕阮元编《两浙金石志》卷八，清道光四年刻本。）

秦桧跋宋高宗御制孔子及七十二弟子赞

臣闻：王者位天地之中，做人民之主，故《说文》谓王者通天地人，信乎其为说也。杨子曰："通天地人曰儒。"又以知王者之道与儒同宗。出治者为纯王，赞治者为王佐，直上下之位异耳。自周东迁，王者之迹已熄。独孔圣以儒道设教洙泗之间，其高弟曰七十二子。虽入室升堂，所造有浅深，要皆未能全尽器而用之。共成一王之业，必无邪杂背违于儒道者也。主上躬天纵之圣，系炎正之统；推天地之大德，沃涂炭之余烬。而缙绅之习或未纯乎儒术，顾驰狙诈权谲之说，以侥幸于功利；曾不知文王之文，孔圣传之，所谓文在兹者，盖道统也。前未遭宋魑之难，讵肯易言之。今氛曀已廓，由于正路者，盍一隆所宗，上以佐佑纯文之收功，下以先后秉文之多士。国治身修，毫发无恨。方日斋心服形，鼓舞雷声，而模范奎画，其必有所得矣。

绍兴二十有五年秋八月辛巳，太师、尚书左仆射同中书门下平章事、兼枢密使、监修国史、兼提举实录院、提举详定一司敕令、提举编修玉牒所、益国公臣秦桧谨记。

（录文根据邓小南、程民生、苗书梅编《宋史研究论文集》，河南大学出版社2014年版）

吴讷跋宋高宗御制孔子及七十二弟子赞

右宣圣及七十二弟子赞，宋高宗制并书，其像则李龙眠麐所画也。高宗南渡，建行宫于杭。绍兴十四年正月始即岳飞第作太学，三月临幸，首制先圣赞，后自颜渊而下亦撰辞，以致襃崇之意。二十六年十二月刻石于学，附以太师、尚书左仆射、同中书门下平章事兼枢密使秦桧记。桧之言有曰"孔圣以儒道设教，弟子皆无邪杂背违于儒道者。今缙绅之习，或未纯乎儒术，顾驰狙诈权谲之说，以侥幸于功利"，其意盖为当时言恢复者发也。呜呼！靖康之祸，二帝蒙尘，汴都沦覆，当时臣子正宜枕干尝胆以图恢复，而桧力主和议，攘斥众谋，尽指一时忠义之言为狙诈权谲之论，先儒朱熹谓其"倡邪说以误国，挟房势以要君，其罪上通于天，万死不足以赎"者是也。昔龟山杨先生时尝建议罢王安石孔庙配享，识者韪之。讷一介书生，幸际圣明，备员风纪，兹于仁和县学得观石刻，见桧之记尚与图赞并存，因命磨去其文，庶使邪诐之说奸秽之名不得厕于圣贤图像之后，然念流传已久，谨用备识，俾后览者得有所考云。

宣德二年，岁在丁未秋七月朔，巡按浙江监察御史海虞吴讷识。

教谕林贤训导刘数摹勒于石。

（录文根据杭州碑林刻石及〔清〕阮元编《两浙金石志》卷八。）

第五章 杭州通玄观
左右虚皇友三真

通玄观造像在杭州市西湖景区吴山的紫阳山东麓,现在是紫阳小学的一部分。紫阳小学在南宋太庙遗址的南侧,原为清代紫阳书院。通玄观造像是杭州唯一的道教造像,现被列为浙江省重点文物保护单位,造像坐北朝南,长30米,高3.7米,自西向东依次雕凿4龛6尊道教造像,及南宋至明代的摩崖题记和碑11通。造像以三茅真君为中心,上侧有元始天尊,两侧是南宋的刘敖与明代的徐道彰两位道士。

三茅真君指茅盈、茅固、茅衷兄弟三人,传说他们是汉景帝时咸阳人,于句曲山修道成仙。三茅真君被茅山道教上清派奉为祖师,又传说太上老君拜三茅为司命、定箓、保生真君。造像中大茅真君高1.4米,身着道袍,执长柄如意,足踩祥云;中茅真君、小茅真君高1.2米,面部有所残损,旁边刻有"掌吴越司命三茅真君像"题记。元始天尊是道教信奉的最高天神，造像高0.86米，端坐仰莲座上，旁边题刻"玉清元始天尊像"。刘敖像也是一龛坐像，高0.8米，旁有题记"皇宋开山鹿泉刘真人像"。法师徐道彰像在石刻最东侧，高0.9米，面目残损，题刻"大明重开山元一徐法师像"。造像岩壁上还有南宋刘敖撰《创建通玄观碑》《创建通玄观记》，高宗撰《宋高宗御制诗》，元吴全节撰《重修通玄观记》《俞行简诗文碑》等碑刻，风化漫漶较严重。鹿泉在造像下方，相传为刘敖所凿，有隶书"鹿泉"题额。到康熙年间，泉水干涸，道士朱广基在原泉右侧又蓄一泉，仍以鹿泉名之。鹿泉也是清代"吴山十景"之一。

南宋时吴山上还有另一座奉祀三茅真君的宁寿观，也与内侍刘敖关系密切。

杭州原来有一座唐代遗留下来的三茅堂，绍兴二十年（1150）高宗给三茅堂"赐宁寿观为额"，因为原来北宋开封的宁寿观也奉祀三茅真君，"三茅宁寿观，在七宝山，本三茅堂，绍兴二十年因东都旧名，赐观额"。宋高宗崇奉道教，在杭州营建"御前十大宫观"，其中就包括宁寿观。高宗赐额时，还赐下汉鼎、唐钟、褚遂良小楷阴符经三件古器，相传皇家御赐共有"七宝"入藏，为七宝山名来源，足见三茅宁寿观在南宋时规格地位之高。元代至元十八年（1281）宁寿观毁于火，明洪武初重建，于谦曾在三茅观内读书并写下著名的《石灰吟》。明清两代三茅观屡有修缮重建，抗战时毁弃。杭州市文物考古研究所曾于2008年对三茅观遗址进行了考古发掘与清理，现三茅观遗址上建有一座三茅堂，陈列考古发掘的器物和碑刻等文物。

引 言

杭州有很多佛教石窟，多是吴越国遗物，其中又以飞来峰最为精美宏大。通玄观造像是杭州唯一的道教石窟，因位于小学之内不对公众开放而鲜为人知。本来在不影响教学秩序的情况下，向学校说明来意还是可以进校参观的，但疫情期间学校处于封闭管理的状态。因此，2020年12月4日参观通玄观造像之前，我通过郑嘉励老师联系到杭州西湖风景名胜区凤凰山管理处洪俊主任。洪主任非常专业地介绍了通玄观造像的研究与保护情况，并在我的请求下带我参观了另一处不对外开放的重要宋代遗迹——司马光家人卦，所以要特别感谢郑嘉励与洪俊两位老师。

现在作为文物遗迹的通玄观造像已经十分神秘，而我撰写小文时才发现通玄观的来历更加隐秘莫测。一个宦官突然要修道建观已经足够古怪，宋高宗给予特别的支持则更显得离奇。怀着好奇研究了半天，结果确信通玄观连带同在吴山的宁寿观都与完颜亮侵宋有关。

绍兴三十一年，也就是绍兴和议签订二十年后，立志要"立马吴山第一峰"的金主完颜亮率军亲征南宋。完颜亮渡淮不久，金朝内部发生政变，金世宗完颜雍称帝。完颜亮得知消息后没有返回国都平定叛乱，而是亲率四十万大军临江誓师继续南侵。十一月初八日，完颜亮命金军渡江，宋臣虞允文指挥军民以海鳅船中流阻击。渡江金军遭南宋两支水军夹击，虞允文又以火攻。完颜亮大败后移军扬州，并准备从瓜洲强行渡江。虞允文、杨沂中等率所部宋军驰援镇江，与金军对垒。金军士气低落，认为渡江必败，于完颜亮命令渡江之日闯入其营帐将其射杀。

2015年7月5日，我和老沈专程前往马鞍山采石矶怀古凭吊，采石矶古迹众多，作为李白卒地纪馆场馆的太白楼已被列为全国重点文物保护单位，不过作为水战的采石战役并没有留下任何遗迹。至于宁寿观省牒与"吴山第一峰"摩崖，是我撰写小文时专程前往吴山拍摄才得以寻访，时间是2021年5月29日。

（一）宁寿观与通玄观

学界对于杭州三茅宁寿观与通玄观也有不少专题讨论。两观都在吴山的七宝山上，都与内侍刘敖有密切关系，汪圣铎先生猜测"或是将宁寿观扩建为通玄观"。其实三茅宁寿观在七宝山之巅，通玄观在七宝山东麓，今天杭州仍有这两观的重要遗迹。为配合吴山景区三期整治工程，杭州市文物考古研究所曾于2008年对三茅宁寿观遗址进行考古清理，现今有一院子作为三茅观遗址景点向游客开放，真正的宋代文物"宋三茅宁寿观尚书省牒碑"摩崖就在不远处。通玄观遗址则在太庙巷7号紫阳小学内，著名的通玄观道教造像是浙江省重点文物保护单位。

关于这两座道观的来历，相关的文献记载并不算少，但有些重要问题并没有讨论清楚。现在有关高宗敕建宁寿观的最重要记载是陆游的《行在宁寿观碑》，这篇碑文透露的信息十分丰富。陆游称，因为杭州原来有一个三茅堂，高宗为传承北宋真宗以来的道教传统，所以"赐宁寿观为额"，还任命道士蔡大象、蒙守亮与刘敖来管理该道观——这可能只是表面文章。据刘敖的《创建通玄观碑》，通玄观是因刘敖修道志诚，向宋高宗请求弃官出家而修建的——这恐怕也是掩饰之词。

所有造像中，只有刘敖是南宋的历史人物。刘敖是宋高宗内侍，绍兴二十九年（1159）刘敖入道修真，梦见三茅真君骑着仙鹤驾至七宝山南边，于是在此建造一座道观，名通玄观。宋高宗还御书"通玄"二字榜之，并赐刘敖道号"能真"。

通玄观刘敖造像

（二）忆昔长江阻飓风

研究者注意到，宁寿观、通玄观的规格与刘敖的地位都极高。宁寿观收藏七宝即"鸿钟大鼎，华盖宝剑，褚遂良、吴道子之遗迹，卓乎秘府之怪珍也"，所在小山因此称七宝山。刘敖的署衔是"左右街大都道录、少师、赐紫衣真人"，汪圣铎认为刘敖封官少师"是令人怀疑的，因为给道士加授少师这样的世俗高官宋代从未见到"。汪圣铎还注意到通玄观题刻中还有宋高宗赐给刘敖的御制诗，但又说"诗中除赞扬刘敖一心向道外，也顺带赞扬了茅君。但却没有更多地涉及道教。所以，宋高宗与刘敖的交往，对政教关系的影响很是有限"（《宋代政教关系研究》）。

其实刘敖的"少师"官衔及御制诗足以证明通玄观对于宋高宗意义重大，不应轻易放过。谢一峰的博士论文《延续中的嬗变：两宋道教与政治、社会、文化的关系》注意到通玄观与御制诗出现于绍兴三十年（1160）前后，时值完颜亮侵宋，因此认为"忆昔长江阻飓风，于今神马又成龙。炎兴指日中原复，赚是茅君翊翼功"的诗句显示出这时宋高宗非同寻常的政治立场：

> 在高宗赐予刘能真的这首七言绝句中，我们看到的却并非屈己求和之声，而是一种坚定的"战意"。又将此诗与前述之通玄观的建成时间相系，则已非常明显地指向高宗末年宋金和战进程中的一次重大转折——即是金正隆六年、宋绍兴三十一年（1161）海陵王完颜亮的南侵。

谢一峰注意到完颜亮侵宋的历史背景其实非常重要，但以此解释御制诗未必准确，至少没有观照到诗中"忆昔"及"茅君翊翼功"的说法。事实上绍兴三十年前后的宋高宗早已丧失了收复中原的雄心，但将宋高宗的三茅真君崇拜与金军南侵联系起来应该是有道理的，因为陆游的《行在宁寿观碑》中也有"扶卫社稷，安镇夷夏"的说法。而高宗赐封宁寿观是在绍兴二十年（1150），此前一年完颜亮弑金主完颜亶自立，绍兴二十年则有施全刺秦桧未成及完颜亮大杀宗室的事件。联系到宁寿、通玄两观都在完颜亮妄言的"提兵百万西湖上，立马吴山第一峰"之上，就更有理由把完颜亮南侵与吴山上奉祀三茅真君的道观联系起来。

但三茅真君与金军南侵如何联系起来呢？这就需要从御制诗提及的时间点去理解了。"忆昔长江阻飓风，于今神马又成龙"，"长江阻飓风"是高宗"忆昔"的情景，应该是年代久远而且高宗亲历的事件，而不是指通玄观兴建时的完颜亮南侵及败亡事件。那么高宗在追忆什么呢？御制诗共有三首，其中第一首似乎是在称赞刘敖诚心修道，但最后一句指出了一个更加具体的时间点——"辛勤三十载，羡尔道心淳。"此语应该是高宗向刘敖感叹自己辛勤三十载所得成就，还不如刘敖弃家修道令人羡慕，这一方面可能让人联想到高宗在完颜亮侵宋失败后开始考虑退位，另一方面也说明他与刘敖可能已经相识、交往三十年之久。

那么三十年前究竟发生了什么呢？三十年前其实是建炎三年高宗从扬州仓皇渡江逃往镇江的时候。从这个时间点来理解"忆昔长江阻飓风，于今神马又成龙"，就是指当年金人抵达扬州后无以渡江，"炎兴指日中原复，滕是茅君翊翼功"当指这一年高宗还曾驻跸江宁做出北伐的姿态。

（三）左右虚皇友三真

问题是"忆昔长江阻飓风"能与刘敖、通玄观、三茅真君发生什么关系呢？这个问题的答案其实就写在陆游的《行在宁寿观碑》中：

> 鸿钟大鼎，华盖宝剑，褚遂良、吴道子之遗迹，卓乎秘府之怪珍也。荣光异气，夜烛天半，所以扶卫社稷，安镇夷夏者，于是乎在，非他宫馆坛宇可得而比。永惟我高宗皇帝，实与三茅君，自浑沌溟涬开辟之初，赤明龙汉浩劫之前，俱以愿力，应世济民。虽时有古今，迹有显晦，其受命上帝以福天下，则合若符券。及夫风御上宾，威神在天，与三十六帝翱翔太虚，三茅君亦与焉。时临熙坛，顾享明荐，用敷佑于我圣子神孙，降福发祥，时万时亿，呜呼休哉！某既述观之所由兴，且系之以铭，曰：

> 炎祚中否开真人，以大誓愿济下民，左右虚皇友三真，坐令化国风俗淳。乃营斯宫示宿因，丹碧岌嶪天与邻，神君龙虎呵重闉，鲸钟横撞震无垠，锦旛宝盖高嶙峋，天华龙烛昼夜陈。历载九九符尧仁，超然脱屣侍帝晨，遗泽渗漉万宇均，岁丰兵偃无吟呻。咨尔众士严冠巾，以道之真治子身，服膺圣训常如新，冲霄往从龙车尘。

陆游说宁寿观中藏有"鸿钟大鼎，华盖宝剑，褚遂良、吴道子之遗迹，卓乎秘府之怪珍也"，是因为这座宫观可以"扶卫社稷，安镇夷夏","非他宫馆坛宇可得而比"。但为什么宁寿观会有此奇功呢？陆游下一句就给出了非常惊人的解释，他说宋高宗"左右虚皇友三真"，与三茅真君其实是仙侣道友的关系，他们在宇宙初开时就已经立下了"应世济民"的宏愿，宋高宗未下凡时在天界一同"翱翔太虚"的"三十六帝"中就有三茅真君。铭文中还有"乃营斯宫示宿因"一句，意思是宁寿观或通玄观的主要功能就是为了宣示高宗与三茅真君作为仙侣道友的前世因缘。

如果高宗的三茅真君崇拜与建炎三年的扬州渡江有关，那么合理的解释就是他渡江后又从镇江行至常州，途中理应经过茅山并向三茅真君祈祷。联想到杭州的半山娘娘庙、崔府君庙都与高宗逃亡有关，可以想象高宗曾在杭州为护佑他逃亡的神明与凡人系统建庙以感恩祈祷，这就为宁寿观与通玄观的来历提供了合理的解释。至于内侍刘敖，很可能是建炎三年在茅山附近遇见从镇江逃往常州的高宗，因在战乱中走投无路而选择净身入宫。

以上的一系列猜想，似乎可以解释杭州三茅宁寿观与通玄观的来历以及高宗的御制诗、刘敖的飞黄腾达、陆游的碑记。同样重要的是，虽然经历了靖康之难，在复杂的政局演变中高宗也已宣称"最爱元祐"而彻底否定了徽宗朝的政治路线，但陆游的《行在宁寿观碑》显示高宗并没有放弃其父徽宗的"神仙皇帝"的思想。只是由于政治文化的变迁，高宗不敢将这种思想大肆宣扬，只能通过一位内侍来构建自己的神仙身份。

另一个应该引起特别注意的是，陆游的《行在宁寿观碑》并非一篇游记，而是受"知观事冲素大师邵君道俊始砻石来请某为文"。陆游当时并不在杭州，他与宁寿观、通玄观似乎没有特别的关系，只是因为陆游是高宗朝的进士，有责任为高宗撰写这篇观碑,"某实绍兴朝士,屡得对行殿,同时廷臣,零落殆尽,某适后死,获以草野之文,登载盛事,顾不幸欤"。问题是冲素大师邵道俊请陆游撰写碑文的时间点非常特殊,那是绍熙五年(1194)六月——这时孝宗刚刚去世,朝中正在经历光宗拒绝为孝宗主丧的重大政治危机,同时也是宗室大臣赵汝愚策划绍熙政变的前夕。

茅山位于江苏常州金坛和镇江句容,是东晋时道教上清派的发源地,被道家称为"上清宗坛"。

相传汉代陕西咸阳有茅氏三兄弟隐居于茅山修道,故道

茅山九霄万福宫

茅山元符万宁宫老子铜像

茅山崇禧万寿宫

教中的茅山一派奉三茅真君为祖师。南朝齐梁时，陶弘景在茅山编撰《真诰》，上清派的教义、教理和神仙谱系由此更为完备。茅山宫观道院最盛时多达257处，有房屋5000余间，晚清以来在历次战争与动乱中损毁殆尽。1982年以来茅山道院得以重建，至今已重建九霄万福宫、元符万宁宫与崇禧万寿宫三大道观以及高达33米的露天老子铜像。

相关景点

◎ 马鞍山采石矶风景区

附录文献

通玄观宋高宗御制诗三首

其一

简易高人道，崇元性自真。身常居太极，心已远凡尘。玉陛辞荣禄，瑶台役鬼神。辛勤三十载，羡尔道心淳。

其二

太白宠荄东南驰，众岭环合青分披。烟云厚薄皆可爱，木石疏密自相宜。阳春已归鸟语乐，溪水不动鱼行迟。生民无不得处所，与兹鱼鸟皆熙熙。

其三

忆昔长江阻飓风，于今神马又成龙。炎兴指日中原复，朕是茅君翊翼功。

（录文根据〔清〕阮元编《两浙金石志》卷九。）

刘敖《创建通玄观碑》

夫通元观之肇创也，原敖丱角时，辄乃净厥身、遣厥欲、慕厥道，冀求真全元氏之门，憾世弗容宥，进事内廷，固荷天渥，授以内侍官，锡食玉食，衣锦衣，掌宫禁，相玉宸，攸与富贵亦极矣。虽然，讵敖志哉？盖尝叹曰："富贵，岑通也，真全，身宝也。脱羁富贵而匪求真全，是惜岑通而捐身宝者，敖宁弗致于审耶？"因学观心养性、炼质守形，寻道机、穷道奥，真全企悟于豁然，庶几元元之妙有不昧于虚灵矣。于是道窃修于宫居，屡恳请于主上，匄放山林，圆就心学。绍兴庚午，顶激皇衷，命出主吴山宁寿观，手赐法名能真，给福牒，赉紫衣暨七宝顷田，所赏之隆，悉归于观，供奉香灯涍命。敖持坚养道，祝国永长，仲夏辞陛入山，谨焚修密守炼功，幸几圆弗辜廷虑。己卯腊二日，敖夜坐甫瞬间，梦三茅君偕跹胎禽旋游山角，状若托于栖止。伺明旦瞻之，果见三鹤。逾年是日，鹤复来翔。噫，敖之感于三茅君验曷殊甚也！遂仰鹤稽吁，矢构观迎。即期相地，翦荟斫荆，凿山平基，运斤斫木，前创茅君之庭，后竖玉清之殿，筑谒斗台于乾维，立放鹤亭于艮位，经房丹屋，起盖随宜，钵室山门，蔑一不备。工竣，观罔额，特疏请沐，御题曰"通元"，仍加玺书于左，焕耀元宇。于戏，观幸矣哉！敖之心不亦惬矣哉！且昔敖在内侍也，寤寐之间，念念于道，故尝履富贵而厌处,谈真全而乐闻,是非薄缘,种植元门,宿虑有在,以致求道而道得,适请而请从,弗拂至诚而玉成心事也。不然,奚以效修炼而获悟梦茅君化鹤哉?又奚创观成而请疏上"通元"之题,沛自九重而光福地哉?是盖教秉初衷,道机感召而应克,若斯之神矣,通元之造就岂偶然哉!工始庚辰之丑,讫程壬午之申,请额月弦,而石壁裹于月望也。后之嗣观者守之哉。皇宋绍兴三十二年,龙集壬午,七月中元日,奉敕左右街大都道録、少师、赐紫衣真人,法名能真,鹿泉刘敖撰并书篆。

(录文根据〔清〕丁丙辑:《武林坊巷志》卷八,浙江古籍出版社,2018年版。)

第六章 嘉兴杉青闸
上圣载育之地

杉青闸是古代大运河上的著名水闸,位于嘉兴城北运河段,为"运河入浙第一闸"。杉青闸大概始建于大运河开掘的隋唐时期,由朝廷派出的官员直接管理,因此闸旁建有官署。宋元以后,运河水流变化,杉青闸逐渐堙废。

落帆亭原本是杉青闸旁的一座亭子。大运河上,由苏州航向嘉兴的帆船,过杉青闸时一定会放下船帆,这座亭子就被叫作"落帆亭"。此后,当地人围绕着落帆亭逐渐建起一处园林。这座园林仍以落帆亭命名,是官吏和过闸客商重要的游憩之所。落帆亭始建年代不详,但在宋神宗熙宁初年(约1068)由吕温卿重建,又在1988年再次重建。2011年,包括落帆亭在内的杉青闸遗址被列为省级文物保护单位。

▎杉青闸旁将宋孝宗介绍为嘉兴名人的浮雕巨牌

引　言

寻访杉青闸是考察嘉兴子城田野考古工作顺带的行程。那时郑嘉励老师正在负责嘉兴子城的考古发掘工作，包伟民老师便于2015年7月27日组织了一次考察活动，记得参加者除了杭州宋史沙龙的师友，还有苏沪两地的宋史同仁。本来史书上记载孝宗出生于嘉兴杉青闸并不会转化成"孝宗是嘉兴人"这样的概念，但杉青闸边上一面浮雕巨牌显然是从嘉兴名人的角度在介绍孝宗，引得当时师友们一阵调侃，倒是惹得我想探究一下孝宗算不算得嘉兴人的问题。

宋高宗赵构当然是河南开封人，宋室南渡，他来到浙江杭州继续当皇帝，不过继嗣的宋孝宗未必算是开封人。宋孝宗是宋太祖七世孙，秦王赵德芳的后裔，出生时父亲赵子偁任职嘉兴县丞，而且应该已把户籍迁至嘉兴，所以宋孝宗可以算作浙江嘉兴人，而他具体的出生地还有值得商榷的地方。

宋太祖、太宗兄终弟及，一般认为宋太宗是弑兄篡位，此后到北宋灭亡帝位始终在太宗一系传承。但徽宗第九子赵构重建宋廷后，其三岁的独子赵旉意外身亡，赵构又丧失了生育能力。在因果报应等观念的影响下，赵构从太祖后裔中择立养子，其中之一就是在嘉兴出生的赵伯琮。赵伯琮被领养三十年后受禅继位，由于秦桧的反对，这期间充满了复杂的政治斗争，也培育了孝宗坚定抗金的政治立场。

（一）嘉兴县丞

在一个高度流动的社会中，回答"你是哪里人"并不是容易的事情。当代中国的"哪里人"不再是简单的籍贯问题，一个人的祖籍地、出生地、户籍地与居住地很可能是天南地北完全不同的地方。与明清社会相比，宋代也是高度流动的社会，其中迁徙官僚是非常突出的现象，说起来欧阳修、王安石、周必大都是江西人，但细究起来却很复杂。

在所有的宋朝人中，流动性最小的可能就是皇帝。但要问宋朝的皇帝是哪里人，简单说成是开封人也有很大的问题。姑且不论天水一朝赵家人的郡望问题，《宋史》开篇《太祖本纪》记载赵匡胤"涿郡人也"。涿州是幽云十六州之一，就是说宋朝皇帝的老家根本不在宋朝境内，除了亡国的宋徽宗，也没有哪个皇帝有本事把老家夺回来。赵匡胤的出生地更加有名，"后唐天成二年，生于洛阳夹马营，赤光绕室，异香经宿不散"，按出生地讲赵匡胤是洛阳人。而赵光义出生的浚仪是开封的属县，所以太宗这支北宋八帝加上南宋的高宗赵构算是比较靠谱的开封人。而赵匡胤一生南征北战，一度准备迁都洛阳，却被开封皇弟赵光义极力阻挠。

太宗之后传了七世，北宋灭亡，莫名收复了老家涿州的宋徽宗丢了都城开封，与儿子宋钦宗以及整个皇室被掳到金国，最后死在五国城（今黑龙江依兰）。他漏网的皇九子赵构一路逃亡到浙江，最后定都杭州，重建偏安的南宋王朝。赵构又绝嗣，当时盛传因果报应之说，大家相信是因为"太祖在天莫肯顾歆"才让宋徽宗亡国，所以赵构又把皇位还给了太祖这支，让赵匡胤七世孙赵伯琮当了皇帝。

赵构应该算迁到杭州的开封人。赵伯琮就是宋孝宗，后来改名赵昚，他算哪里人也是个比较复杂的问题。

宋朝的宗室原来都住在开封，朝廷提供住房，还有经济与政治上的特殊待遇，但不能参加科举或担任实际的行政职务。但到了神宗、徽宗朝，宗室人口越来越多，开封已经住不下了。于是朝廷一方面开始允许他们科举出仕，另一方面安排他们到开封以外的地方居住。徽宗朝，在蔡京主持下，太祖赵匡胤后裔被安排到南京应天府居住，赵廷美的后裔则被安排到西京洛阳居住。赵伯琮的父亲赵子偁生年不详，但赵伯琮出生于建炎元年（1127），正常情况下赵子偁应当出生于徽宗朝，所以他的居住地很可能迁到了应天府。同时赵子偁又通过三舍法的考试（类似于太学举行的科举考试）获得了当官的资格，后来出任嘉兴县丞。《宋史·赵子偁传》记载：

> 宣和元年，舍试合格，调嘉兴丞。是年，子伯琮生，后被选入宫，是为孝宗。

这里"舍试合格"的"宣和元年"是1119年，"子伯琮生"的"是年"是建炎元年即1127年，前后隔了八年。"调嘉兴丞"应该是从"是年"，即建炎元年赵子偁才到嘉兴县当官。赵子偁"舍试合格"之后恰值宋金战争，那段时间里他的行踪我们并不太清楚，或许是在北方活动，赵构即皇帝位之后他才来到南方当

▎嘉兴子城遗址

官。此后赵子偁定居秀州,他的儿子赵伯琮就出生在这里。

> 嘉兴子城在嘉兴市区府前街。始建于三国吴黄龙三年(231),周二里十步,是嘉兴最早的城垣类建筑。唐文德元年(888),吴越制置使阮结在旧城外围筑大城,周十二里,原城由此改称为"子城"。子城内是嘉兴历代官署所在地。太平天国时,听王陈炳文将嘉兴府治全部改建成为听王府。清军攻打太平军时,大部分城垣门楼毁于兵火。光绪三十四年(1908),子城被重修。辛亥革命至解放初,子城一直是军队营房所在地,称西大营。现存子城及谯楼是1990年重修,长约百米,垣墙为砖石结构。

(二)兴圣之寺

在今嘉兴市南湖区新嘉街道北京路社区内,可以找到一处"杉青闸遗址"。位于嘉兴城北运河段的杉青闸,原是嘉兴古运河上控制水流的重要水利设施及管理机构,号称"运河入浙第一闸"。《宋史·河渠志》记载,神宗熙宁元年(1068)十月有诏曰:

> 杭之长安、秀之杉青、常之望亭三堰,监护使臣并以"管干河塘"系衔,常同所属令佐,巡视修固,以时启闭。

《读史方舆纪要》又称"府东北五里,旧有杉青闸官舍。宋熙宁元年提举河渠胡淮请修秀州杉青堰",因为朝廷派员专职管理,杉青闸建有官舍。

今天的"杉青闸遗址"处立有一块高大的纪念碑,上有文字称"赵眘即宋孝宗,生于嘉兴杉青闸官舍"。这个说法出自《宋史》,宋孝宗"以建炎元年十月戊寅生帝于秀州青杉闸之官舍,红光满室,如日正中",其他地方志如《崇祯嘉兴县志》《康熙嘉兴府志》也有类似记载,似乎毫无疑义。王明清《挥麈录》对孝宗的出生有更具体的描绘:

> 秀州外医张浩自云:"少隶军籍,尝为杉青闸官虞候。一日晚出郊,过嘉兴县,忽睹丞厅赤光照天,疑为回禄,亟入视之,云赵县丞之室适免身得雄,是诞育孝宗也。"

杉青闸的管理人员张浩路过嘉兴县丞官舍,刚好看到宋孝宗出生时"赤光照天"的情形。乍看之下,似乎是杉青闸官舍与县丞官舍毗邻的意思。

不过元人修纂的《至元嘉禾志》卷十另有一条记载:

> 兴圣禅院:在郡治东北二百步。考证:旧嘉兴县丞厅。

据此,嘉兴县丞厅的位置在后来兴圣禅院的地方,虽然与杉青闸一样都在郡治东北方向,但县丞厅出郡治仅二百步,杉青闸则在五里地外。所以当时的情形应当是张浩从郡治前往五里地外的杉青闸时，路过离郡治二百步远的县丞厅，"忽睹丞厅赤光照天"，才比较合理。

《至元嘉禾志》还保留了淳祐十一年（1251）五月程公许所撰《兴圣寺记》，其中明言兴圣禅院就是因为孝宗出生而兴建：

> 孝宗凤自秀邸，毓质少海，以承尧禅，祗若慈训，诞保此丕丕基，积一执中之传，有光往牒。维今嘉禾兴圣禅院，则上圣载育之地也。

当时的宋理宗还为此题字：

> 是役也，大宗正、嗣秀王臣师弥实主其议，拜疏阙下，上为援笔大字书"流虹圣地兴圣之寺"。

所以兴圣禅院所在的嘉兴县丞旧址是宋孝宗的出生地无疑，至于杉青闸官舍的说法，可能只是对《挥麈录》中张浩"尝为杉青闸官虞候"而路经嘉兴县丞厅的误解。宁宗庆元元年（1195），秀州作为孝宗的出生地而升为嘉兴府，"以是邦为孝宗毓圣之地，升嘉兴府"（《至元嘉禾志》卷一）。明嘉靖年间（1522—1566），兴圣禅院改为县学，即今中山东路的嘉兴市秀洲区委党校，距嘉兴子城遗址公园仅数百米，完全符合"在郡治东北二百步"的描述。

赵伯琮自幼时被领养在宫中，其父赵子偁后来也被授予不同的官职，并于绍兴十三年卒于秀州。如此说来，赵子偁应该算出生于应天府的嘉兴人。宋孝宗后来到杭州当皇帝，理解为嘉兴出了个皇帝也不算离谱，但他自幼在杭州皇宫里生活，也可以算是地道的杭州人。反正南宋高宗以后的皇帝即使是往上查三代也很难说是开封人，说全是浙江人倒也不算过分。

（三）乌程菁山

绍兴十三年九月，赵子偁殁于秀州。这时十六岁的宋孝宗还叫赵瑗，虽然一直养在宫中，却连个皇子的名分都没有，当上皇帝更是二十年之后的事情了。因为当时的高宗还没有正式认赵瑗为皇子，理论上赵瑗还是赵子偁的儿子。赵瑗在宫中还有一位皇位的竞争者叫赵璩，赵璩得到宰相秦桧的支持。秦桧为了排挤赵瑗，就提出赵子偁去世了，赵瑗作为儿子理应服丧三年。所以赵子偁去世的时候，赵瑗能不能当上皇帝还是一个未知数。

赵子偁的丧葬事宜理当由他的长子赵伯圭处理。可能因为嘉兴地势过于平整，赵伯圭跑到湖州为父亲寻找墓地，楼钥后来为赵伯圭撰写的《皇伯祖太师崇宪靖王行状》称：

> 及为安僖卜宅兆，衔哀走数百里，惟乌程之菁山最佳，卜之而食。

这里的"安僖"是宋孝宗当上太子时朝廷赐给赵子偁的谥号，还同时封赵子偁为秀王，所以赵子偁称"秀安僖王"。而赵伯圭去世后被追封为崇王，谥宪靖，故称"崇宪靖王"。当时赵伯圭想获得菁山这处墓地并不容易，楼钥接着讲了一个神话故事：

然念力不能致,裵回其处。一叟忽前,曰:"官岂姓赵而欲求葬地乎?"王矍然曰:"汝何以知之?"叟曰:"尝梦神告我矣。"指所卜之地以售,今寝园是也。

赵伯圭的意思是说,他当年为父亲卜葬曾获得过神明的指点。对于这个情节,潘晟在《北宋皇位继承的地理术数"观察"与"预言"》一文中还有进一步的发挥,"这是一个通过选择葬地而飞黄腾达的神奇故事,暗示了孝宗之入继大统乃天命所在","此时其家人通过为生父择葬的机会,寻求术数上的帮助以得神灵之保佑是可能的……直接将孝宗父亲葬地的庇荫作为其继位的重要神圣因素之一"。其实即使真的有这样的含义,楼钥在赵伯圭行状中的表述也是极其隐秘。只是这时赵瑗的地位极不稳固,为父亲卜葬的同时,赵伯圭也确实有理由为胞弟在宫中的前途命运而深感焦虑,毕竟这与赵伯圭自己也是休戚相关。

后来胞弟果然当上了皇帝,赵伯圭也在各地做官。到孝宗把皇位禅让给儿子光宗,朝廷又在湖州墓地为赵子偁立庙,并在杭州立祠,"绍熙元年,始即湖州秀园立庙,奉神主,建祠临安府,以藏神貌"。光宗还赐给赵伯圭一座宅第,就在杭州的安僖祠边,"赐甲第于安僖祠侧",不久又"赐第还湖州",赵伯圭最终在湖州去世。

赵子偁立庙之后,他的墓地即称"秀安僖王园庙"或"秀园"。《嘉泰吴兴志》卷四记载,"菁山,在县与葛仙山相连,旧传葛洪种黄菁在此,至今山多黄菁。秀安僖王墓园在焉"。《宋会要辑稿》记载,"秀安僖王园庙系在湖州管下菁山,去城不远"。普明寺是赵子偁的坟寺,元人黄溍《菁山普明寺记》描述:

> 普明禅寺在湖之乌程。由郡城之南,溯大溪舟行四十五里,舍舟登陆又二里许,是为菁山。去人境殊不远,而泉清木深,峰峦峭拔,岩壑郁纡,最为胜处。

不过这里描述的湖州菁山的秀园究竟在哪里,至今尚无确论。当代考古工作者曾推测位于湖州市吴兴区埭溪镇莫家栅村的风车口墓地的主人就是赵子俪,理由是与秀园地望相近、茔园规模庞大、墓室营造考究等。但随着考古工作者对风车口墓地的进一步发掘,考虑到风车口地望在宋代并不一定属于"菁山"的范围,出土随葬品碎片年代晚于赵子俪葬年甚至营建园庙的时间,再加上风车口地处荒僻,附近并无古村落,有学者认为赵子俪墓"秀园"可能另有所在。

清人厉鹗《沈氏探梅集序》又记载:

> 菁山在乌程南,旧传葛稚川种黄菁于此,故以菁名。上濠村在山下,其地有宋秀安僖王墓。

上濠村就是今天道场乡的上壕里,考古工作者又根据这段记述在上壕里实地考察,发现其地也有古墓,根据散落地表的条砖及建筑构件大致可定为南宋,赵子俪的"秀园"或许在今道场乡上壕里一带。

2016年底,浙江省对绍兴市柯桥区平水镇兰若寺水库北岸、皇坟山南麓的南宋墓地进行发掘,推测墓主是宋理宗的父亲赵希瓐。赵希瓐是宋太祖的九世孙,赵德昭的后裔,宋宁宗嘉泰年间(1201—1204)担任绍兴府山阴县尉,娶当地全姓女子而定居山阴。宋理宗被史弥远发现时，赵希瓐已经去世，他与弟弟随母在山阴舅舅家过活。所以南宋皇帝中除了宋高宗是从开封逃来的，其余诸帝其实都是轮流到杭州当皇帝的嘉兴人、绍兴人，这为南宋平添了一层浙江王朝的色彩。

兰若寺宋墓位于绍兴市柯桥区平水镇东部兰若寺水库北岸、皇坟山南麓。2017年经考古发掘，发现墓园占地至少1.2万平方米，是目前所见南宋墓葬中规模最大、规格最高、布局最完整的墓园。墓地已经被彻底盗毁，但考古工作者仍然从中发掘出多达2万余的仿木构斗拱、柱、格子门及大量屋顶瓦件等建筑残件。考古工作者推测，位于绍兴，规模又如此大的南宋墓地，它的主人可能是宋理宗的生父赵希瓐。

相关景点

◎ （1）杭州佑圣观路

杭州佑圣观路得名于南宋佑圣观。佑圣观原是宋孝宗继位前的潜邸普安郡王府，孝宗继位前曾在此居住三十年，淳熙三年（1176）孝宗诏改潜邸为佑圣观，进入元朝后佑圣观仍存，元大德七年（1303）毁于火，次年重建。一般认为现佑圣观路与水亭址交叉处为南宋佑圣观遗址。

◎ （2）杭州竹竿巷

杭州庆春路马寅初纪念馆北的竹竿巷，南宋时为后洋街。淳熙十五年（1188），宋孝宗赐后洋街北为秀王府。宋孝宗的父亲赵子偁于绍兴十三年（1143）卒于秀州，绍兴三十二年（1162）孝宗被立为太子时追封赵子偁为秀王，谥安僖，并由赵子偁长子赵伯圭嗣秀王。竹竿巷东为永丰巷，南宋时有永福院，是赵伯圭的香火院。

第七章 余杭径山寺御碑
荷担大事不寻常

径山位于今天杭州市余杭区径山镇，因"径通天目"得名。径山的主峰是凌霄峰，周围又有堆珠峰、大人峰、鹏搏峰、宴坐峰、朝阳峰五峰。径山禅寺始建于唐天宝四载（745），兴于唐而盛于宋。据说唐代牛头宗禅师鹤林玄素（668—752）布道弘教，告诫弟子法钦（714—792）"遇径即止"，所以法钦云游至径山，便在山顶结草为庵，相从参学者日众，德誉远闻。唐大历三年（768），法钦奉诏入京，被唐代宗赐号"国一大师"。次年法钦回到径山，唐代宗下旨于其庵址建寺，法钦成为径山寺的开山鼻祖。此后径山寺于唐僖宗乾符六年（879）改为"乾符镇国院"，宋真宗大中祥符年间（1008—1016）改为"承天禅院"，宋徽宗政和七年（1117）改为"能仁禅院"，宋孝宗时期改为"兴圣万寿禅寺"并沿用至明清。

径山寺在北宋时就十分闻名，苏轼在杭州任职期间曾四次到访径山，留下《游径山》九首诗，现径山仍有"东坡洗砚池"遗址。苏轼还在径山寺推行制度改革，将住持由"自传制"改为"十方选贤制"，即寺院住持不一定由本寺僧人担任，有德高僧均可担任，众僧人亦可罢免住持。

引　言

杭州最有人气的佛寺当然是灵隐寺，但近十年来余杭径山寺也极有人气，吸引了越来越多的香客与游客。我2016年2月12日的径山寺之行完全是春节家庭游，怀着好奇与祈愿的心情。蔡志忠风格的观音像尤其给我惊喜。记得当时我也去寻访孝宗的御碑并拍摄了照片，但奇怪的是后来一直没有找到，所以我又于2021年6月16日专程前往寻宋。结果才发现径山寺已经焕然一新到非常陌生的地步，观音像犹在，却稍显败落，山门则完全是"日月换新天"，而且寺内仍在进行大规模的修缮。不知是因为天气阴雨、旅游淡季、禅寺尚在修缮，还是疫情影响，那天的径山寺游客稀少。因为之前获赠了相当喜欢的径山禅茶，我还特意在寺院入口的茶室品茗，结果也是意外的冷清寡淡。

完颜亮侵宋失败后，赵构以"倦勤"为名，于绍兴三十二年（1162）将皇位传给了养子即宋孝宗。宋孝宗即位后积极准备北伐，他为岳飞彻底平反，罢逐秦桧党人，并起用主战派人士张浚等。结果隆兴元年由张浚主持的北伐以失败告终，宋金重新议和，形成了维持约四十年的"隆兴和议"。宋孝宗是南宋历史上比较有为的君主，历史上有"孝宗中兴"之说法，而他坚定的抗金立场，在他继位前与余杭径山寺宗杲禅师的交往中已经有充分的展现。径山寺御碑可能与孝宗继位存在一定的联系，而御碑本身似乎还有些神秘之处。

（一）自在与慈悲

余杭径山寺中保存的宋孝宗御题"径山兴圣万寿禅寺"石碑是径山寺千年古刹的见证，不过现在古寺的风貌早已荡然无存。

寺院屡兴屡毁是普遍现象，径山禅寺始建于唐大历年间（766—779），南宋成为江南"五山十刹"之首。但在唐武宗灭佛、宋宁宗朝火灾、宋理宗朝两次火灾、元世祖朝两次火灾、元惠宗朝兵灾及清代、民国的两次火灾中，径山寺已历经近十次的毁败。1933年径山寺再次重建大殿时"所复原远非旧观"，原有的明朝时的正德十六房，到民国时大多已不复存在，1943年前后只剩下妙喜、梅谷、松沅三房。1949年后，径山万寿禅寺因年久失修逐渐倾圮，"文革"时期几乎被破坏殆尽。"文革"后，为保护永乐大钟，径山寺曾造过钟楼，并将三尊铁佛和"历代祖师名衔"石碑供于钟楼，但钟楼于1991年失火被毁。至此，径山寺的地面文物仅剩含晖亭中的宋孝宗御碑，当时也是亭废碑破。

径山寺的再次复兴始于1985年，这年5月余杭县政协邀请各方就开发径山问题进行考察。此后经过不断的努力，在新建径山公路、龙潭发电站之后，以重建径山寺为依托开发径山旅游事业的计划终于提上议程。1989年7月，浙江省政府在对杭州市政府的复函中下达"同意修复开放余杭径山万寿寺,作为宗教活动场所,其修复资金由佛教界自筹"的指示。于是,径山寺修复工程的奠基仪式于1990年5月30日的大风大雨中进行,在村民冒雨抢搭的雨棚中参加奠基仪式的除省宗教局、省佛教协会及市、县相关领导之外,还有来自日本的由"日中友好临济、黄檗协会"等方面组成的39人代表团。此后,径山寺于1991年至1993年陆续重建。

径山寺在佛教史、政治史、中日交流史上都有重要地位,径山禅茶更是一绝。不过如果只是寻常游历,重建后的径山寺最引人注目的可能是那座别致的、漫画风格的大型露天观音铜像。中国台湾省有一位著名的、广受欢迎的漫画家蔡志忠,他颇有佛缘,2020年11月在少林寺剃度出家。而早在2015年,蔡志忠就在径山寺禅堂举行过一次交流座谈会。不知是不是径山寺的这次因缘让蔡志忠的信仰由天主教转向佛教,但一眼便知径山寺观音像的设计出自蔡志忠的手笔,网上的旅游攻略就说:"他很好地将观音的自在与慈悲从神情之中表现出来。"

(二)孝宗御书问题

按说径山寺真正的地上文物仅有宋孝宗御碑,但深究起来御碑也有几分可疑。

这种疑惑首先来自包括《径山新志》在内的某些当代著作,其中形成了一种出处不明的叙述:

> 宋高宗退位后住德寿宫,宋孝宗于乾道二年(1166)

偕宋高宗、显仁皇后同上径山，亲笔御书改寺名为"径山兴圣万寿禅寺"，同时将《圆觉经解》赐该寺，拨内帑建千僧阁，整修殿宇僧房。

这段叙述的依据应该是御碑阴面的楼钥《径山兴圣万寿禅寺记》："显仁皇后在慈宁宫、高宗皇帝在德寿宫时，皆尝游幸，就书'龙游阁'匾榜。孝宗皇帝书'兴圣万寿禅寺'，又赐以《圆觉经解》，天下丛林拱称第一。"但楼钥寺记中并无帝后幸寺及孝宗御书的具体时间，当代著述中"乾道二年"不知有何依据。

楼钥寺记似乎是"孝宗皇帝书'兴圣万寿禅寺'"的唯一史源，这座所谓的御碑似乎没有同时代官方史书的佐证。另外，宋孝宗的书法至今仍有留存，其中包括非常著名的韩世忠万字碑的碑名题刻，即"中兴佐命定国元勋之碑"十字正书，碑名居中处还有小字题"选德殿书"四字正书，题刻上又有"御书之宝"印玺。《宋史·舆服志》记载，南宋"淳熙初，孝宗始作射殿，谓之选德殿"，但选德殿并非始于淳熙初，因为《宋史·孝宗本纪》乾道元年（1165）七月癸丑纪事又称"辅臣晚对选德殿，御坐后有大屏，记注诸道监司、郡守姓名，因命都堂视此书之"。孝宗一心想恢复中原，这个被当作"射殿"的"选德殿"在孝宗的政治生涯中占据着十分重要的地位，因此也成为孝宗御书的落款。"选德殿"落款是鉴定孝宗书画的最直接依据。著名鉴定家徐邦达以"钤朱文'选德殿书'一玺，长方形"为由，确定"春云初起拂青林，冉冉因风度碧岑。既解从龙作霖雨，油然出岫岂无心"方幅纸本七言绝句行楷一页为孝宗书，并以"书法与此一致"为由，鉴定长期以来被误认为"宋高宗团扇书册"的美国大都会艺术博物馆藏《渔父诗团扇》"为孝宗手笔"(《南宋帝后题画书考辨》)。据此而言,"径山兴圣万寿禅寺"的题额由于缺了"选德殿书"的落款而稍显可疑。

前文提到,孝宗幸游径山寺及御书寺额的具体时间并无宋代文献的依据,但在明代的《成化杭州府志》中有明确记载,只是问题因此变得更加复杂:

> 乾道二年二月,孝宗游幸。越二年,建龙游阁。开禧年间,孝宗御书额赐径山兴圣万寿禅寺。

▎美国大都会艺术博物馆藏《渔父诗团扇》

开禧是宋宁宗的第三个年号，开禧元年（1205）宋孝宗已经去世十余年，所以不但"开禧年间孝宗御书"绝无可能，楼钥的《径山兴圣万寿禅寺记》撰写于嘉泰三年（1203），也不可能述及开禧年间（1205—1207）的"孝宗皇帝书'径山兴圣万寿禅寺'"之事。《成化杭州府志》记述的孝宗御书赐额时间如果不是完全错讹，唯一的解读可能就是"开禧年间，孝宗御书额赐径山兴圣万寿禅寺"一语中的"径山兴圣万寿禅寺"只是赐额对象而非御书内容，即开禧年间只是将孝宗生前的御书特赐给径山寺，这样的话孝宗御书时间仍然是一个谜团。不过这样解读的话，御碑暨《径山兴圣万寿禅寺记》的刻石立碑时间也被推迟至开禧年间，而非楼钥撰寺记的嘉泰三年，由此可以形成一些推测：或许径山寺通过楼钥《径山兴圣万寿禅寺记》才知道孝宗曾御书"径山兴圣万寿禅寺"，于是请求朝廷恩赐并与寺记一并刻石，这才形成了今天所见阳面御书、阴面寺记的径山寺御碑的形态，而孝宗御书寺额后并没有立即赐与径山寺，因此也没有留下"选德殿书"的落款。也或许开禧年间赐书别有所因，毕竟韩侂胄北伐就发生在开禧年间，而径山寺第十三代祖师宗杲因其主战立场与宋孝宗结下了很深的因缘。

（三）荷担大事不寻常

宗杲号称"佛日大慧禅师"。在高宗、孝宗两朝的政治史上，他以坚定地站在主战派一边反秦桧而闻名。宗杲最初由抗金名臣张浚知杭州时聘为径山寺主首。绍兴十一年，大臣张九成因力主抗金而被秦桧远贬，宗杲作为张九成的挚友也被"诏毁僧牒，编置衡州"，绍兴二十年再贬梅州。绍兴二十五年，秦桧病死，宗杲被解除行动限制，于是恢复僧人身份而住持明州阿育王寺，不久重返径山寺。

宗杲与孝宗最早交往的记载见于《咸淳临安志》：

> 孝宗皇帝为吴安郡王时，遣内都监入山谒宗杲，述偈以献。及在建邸，复遣内知客供五百应真，请宗杲说法。亲书妙喜庵三字，并制赞以宠之。三十一年，求解院事，得旨，退居明月堂。隆兴改元八月示寂。孝宗闻而叹息，诏以明月堂为妙喜庵，谥曰普觉。

孝宗还为"吴安郡王"是在绍兴十二年（1142）至三十年，而宗杲重返径山寺是在绍兴二十六年之后。当时遣内都监入山时宗杲"述偈以献"的那个偈子是：

> 大根大器大力量，荷担大事不寻常。一毛头上通消息，遍界明明不覆藏。

"及在建邸，复遣内知客供五百应真，请宗杲说法"，是在绍兴三十年宋孝宗被立为皇子而确立皇储地位时；至于"求解院事"的绍兴三十一年，完颜亮侵宋，导致宋高宗决意退位。所以整体而言，与宗杲交往的同时孝宗正一步步走向皇位，孝宗遣内都监入山及宗杲献偈其实可以理解为一个占卜政治前途的过程。

宋朝与儒释道三教的关系非常复杂，但在释道两者之间明显更偏重道教，真、徽二宗差不多将北宋建成了道教王朝。本书的《杭州通玄观》一章中还揭示过宋高宗是三茅真君仙侣的政治话术，但"宋孝宗是宋朝皇帝中唯一尊佛胜过崇道者"（汪圣铎《宋代政教关系研究》），联系宋太祖在后周世宗毁佛后恢复佛教并有定光佛转世的传说，孝宗尊佛未必不与他是赵匡胤后裔相关。淳熙八年（1181）宋孝宗撰《原道辨》直接批驳韩愈的《原道论》，这明显是疏远当时一心希望得君行道并且排挤佛教的道学集团的举动。事实上宋孝宗对当时的道学领袖朱熹相当嫌恶，有不止一位宰执大臣因为推荐朱熹而仕途沉落，所以宋孝宗一心想重用道学集团进行政治变革的观点实在不知是从何谈起。

相关景点

◎ 净慈寺南屏晚钟

净慈寺是南宋西湖十景之南屏晚钟景观依据的寺院。南屏山在西湖南岸、玉皇山北，是九曜山的分支，因崖壁如屏风而名南屏。净慈寺坐踞南山，面向西湖。西湖十景之"南屏晚钟"即指在傍晚时分游历西湖而听闻净慈寺钟声响彻南山，景名将时空、山水、宗教与声觉融于一体，意境殊胜。

后周显德元年（954），五代吴越国钱弘俶为迎接法眼宗高僧永明禅师道潜而在南屏山建寺，寺名原为慧日永明院。太平兴国二年（977），宋太宗为该寺赐额"寿宁禅院"。天禧二年（1018），宋真宗特赐寿宁禅院铜毗卢迦佛像。

叶肖岩《南屏晚钟》

净慈寺

慧日峰摩崖

南屏晚钟御碑亭

传说北宋熙宁年间（1068—1077），住持圆照在大旱时于寺庙西侧凿泉为井，又雇万人在寺前开凿水池。该井由此得名"圆照井"，水池则叫"万工池"。到了明代，净土宗盛行，提倡行善放生，"万工池"因此改名为"放生池"。这座水池至今仍在净慈寺大门口的南山路对面，也就是雷峰塔景区的入口处。

南宋建炎元年（1127），寿宁院发生火灾。建炎二年重修该寺，始称净慈禅寺。绍兴九年（1139），宋高宗大赦天下，为表示奉祀宋徽宗，特将净慈禅寺改名为"报恩光孝禅寺"，并将惠照寺并入其中。绍兴十九年（1149），又改称为"净慈报恩光孝禅寺"，建造了五百罗汉堂。隆兴年间（1163—1164），宋孝宗赐金重建，御书"慧日阁"额。

净慈寺是南宋评定的禅宗五山第四，南宋一代屡焚屡建。淳熙十四年（1187）陆游《净慈退谷义云禅师塔铭》记载寺院焚毁事，宋孝宗闻悉后出内帑库金重建。嘉泰四年（1204）再次失火，嘉定十四年（1221）重建。绍定四年（1231）于佛殿前凿双井，现仍存于山门两侧。淳祐十年（1250）在山门外建千佛阁。

南宋时净慈禅寺已"为寺甲于杭"。每年春季各地香客前来杭州进香，各寺山门外商铺林立，发展成为西湖香市。其中南山的净慈寺和北山的灵隐天竺寺，共同构成了南宋临安城两山香市的盛景。净慈寺现存建筑为20世纪80年代重建。

南屏山主峰名慧日峰，南宋绍兴二十七年（1157）陈思恭曾有"慧日峰"题刻，但长期隐匿。2007年净慈寺重建释迦殿开挖地基时，有"慧日峰"题刻的山石重见天日，现存于建成后的释迦殿一楼展厅。"慧日峰"三字题刻为篆书,落款"绍兴丁丑岁冬至日妙门居士陈思恭命工"为楷书。陈思恭是北宋父子名相陈恕、陈执中之后,建炎四年(1130)曾于太湖大败金军。"慧日峰"题刻上又有明正德年间(1506—1521)杭州知府张芹等人的题名石刻。

此外,净慈寺东有南宋住持如净禅师的墓塔,东南有纪念苏轼的东坡塔以及南宋僧人道济的塑像。道济俗称"济公""济癫",以癫僧的形象在民间文学中广为流传。

附录文献

楼钥《径山兴圣万寿禅寺记》

径山,天下奇处也。由双径而上,至高绝之地,五峰巉然。中本龙湫,化为宝所,国一禅师开山于天宝之初,特为伟异。天作地藏,待斯人而后发。道成名震,召归长安。代宗为之执弟子礼,将相不得与大丈夫事。继之以无上,又之以法济,坐镇群魔,刃斲禅床而色不动。识钱武肃王于微时,故吴越累世崇奉尤谨。皇朝至道中,太宗皇帝赐以御书并佛骨舍利。元祐五年,内翰苏公知杭州,革为十方祖,印悟公为第一代住持。绍兴七年,大慧禅师来主法席,衲子云集,至千七百众。末年南归,重来跬而复振,人境相与映发,道俗趋仰,龙神亦随指麾而定。显仁皇后在慈宁宫、高宗皇帝在德寿宫时,皆尝游幸,就书"龙游阁"匾榜。孝宗皇帝书"兴圣万寿禅寺",又赐以《圆觉经解》,天下丛林拱称第一。大慧以来，名德继起，神龙灵响素着，国家民庶有祷辄应，累封神应德济显佑广泽王，庙为灵泽，且有玉圭、玉带、黄金瓶炉、祭器之赐，其盛极矣。然而废兴有数，不可预知。国一之后，以会昌沙汰而废。咸通间无上兴之，又后八十余年，庆赏始以感梦起废，为屋三百楹，剪去樗栎，手植松桧，不知其几。今之参天合抱之木，皆是也。蒙庵禅师元聪以庆元三年自福之雪峰被旨而来，道誉隆洽，不愧前人。五年仲冬，行化浙西，而回禄挺灾，烈风佐之，延燔栋宇，一昔而尽。异哉！人皆以为四百年积累之业一旦扫地，有能兴之，非磨以岁月未易就也。

先是，寺基局于五峰之间，又规模不出一手，虽为屋甚伙，高下奢侈各随其时，因陋就简亦复有之。众为之请曰："大慧无恙时，岂不能撤而更之？顾其势未可。兹焉火起龙堂，瞬息埃灭，岂龙神欲一新之乎？况祖师之像，出于烈焰而不毁，开山之庵四面焦灼而茅不伤。师与国一俱姓朱氏，或疑以为后身。北移酱坛，涌泉成井。今日安知暂废而当复大兴邪？"聪曰："有是哉！微我谁当为之。"乃出衣盂为之倡率，学徒元韶、可达等所在缘化，两宫加以锡赍，施者闻风日集，动以万计。又命南悟等广募闽、浙、江东西良工，伐木于山，日役千辈，斤斧之声震动山谷。凡食于山者，无问比丘、优婆塞，相于劝勉，智者献谋，壮者出力，夙夜经营，不翅己私。开拓旧址，首于东偏为龙王殿，以严香火之奉。继为香积厨，以给伊蒲之馔。延湖海大众，则有云堂；供水陆大斋，则列西庑。此皆一日不可缓，寺之所以立也。宝殿中峙，号"普光明"。长廊楼观外接三门，门临双径，驾五凤楼九间，奉安五百应真，翼以行道。阁善诸天五十三善知识，仍造千僧阁以补山之阙处。前竦百尺之楼，以安洪钟。下为观音殿，而以其东西序度《毗卢》《大藏》经函。凿山之东北以广库堂,辇其土石,置后山巨壑中。开毗耶方丈于法堂之上,复层其屋,以尊阁思陵宸翰御榻。修复妙喜塔亭,仍建蒙庵于明月池上。为香水海以沐浴,为天慧堂以选僧。禅房客馆,内外周备。像设雄尊,金碧璀璨。法器什物,所宜有者,纤悉必具,不可胜书。盖其百工竞起,众志孚应,经始于六年之春,成于嘉泰改元之夏,阅月才十余,而变瓦砾之区为大宝坊。始者荡废于一弹指顷,若甚惨矣。及其兴之神速,则高掩前古,而又雄壮杰特,绝过于旧。按图而作,井井有条。云栋雪脊,翚飞层叠,迥出于烟霏空翠之表。春秋二会,来者益众,奔辏瞻仰,如见化城。惊瞿踊跃,称未曾有。径山于是乎大振矣。

余尝登含晖之亭,如踏半空,左眺云海,视日初出。前望都城,自西湖、浙江以至越山,历历如指诸掌,真绝景也。为别峰宝印赋诗,有"百万棝松双径香,三千楼阁五峰寒"之句。印为之抚掌,且曰:"山中之景,几无余蕴矣。"是时新创大阁,丹艧未施,上下一色,如凝霜雪,涉二十年,犹属梦境。今则土木之盛,何止十倍,恨未能一寓目也。聪忽以书相寻于寂寞之滨,属以记文,遣僧契日携书来见,备道始末。辞之曰:"年侵学落,笔力随衰。子之师,愿力宏深,成如许大佛事,不求于重望雄文之士,而为此来,何其舛邪!"求之再三。拙庵又助之请,遂隐括其语,为之大书,且告之曰:大慧千僧阁之成,一时称为盛举,善乎!李资政之记以谓:"在杲公何足道,而循习龌龊者以为奇特,不亦陋甚矣哉!"聪之为此,初岂有意于兴作者,因郁攸之奇变,偶人情之响答,上资国力,广集喜舍,时节因缘,有相之道,以济登兹。是固不可不记以传远,然于师何哉?矧国一之初,本无可传之法,其后瞻礼之众倾于亿兆,财施之广盈于千万,视之如幻,等之如空,居惟一室，室惟一床，布褐陶匏，瀞衣粝食，其视宠荣震耀何如也？聪方以此道行，而余欲以言语赞叹有为功德，多言益足为赘。是故言尽于此，师其以为然乎？

（录文根据〔宋〕楼钥《攻媿集》卷五十七，武英殿聚珍本。）

第八章 长沙岳麓书院
君臣之契渐行渐远

岳麓书院是中国古代著名书院,位于湖南长沙湘江西岸、岳麓山脚下,1988年被列为第三批全国重点文物保护单位。

岳麓山上原本有僧人办学,北宋开宝九年(976),知潭州朱洞在此基础上创办了岳麓书院。北宋大中祥符八年(1015),宋真宗召见岳麓山长周式,并赐书"岳麓书院"四字作为门额。此后,岳麓书院不断发展,在清末光绪二十九年(1903)与湖南省城大学堂合并,改制为湖南高等学堂,校舍沿用书院旧址。1926年湖南高等学堂定名为湖南大学,校园仍在岳麓书院的基址扩建。1986年湖南大学完成了对岳麓书院的修复,并在2005年正式恢复湖南大学岳麓书院。

岳麓书院的现存建筑大部分为明清遗物,主体建筑有头门、二门、讲堂、半学斋、教学斋、百泉轩、御书楼、湘水校经堂等，此外又重建了大量建筑，包括供祀孔子、周濂溪、二程、朱熹、张栻、王船山、罗典等的六大专祠，以及清代的"书院八景"。相传如今的门额"岳麓书院"仍为宋真宗字迹，门联"惟楚有材，于斯为盛"最为著名，上联出自《左传·襄公二十六年》，下联出自《论语·泰伯》，道出岳麓书院英才辈出的史实。

引　言

如果不是疫情原因，我今年应该能填补上游历全国各省区的最后一块拼图——西藏。而令我自己也觉得难以理解的是，在去西藏之前，寻宋之旅最晚到达的省份居然是离我并不遥远的湖南。我第一次去湖南长沙是2020年11月参加包老师与湖南大学岳麓书院历史系共同组织的"宋代历史叙述"工作坊，岳麓书院是湖南大学号称"千年学府"无可辩驳的理由，也是我寻宋必到之处，但没有想到是以这样一种方式初次相遇。

长沙值得游览寻访的地方很多，这次也是匆匆而过。我在博物馆见到了马王堆的干尸，但展出的帛画是件复制品，让我留下了不小的遗憾。我的第一位硕士生谢一峰在岳麓书院工作，并且担任一些职务，因此我对他额外提出了寻宋的要求，目的地就是那位主持隆兴北伐失败的张浚的陵墓（位于距长沙城区六十千米的宁乡市）。根据谢一峰的介绍，那里现在建起了南轩书院，似乎还是与岳麓书院共建的项目。所以11月6日，在主办方的组织下，与会者共同参访了南轩书院以及张浚、张栻父子墓。比较特别的是，张浚、张栻父子墓在2013年被列为全国重点文物保护单位时，被定名为"张栻墓（今张浚墓）"，想不出来子先父后的理由是什么。今天的岳麓书院并没有物质形式的宋代遗存，主要是因为张栻、朱熹两位南宋大儒的重建而流芳百世，无论如何，这也称得上是精神力量创造出的一个奇迹。

南宋以来，在北宋后期长期遭受打压的二程洛学在士大夫群体中日益流行，他们大都坚持抗金立场，并且逐渐成为一股重要的政治势力。洛学在南宋的传播日益广泛，到南宋中期已遍及宋境，相继涌现了朱熹、陆九渊、张栻、吕祖谦、陈亮、叶适等著名学者，并形成各自的学派。朱熹的学术以继承二程洛学为己任，因此与程氏学派合称"程朱理学"。张栻号称"南轩先生"，原籍汉州绵竹（今四川绵竹），后迁居衡州（今湖南衡阳）。他曾主持过湖南岳麓书院较长时间，他所代表的学派被称为"湖湘学派"。其父张浚为南宋初期抗金重臣，曾受学于谯定，为程颐、苏轼的再传弟子。

（一）张浚墓

绍兴三十一年完颜亮再次侵宋，宋高宗想起了因为反对和议而被他罢黜二十余年的主战派大臣张浚，命其以观文殿大学士出判潭州（湖南长沙）。清余正焕《城南书院志》称"南轩先生（张栻）为宋名儒，父紫岩（张浚）于绍兴三十一年以观文殿大学士知潭州，先生随侍，遂家焉。乃即妙高峰之阳，筑城南书院，以待来学者"，好像张浚全家是知潭州时才迁往长沙，但这是完全错误的。张浚于十月下旬出判潭州，十一月初即改任判建康府兼行宫留守，他在潭州的任职时间不足十日，无论如何也不够时间置办宅地。

事实上当时张浚已迁居长沙将近二十年。张浚原是汉州绵竹人，政和八年（1118）进士，靖康之难时因不愿仕张邦昌的伪楚而投奔高宗。建炎三年，他组织平定苗刘之变，从此成为高宗宠臣，并于绍兴五年拜相。张浚虽然坚定主战，但他志大才疏，而且主张削夺大将兵权。在金朝出现议和意向后，他失去高宗的信任。绍兴八年高宗与秦桧决意和议时，张浚即被罢相，此后一度出知福州。绍兴十一年和议达成后，张浚被免职。由于老家路途遥远，这时张浚便蛰居长沙，"公以蜀远朝廷，不欲径归，遂奉太夫人寓长沙"。绍兴十二年张浚在长沙迎来母亲，由于担心母亲思念家乡，"乃即长沙城之南为屋六十楹以奉色养"。

这期间张浚因不断上书要求抗金而遭到秦桧忌恨，数次被贬，绍兴二十五年甚至一度被秦桧诬陷谋大逆而面临极刑，适逢秦桧病卒才幸免于难。绍兴三十一年十月张浚出判潭州之前已获自便，十一月改判建康府后，他立即购船冒雪赴任。当时金兵正在计划渡江至采石（今安徽马鞍山长江东岸）后再攻建康，建康正处于危急之中。有人劝张浚不要轻易前往，张浚答以"赴君父之急只知直前"，在"时长江无一舟敢行北岸者"的情况下乘小船抵达建康。十一月八、九日虞允文在采石大胜完颜亮，完颜亮逃至扬州，不久被金军将领杀害。绍兴三十二年高宗抵达建康，张浚迎拜于道左。高宗称"卿在此，朕无北顾忧矣"，当即命张浚节制建康、镇江府、江州、池州（今安徽池州一带）、江阴军马。

完颜亮败亡后，高宗不愿再为战争担惊受怕，索性退居德寿宫坐享福威。高宗是投降派的首领，但继位的孝宗抱有强烈的抗金意志，"慨然以奋伐仇虏、克复神州为己任"。孝宗刚即位就召见朝野呼声最高的主战派领袖张浚，"上自藩邸熟闻公德望，临朝之初，顾问大臣，咨嗟叹息。首召公赴行在，赐公手书"。当时史浩主守，张浚主战，于是孝宗起用张浚发动北伐。隆兴元年正月，孝宗任命张浚为枢密使，都督江淮东西路军马，开府建康，具体负责用兵事宜。三月，由于史浩等人激烈反对，张浚在征得孝宗同意后，绕开三省、枢密院，直接命令宋军出战。于是史浩坚辞相位，退居德寿宫的高宗对孝宗说"毋信张浚虚名，将来必误大计，他专把国家名器财物做人情耳"。

张浚遣宋军分别自濠州（今安徽凤阳一带）、盱眙（今属江苏）渡淮北伐，连克灵璧、虹县、宿州等地。孝宗为此一度非常兴奋，下诏亲征。金朝派精兵进攻宿州，宋军李显忠率部主动出击，与金军展开激烈战斗，双方伤亡万人以上，胜负相当。但邵宏渊耻居李显忠之下，未出兵救援，反而散布流言动摇军心。李显忠独力难支，率师后退至宿州城西北的符离，宋军很快崩溃。金军无力追击，宋军退守淮河一线。

符离兵败后，孝宗起用汤思退重新议和，北伐雄心大受挫败。但金朝对议和的开价太高，孝宗无法接受，隆兴二年（1164）三月再命张浚全力备战，遭到汤思退为首的主和派强烈反对。四月张浚被召回朝廷，江淮都督府被罢废，不久孝宗罢去张浚相位。张浚在回长沙途中还说"上如欲复用浚，当即日就道，不敢以老病辞"，但八月行至余干（今属江西）时病逝，留下遗言说无颜归葬故土，"吾尝相国，不能恢复中原，雪祖宗之耻，即死，不当葬我先人墓左，葬我衡山下足矣"，其子张栻等"不敢违公志，扶护还潭州"。张浚刚去世，金军便于十月再次南下，主和派主动撤防，导致楚州、濠州、滁州相继失守。十一月，张浚安葬于"衡山县南岳之阴丰林乡龙塘之原"，十二月宋金重新达成协议，史称"隆兴和议"。

"衡山县丰林乡龙塘之原"就在今天宁乡市官山乡官山村罗带山，张浚墓的东侧是其子张栻之墓。现存张浚、张栻墓为1981年按清代形制修复，原墓重修于顺治八年（1651），1959年列为湖南省重点文物保护单位，1967年被毁。2013年张氏父子墓被列为第七批全国重点文物保护单位，罗带山下原有墓祠，1967年被毁后，2017年又重建包括父子两座祠堂的南轩书院。

▌张浚墓

（二）张栻墓

张浚是重要的道学家，《宋元学案》称"魏国张公尝从谯天授（定）游"，就是说张浚是程颐的再传弟子。孝宗继位后第一时间召见张浚，张浚就对孝宗说了一番"天者，天下之公理而已，必兢业自持，使清明在躬，则赏罚举指，无有不当，人心自归，敌仇自服"的大道理。孝宗感兴趣的是恢复中原而不是道学，符离之败也证明"内圣"开不出"外王"。所以隆兴和议之后，张浚的儿子张栻，就连带道学一起，遭到了孝宗的嫌弃。

隆兴北伐时，张浚在前线，孝宗终究没有亲征，张栻就以"宣抚司都督府书写机宜文字"之职扮演起张浚与孝宗联络人的角色。张浚经常让张栻单独进宫向孝宗面陈机宜，孝宗则以手札或口信的方式向张浚传递信息。这段时间张栻经常见到孝宗，张栻也跟孝宗大谈天理抗金的理论，大力推荐道学家入朝：

> 陛下上念宗社之仇耻，下闵中原之涂炭，惕然于中而思有以振之，臣谓此心之发，即天理之所存也。诚愿益加省察而稽古亲贤以自辅焉，无使其或少息也，则不惟今日之功可以必成，而千古因循之弊亦庶乎其可革矣。（《宋史·张栻传》）

当时孝宗正想依靠张浚北伐，因此与张栻处得十分融洽，出现了孝宗"召南轩（张栻），上在一幄中，外无一人，说话甚款"的亲切情形。

张栻入宫，还曾见过高宗。高宗问候张浚，张栻则上奏陈述边事不可和之意。高宗对张栻很客气，不过在张栻告辞时说了一句"不如和好"。高宗、孝宗父子在和战问题上的分歧显而易见，张浚、张栻父子的道学及主战立场却相当坚定。

隆兴北伐的失败不但让主战派失势，甚至证明了高宗"张浚虚名，将来必误大计"的预判。虽然孝宗不甘于议和，但他似乎抱定了道学家对于恢复中原毫无能力的观点。隆兴议和之前张栻再次以"正心诚意"的说辞上书反对议和：

> 吾与虏人乃不共戴天之仇，向来朝廷虽亦尝兴缟素之师，然玉帛之使未尝不行乎其间，是以讲和之念未忘于胸中，而至诚恻怛之心无以感格乎天人之际。此所以事屡败而功不成也。今虽重为群邪所误，以蘖国而召寇，然亦安知非天欲以是开圣心哉？谓宜深察此理，使吾胸中了然，无纤芥之惑，然后明诏中外，公行赏罚，以快军民之愤，则人心悦，士气充，而虏不难却矣。继今以往，益坚此志，誓不言和，专务自强，虽折不挠，使此心纯一，贯彻上下，则迟以岁月，亦何功之不成哉！（朱熹《右文殿修撰张公神道碑》）

这时的张栻早已不再扮演联络人的角色，他的奏议"疏入不报"，没有任何回音。此后孝宗把恢复中原的希望寄托于指挥采石之战但不是道学家的虞允文，而张栻将更多的精力投入到道学的学术活动中，孝宗与张栻在北伐前的"君臣之契"这时已经渐行渐远。

乾道六年（1170），张栻召为吏部员外郎兼权起居郎，后又兼侍讲除左司员外郎，在不到一年内被孝宗召对六七次。这时张栻所言多是道学说辞，让孝宗相当不快。张栻还因为反对张说出任宰辅而得罪了孝宗与虞允文，甚至以蔡京之流类比虞允文，"宦官执政，自京、黼始，近习执政，自相公始"。他早已不是隆兴年间（1163—1164）孝宗的那个宠臣了。

乾道七年（1171），张栻短暂出知袁州（今江西宜春一带）后归长沙故居。第二年刘珙复知潭州，再修岳麓书院，请张栻主持教事。淳熙元年（1174）张栻出知静江府（今广西桂林），颇有政绩。淳熙五年（1178）改知江陵府（今湖北江陵县一带），淳熙六年（1179）病卒于江陵府舍，终年48岁，由其弟张杓护丧归葬于其父张浚墓侧，朱熹又应张杓之请为张栻撰写了神道碑。

▎南轩书院

（三）岳麓书院

张栻为父服丧时，湖南发生了李金领导的起义。起义军连破郴州、桂阳两城，宋廷派刘珙前来镇压，刘珙的父亲刘子羽是张浚的部将，这次张栻又辅佐刘珙镇压了起义。后刘珙重修了岳麓书院，张栻为此撰《潭州重修岳麓书院记》，刘珙则请张栻任主讲。张栻原来在衡山从胡宏学习，由胡宏、张栻开创的湖湘学派的重心也就此从衡山转移到了长沙。

刘子羽还是朱熹的义父。因此，刘珙在重修岳麓书院的同时，也邀请朱熹前来讲学。虽然朱熹因"劝止者多"及天气炎热等诸多不便没有成行，但朱熹的著作开始在长沙出版，他与张栻的通信也变得十分频繁。乾道三年（1167）刘珙被召入朝，继任的知潭州张孝祥继续极力邀朱熹来长沙，并最终促成了思想史上赫赫有名的"朱张会讲"。

"朱张会讲"已是朱熹与张栻的第三次见面。两人最早是隆兴元年在临安相识，当时张浚北伐已经失败，主和派卷土重来，朱熹为坚定孝宗抗金的决定，决定入朝进谏。朱熹当时见到的张栻还是孝宗的宠臣，两人讨论的也多是朝局与用兵之道，朱熹还希望张栻多推荐道学家入朝。不久张浚去世，张栻扶柩归葬，朱熹又千里哭祭。这一次会面，两人开始热烈地讨论学术问题，朱熹还感叹张栻"其名质甚敏，学问甚正，若充养不置，何可置也"。

乾道三年八月初一，朱熹与弟子林用中从福建崇安（今福建武夷山市）启程，于九月初八日抵达长沙，并与张栻等湖湘学者开始长达一个多月的会讲与交流。十月九日、十三日，朱熹、张栻、张孝祥同游岳麓山之赫曦台、城内定王台。十一月六日，朱熹与林用中往游南岳衡山,张栻陪同前往。十一月二十日至二十二日,朱熹与张栻辩论《中庸》之义,三日夜而不能合。二十三日,朱熹与张栻各返归程。"朱张会讲"发生在更加著名的"鹅湖之会"之前八年,首创宋学"会讲"之风,湖湘学派由此形成全国性影响力,岳麓书院也因此名动天下。但其实朱熹在长沙与张栻盘桓月余,主要是在城南书院,即张栻的住所。湖湘学派兴起之后,天下学子"以不卒业湖湘为恨","一时从游之士、请业问难者至千余人",蜂拥而至岳麓书院求学问道。

岳麓书院的建立,可以追溯的确切时间是开宝九年(976),由知潭州朱洞修建,但实际创办时间可能更早。北宋时经咸平(998—1003)、大中祥符年间(1008—1016)多次扩建,学员已多达数百人。两宋之际岳麓书院一度沉寂,但在刘珙重建、张栻主

▍岳麓书院匾额

教、"朱张会讲"后终于成为流传至今的千年学府。宋元战争中，岳麓诸生众志成城共守潭州，书院虽遭兵燹，入元后重新振兴。宋元时期岳麓书院始终保持私学性质，明朝抑制书院，明前期岳麓书院再度沉寂，后在正德年间复兴。

清朝统治者对书院极加褒奖，乾隆特赐岳麓书院"道南正脉"匾额，岳麓书院自此走上了官学化与大发展的时期，号称"惟楚有材，于斯为盛"。近代以来，岳麓书院与时俱进，一度成为湖南维新志士的活动基地。1903年，岳麓书院改制为高等学堂，最终发展成为今天的湖南大学。今天的岳麓书院仍是湖南大学的重要组成部分以及长沙市的著名景点，不过宋代的文物已经难觅踪影。

相关景点

◎ 麓山寺碑与爱晚亭

麓山寺碑位于长沙市麓山岳麓书院南面，有护碑亭，建于1962年。麓山寺碑为青石，高272厘米，宽133厘米，碑文28行，每行56字，共1500余字，唐开元十八年（730）李邕撰文并书，叙述自晋泰始年间（266—274）建寺至唐立碑时麓山寺的沿革以及历代传教的情况，是长沙市现存最早、价值最高的碑刻。李邕是唐代著名书法家，取法二王（王羲之、王献之）而有所创新。麓山寺碑因文、书、刻兼美而有"三绝碑"之称，宋代米芾于元丰三年（1080）专程前来临习，并刻"襄阳米黻同广惠道人来，元丰庚申元日"16字于碑阴。

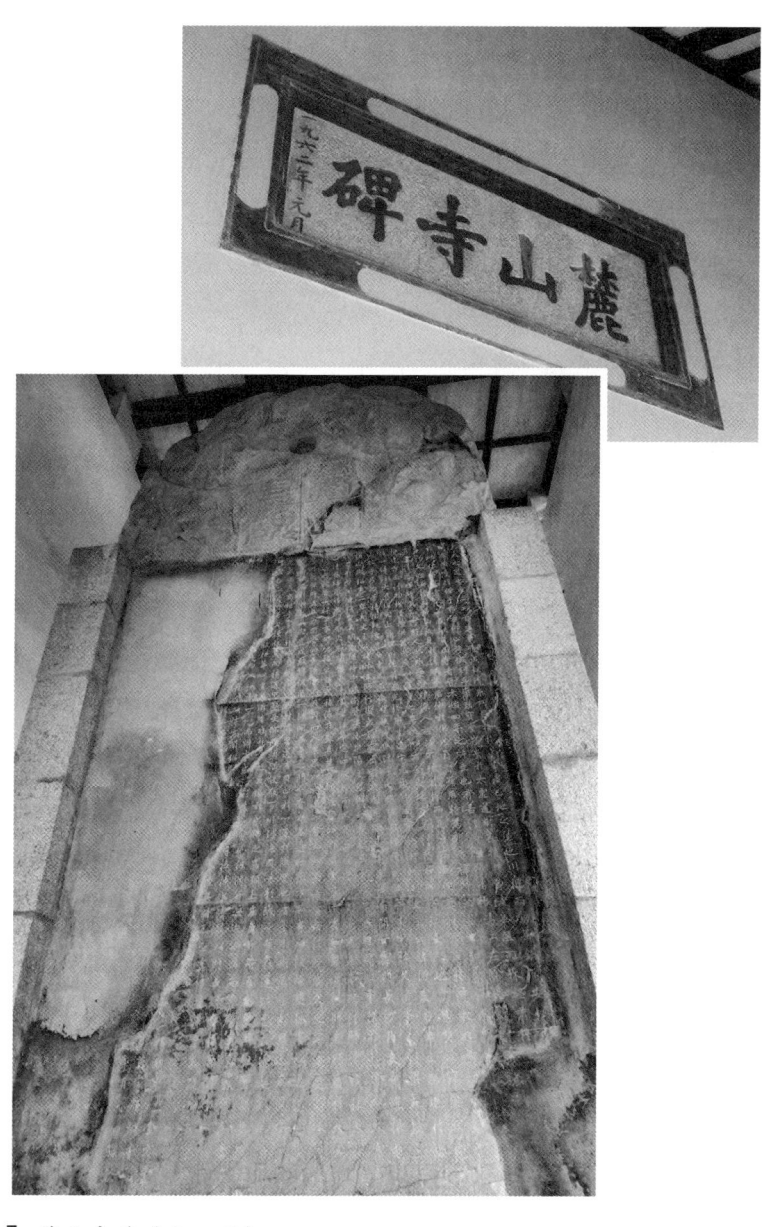

麓山寺碑（上、下）

岳麓山爱晚亭

爱晚亭位于岳麓山清风峡,在清乾隆五十七年(1792),由清代岳麓书院山长罗典建造。原名红叶亭,湖广总督毕沅据"停车坐爱枫林晚,霜叶红于二月花"的诗句,将其更名为爱晚亭。1952年爱晚亭重建。2013年,爱晚亭被列为第七批全国重点文物保护单位。

附录文献

朱熹《二诗奉酬敬夫赠言并以为别》

我行二千里,访子南山阴。不忧天风寒,况惮湘水深。辞家仲秋旦,税驾九月初。问此为何时?严冬岁云徂。劳君步玉趾,送我登南山。南山高不极，雪深路漫漫。泥行复几程，今夕宿楮洲。明当分背去，惆怅不得留。诵君赠我诗，三叹增绸缪。厚意不敢忘，为君商声讴。

昔我抱冰炭，从君识乾坤。始知太极蕴，要眇难名论。谓有宁有迹，谓无复何存。惟应酬酢处，特达见本根。万化自此流，千圣同兹源。旷然远莫御，惕若初不烦。云何学力微？未胜物欲昏。涓涓始欲达，已被黄流吞。岂知一寸胶，救此千丈浑！勉哉共无斁，此语期相敦。

（录文根据〔宋〕朱熹《晦庵集》卷五，四部丛刊景明嘉靖刻本。）

张栻《潭州重修岳麓书院记》

湘西故有藏室，背陵向壑，木茂而泉洁。为士子肄业之地。始，开宝中，郡守朱洞首度基创宇。以待四方学者。历四十有五载，居益加葺，左右生益加多。李允则来为州，言于朝，乞以书藏。方是时，山长周式以行义著。祥符八年，召见便殿，拜国子学主簿，使归教授，诏以岳麓书院名，增赐中秘书，于是书院之称始闻天下，鼓箧登堂者相继不绝。自绍兴辛亥更兵革灰烬，十一仅存，间有留意，则不过袭陋仍弊，而又重以撤废，鞠为荒榛，过者叹息。乾道改元，建安刘侯下车，既别蠢夷奸，民俗安静，则葺学校，访儒雅，思有以振起之，湘人士合辞以书院请。侯竦然曰"是故章圣皇帝加惠一方，劝励长养以风天下者，而可废乎？"乃命郡教授婺源邵颖董事，鸠废材，用余力，未半岁而成。为屋五十楹，大抵悉还旧规，肖阙里先圣像于殿中，列绘七十子，而加藏书阁于堂之北。

既成,某从多士往观焉,爱其山川之胜,栋宇之安,徘徊不忍去,以为会友讲习,诚莫此地宜也。已而与多士言曰:"侯之为是举也,岂特使子群居族谈,但为决科利禄计乎?亦岂使子习为言语文辞之工而已乎?盖欲成就人材,以传道而济斯民也。"惟民之生,厥有常性,而不能以自达,故有赖于圣贤者出。三代导人,教学为本,人伦明、小民亲,而王道成。夫子在当时虽不得施用,而兼善万世,实开无穷之传。其传果何欤?曰:仁也。仁、人心也,率性立命,位天地而宰万物者也。今夫目视而耳听,手持而足行,以至于饮食起居之际,谓道而有外夫?是焉,可乎?虽然,天理人欲,同行异情,毫厘之差,霄壤之谬,此所以求仁之难,必贵以学以明之与。善乎!孟氏之发仁深切也。齐宣王见一牛之觳觫而不忍,则告之曰:"是心足以王矣。"古之人所以大过人者,善推其所为而已矣。论尧舜之道本于孝弟,则欲其体夫徐行疾行之间,指乍见孺子匍匐将入井之时,则曰:"恻隐之心,仁之端也,于此焉求之,则不差矣。尝试察吾事亲从兄,应物处事,是端也,其或发见亦知其所以然乎?苟能默识而存之,扩充而达之,生生之妙,油然于中,则仁之大体岂不可得乎?及其至也,与天地合德,鬼神同用,悠久无疆,变化莫测而其初则不远也。是乃圣贤所传之要,从事焉,终吾身而后已可也。虽约居屏处,庸何损?得时行道,事业满天下,而亦何加于我,岂特为不负侯作新斯宇之意哉?"既侯属某为记,遂书斯言以厉同志,俾无忘侯之德,抑又以自厉云尔。

(录文根据《张栻集》,邓洪波点校,岳麓书社2017年版。)

第九章 鹅湖、白鹿洞两书院
今人只读书便是利

鹅湖书院位于江西铅山鹅湖镇鹅湖山麓，因南宋理学家朱熹与陆九渊等人的鹅湖之会而著称。后世为纪念"鹅湖之会"，先在鹅湖寺建"四贤祠"，又逐渐有"文宗书院""鹅湖书院"。自南宋至清代，鹅湖书院屡建屡毁，其中以清康熙五十六年（1717）整修和扩建工程规模最大。现存书院建筑群为明清遗构，坐南朝北，位于鹅湖山北麓。主要建筑沿中轴线自北向南依次为照墙、头门、石牌坊、泮池、仪门、前讲堂、四贤祠、御书楼等，此外有东西碑亭、碑廊、东西士子号舍、书院古驿道等。

白鹿洞书院位于江西省九江市庐山五老峰南麓，"始于唐、盛于宋，沿于明清"。如今的白鹿洞书院以明清建筑为主，屋顶为人字形硬山顶，有御书阁、明伦堂、白鹿洞和思贤台等景点。1988年，白鹿洞书院被列为第三批全国重点文物保护单位。1996年，白鹿洞书院作为庐山文化景观的一部分，被列入《世界遗产名录》。

引　言

鹅湖书院与白鹿洞书院都在江西，都与朱熹有特别紧密的联系，但两地我是分别寻访的。鹅湖书院是2015年4月12日第一次长途寻宋赣州之行返程中的景点，而整整三年后的2018年4月11日，我在带学生去庐山毕业实习时才造访白鹿洞书院。印象中两者都是各自行程的最后一站。坦率地说，书院是各种访古目标中文物价值与观赏性相对较低的一类，不知是否与儒家文化倡导朴素严谨有关。除了朱熹，这两个书院还与陆九渊、吕祖谦、陈亮等南宋最重要的思想家密切相关，合起来几乎构成了半部南宋思想史，所以很有必要合在一起写。

朱熹出生于南剑州尤溪县，后迁居建宁府建阳县考亭（今福建省南平市童游镇考亭村），他融合二程以及周敦颐、张载、邵雍等北宋名儒的思想，建立起庞大的思想体系，提倡通过广泛深入地了解事理的内在性质与规律，从而来穷尽与掌握"天理"，即所谓的"格物穷理"。朱熹用毕生精力注解《论语》《孟子》《大学》《中庸》四书，形成《四书集注》。宋理宗时期程朱理学得到官方的认同，元皇庆二年（1313）重开科举，明令经义试题从"四书"出题，以朱熹集注为答题标准。明清两代承袭此制，朱熹《四书集注》由此成为朝廷统一思想的工具。

陆九渊是抚州金溪县（今属江西）人，曾讲学于贵溪象山，乾道八年（1172）中进士后入仕途。陆九渊认为"理"并不存在于天地万物，而存在于人的内心世界。虽然人心不同，具有先验道德自觉的"本心"却是一致的；"本心"是伦理道德上的良心、道德原则的根源，等同所谓的"理"。由于"理"在人的内心，因此仅仅依靠学习儒家经典无法把握"理"的本质，向内心涵养道德才是发现"天理"的根本途径。

吕祖谦祖籍山西，后世屡迁，七世祖是一代名臣吕夷简。两宋之际曾祖吕好问迁居婺州（今浙江金华一带）。吕好问封东莱郡侯，人称"东莱先生"，吕祖谦也被学者称为"东莱先生"，隆兴元年吕祖谦中进士后入仕途。吕祖谦家学杂博，不私一说而兼取众长，与朱熹、张栻过从甚密，与浙东陈傅良、陈亮、叶适，江西陆九韶、陆九龄、陆九渊三陆等私交亦深，曾召集"鹅湖之会"。吕祖谦极力调和朱熹与陆九渊的矛盾，其学术有明显的经世致用的取向。

陈亮是婺州永康人，"永康学派"代表人物。宋孝宗乾道五年（1169），陈亮曾连上五疏，提出中兴宋朝、复仇金国方案，批评士人中流行的空谈性命之风。绍熙四年（1193），51岁的陈亮以第一名登进士第，翌年未及赴任卒于家中。陈亮认为没有超越天地万物独立、先验存在的"天理"，"理"存在于天地万物之中，人的价值在于建立功业，成为有利于家国之人。他因此与朱熹展开了王霸义利之争。

朱熹、陆九渊、吕祖谦、陈亮四人都曾来到江西铅山的鹅湖寺。其中第一次"鹅湖之会"由吕祖谦主持，朱熹与陆九渊在此开展学术辩论。第二次"鹅湖之会"的主角则是陈亮和辛弃疾，两位抗金义士在此谱写了一曲豪迈的友谊之歌。而白鹿洞书院之所以能闻名于世，则是因为由朱熹亲自重建，并在第一次"鹅湖之会"后特邀陆九渊来此讲学。

（一）寒泉之会

乾道八年，吕祖谦任秘书省正字。这年科举开考，吕祖谦点检试卷，读到陆九渊的卷子，大加赞赏，断言"此必江西小陆之文"，并大力引荐。陆九渊高中之后，吕祖谦还特地去看望他，两人由此相识。

二月四日，礼部考试尚未结束，吕祖谦接到父亲吕大器病危的家报"仓皇奔归"。吕祖谦未能见到父亲最后一面，他悲痛不已，在武义明招山结庐守墓。这时的吕祖谦已是知名学者，一时之间各方士子集结明招山求学问道，至乾道九年（1173）已有三百人之多。这个局面遭到陆九渊批评，他致信吕祖谦称"忧服之中而户外之履亦满"有损"纯孝之心"，另一位朋友汪应辰也劝吕祖谦爱惜身体。吕祖谦接受了他们的意见，教学延续到年底便坚决遣散学生。淳熙元年五月，吕祖谦服满，六月便得了主管台州崇道观的闲职。这时陆九渊从杭州到金华拜访吕祖谦，八月吕祖谦又往会稽游历一番，写了一部游记《入越记》。本来吕祖谦还计划往雁荡山游历，但朱熹来信说计划明春往金华看望吕祖谦并同游雁荡山。

在认识陆九渊之前，吕祖谦与朱熹已交往十年有余。绍兴二十五年，19岁的吕祖谦住在父亲吕大器任福建提刑司干官的任所。吕大器与朱熹的父亲朱松是故交，当时26岁的泉州同安县主簿朱熹常来拜访吕大器，从此与吕祖谦结下深厚友谊。

待到淳熙二年（1175），朱熹因故爽约。吕祖谦不想失去与老友相见的机会，干脆往崇安访问朱熹。四月初，吕祖谦抵达崇安与朱熹相见，两人游览数日后又前往寒泉精舍，共同研读十余日。寒泉精舍本是朱熹为母亲祝夫人守墓之所，后来成为他著书立说与接待道友讲学的主要地方。这次史称"寒泉之会"的相聚是中国思想史上的大事，朱、吕两人在寒泉精舍共读北宋理学诸子周敦颐、张载、程颢、程颐等人著作时，除了感叹先贤"广大宏博若无津涯"之外，还摘编诸子著作精华，编成了作为理学入门教材的《近思录》，这是统一理学思想、扩大理学影响的一次重大行动。

吕、朱这次在福建共处约有一个半月。五月十六日，吕、朱两人从寒泉精舍出发，往信州铅山鹅湖寺（今江西省上饶市铅山鹅湖书院）会见陆九龄、陆九渊兄弟。与吕、朱同行者不少，他们畅游武夷山，二十一日在响声岩留下题刻"何叔京、朱仲晦、连嵩卿、蔡季通、徐文臣、吕伯恭、潘叔昌、范伯崇、张元善，淳熙乙未五月廿一日"，右侧还有三年后朱熹留下的另一处摩崖"淳熙戊戌八月乙未，刘彦集岳卿、纯叟、廖子晦、朱仲晦来"。

（二）朱陆"鹅湖之会"

朱陆"鹅湖之会"的缘起，一般认为是吕祖谦试图统一理学的理论分歧。陆学同样出自程学，但讲求通过内心澄明直见道体，与朱熹强调通过知识修养把握真理形成明显区别，这就是理学史上著名的"遵德性"与"道问学"之争。既然朱陆之会缘于吕祖谦"一道德"的企图，后世也多将吕祖谦视为这次学术辩论的策划者。这种说法虽然有迹可循，但最早出自陆九渊一方的叙述，特别是形成于宋代佚名的《陆九渊年谱》称：

  吕伯恭约先生与季兄复斋，会朱元晦诸公于信之鹅湖寺。

而且引陆九渊弟子朱泰卿的话直接点出了吕祖谦"欲会归于一"：

  鹅湖讲道，切诚当今盛事。伯恭盖虑陆与朱议论犹有异同，欲会归于一，而定其所适从，其意甚善。伯恭盖有志于此语，自得则未也。临川赵守景明邀刘子澄、赵景昭。景昭在临安与先生相欸，亦有意于学。

问题是吕祖谦自己的书信中只讲"与朱元晦相聚四十余日，复同至鹅湖，二陆及子澄诸兄皆集，其有讲论之益"，似乎是二陆与闽浙赣其他士子纷纷慕名前往鹅湖与吕朱相会的意思。当然朱陆之会究竟是吕祖谦策划还是二陆拜访朱熹，并非问题的关键，重要的是朱陆的确展开了高深激烈、意义非凡的学术辩论，而吕祖谦是双方共同的好友。

  陆氏心学与朱氏理学给人直观的印象，似乎"心学"高玄空虚而"理学"经世致用。然而不但明代"心学"的一代宗师王阳明以事功名震天下，就"修齐治平"而言，陆九渊的成就似乎比朱熹更加确凿一些。齐家方面，朱熹出身于典型的迁徙官僚家族，他祖籍徽州婺源（今江西婺源），父亲因长期在福建任官而迁居建阳考亭，去世时也将朱熹托付给福建老友。朱熹后来拒绝了婺源朱氏发出的回乡之请，将父亲留下的百亩田产归入婺源祠堂祭祖。虽然朱熹曾经编修族谱追溯祖先，其成长发展毕竟脱离家族组织，其子孙也迁徙流散各地。相形之下，抚州的金溪陆氏是南宋著名的聚居义门，自六世祖陆德迁始迁至陆九渊已是六世同居，家族内部经营生活均由族长统一安排。陆九渊去世半个世纪后，陆家更被朝廷敕旌"陆氏义门"。治国方面，朱熹一心期待得君行道而开万世太平，但他仅在宁宗朝以焕章阁待制兼侍讲在朝46天，并因皇帝嫌恶而黯然离去。而陆九渊自淳熙九年（1182）出任国子正，在国子监讲《春秋》，一时声名大振。淳熙十年（1183），陆九渊升任敕令所删定官，负责整理编定皇帝诏令在内的文献，并有机会向皇帝进言。他道学腔调的论对札子并不受孝宗的待见，但毕竟直到淳熙十三年（1186）十一月才以祠禄官罢职回乡，这时他在朝已有四年之久。此外，即便从修身而言，虽然朱熹给人的印象是提倡"饿死事小，失节事大"的道德家，他却在庆元党禁中遇到了"诱引尼姑"之类的恶意诽谤，并有"为争闲气拷打官妓严蕊"的话本小说流传，在儒林与世俗的不同舆论环境中，其形象竟判若云泥。而陆九渊虽然得寿仅54年，毕竟终身从容独立，私生活也算毫无瑕疵。

朱陆"鹅湖之会"气氛相当紧张，最关键的是陆九渊吟诗中有一句"易简工夫终久大，支离事业竟浮沉"，朱熹顿然失色，两人甚至闹到不欢而散。三年之后陆九渊再次会晤朱熹，朱熹才以和诗"旧学商量加邃密，新知培养转深沉"回应。不过，从结果来看，这次"鹅湖之会"没有达到吕祖谦所预期的"会归于一"的目的，倒是让陆九渊的心学引起士林高度重视，进而成为全国性学派。

鹅湖书院朱陆辩论塑像

（三）白鹿洞讲演

"鹅湖之会"后，朱熹继续与吕祖谦探讨学术并著书立说，完成了《四书集注》的撰述。淳熙五年，朝廷任命朱熹为知南康军（今江西省庐山市星子镇一带）。这时的朱熹已是当代大儒，连辞不允后赴任南康军，引起举世瞩目，天下士子都期待他做出非凡的政绩。淳熙六年三月赴任后，朱熹最有特色的行动是寻访陶渊明、白鹿洞等文化遗迹。他来到南康军时，甚至不知道号称四大书院之一的白鹿洞书院究竟是何模样，"未悉本处目今有无屋宇"，于是决定亲自勘查，结果发现"损其旧七八"而仅剩地基石础。

白鹿洞书院坐落于庐山的五老峰南麓，远离市井尘嚣，秀峰环抱，幽静澄明，最早是唐朝李渤避兵乱读书之处。李渤因养白鹿相伴而称"白鹿先生"，据说他在出任江州刺史后回到当年读书处，重新修缮房屋、种植花木。因这位"白鹿先生"所居三面环山、地势低洼，此处遂有"白鹿洞"之称。南唐朝廷在升元年间（937—943）于此建立学馆，号称庐山国学，并命国子监九经李善道为白鹿洞洞主。开宝九年，宋廷将南唐的庐山国学改为白鹿洞书院，太平兴国二年（977），宋太宗赐《九经》于白鹿洞书院。皇祐六年（1054），书院毁于兵火。此后相当长一段时间，白鹿洞只是一片荒草瓦砾相杂的废墟，直至朱熹的到来。

淳熙六年十月十五日下元节，朱熹在视察陂塘时，经樵夫指点才在李家山找到白鹿洞书院废址。于是朱熹任命军学教授杨大法与星子县令王仲杰负责重建书院。朱熹向朝廷打报告申请重建经费，结果却只是遭到了嘲笑。但淳熙七年（1180）三月，他自己已经设法修复白鹿洞书院，建学舍二十余间，招收生员二十余人，并增置学田，自任洞主。九月，朱熹任命学录杨日新为书院堂长，并请吕祖谦为重修书院撰写记文。

在此之前的淳熙三年三月，吕祖谦与朱熹密会于衢州开化县北汪氏兄弟的听雨轩，四月两人分手，朱熹北上祭祖，吕祖谦返还婺城。此后吕祖谦返还朝廷担任史官，奉命重修《宋徽宗实录》，这期间他发现了后来成为永嘉学派代表人物的叶适，叶适又带着吕祖谦的书信拜访了永康学派代表人物陈亮。淳熙五年末，吕祖谦得风痹之病，数月未愈，并于次年四月返乡家居，这时朱熹已在南康军寻找白鹿洞旧址。十月，曾经参与"鹅湖之会"的陆九龄来拜访吕祖谦，吕祖谦很高兴，写信告诉朱熹。朱熹则回信告知自己已在重建白鹿洞书院，并请吕祖谦撰记。吕祖谦的《白鹿洞书院记》强调庐山从来都是佛教圣地，南渡以来佛教寺院已毁而复兴，庐山唯一的儒学却湮灭无闻：

> 中兴五十年，释、老之宫圮于寇戎者，斧斤之声相闻，各复其初；独此地委于榛莽。过者太息，庸非吾徒之耻哉。

可以说是道出了朱熹的心声。

淳熙七年三月十八日，重建的白鹿洞书院正式开讲，朱熹亲自讲授《中庸章句》首章，此后还经常到书院与诸生研讨论辩，并进一步制定了著名的《白鹿洞书院学规》（又称《揭示》）。

陆九龄于淳熙六年十月拜访吕祖谦之前，其实已于当年三月在铅山观音寺与赴任途中的朱熹再次会晤相谈，这时两人的学术分歧已经缩小，"旧学商量加邃密，新知培养转深沉"的和诗也是作于这时。观音寺之会后，陆九渊也给朱熹写信，朱熹又写信转告吕祖谦，说陆九渊在信中承认"人须是读书讲论"，但又指陆九渊不愿承认旧说的错误，"巧为词说，只此气象却是不佳耳"。不久陆九渊约朱熹共游庐山，但陆九龄在淳熙七年九月病故，陆九渊因此推迟了庐山之约。淳熙八年二月，陆九渊终于带着随从弟子由金溪来到南康，两人畅游庐山名胜，朱熹还浮夸地称："自宇宙以来，已有此溪山，还有此佳客否？"

二月二十日，朱熹请陆九渊到白鹿洞书院，登堂升席为僚友，与诸生开讲，"得一言以警学者"。陆九渊这次讲《论语》"君子喻于义，小人喻于利"一章，口若悬河，而且得意非凡，自谓"当时说得来痛快，至有流涕者。元晦（朱熹）深感动，天气微冷，而汗出挥扇"。陆九渊的讲演之所以有这样的效果，原因就是他痛批天下士子的通病，认为他们满口仁义道德，其实都是为利而来，等于是骂读书人尽是小人：

> 今人只读书便是利，如取解后，又要得官，得官后，又要改官。自少至老，自顶至踵，无非为利。

于是朱熹请陆九渊将讲演内容整理成文字作为讲义刻石，并亲自作跋指出"有以切中学者隐微深痼之病，盖听者莫不悚然动心焉"。陆九渊讲演极其成功，当然也是朱熹组织教学的功业，但"今人只读书便是利"，等于是坚持"鹅湖之会"中陆氏心学"遵德性"的立场而否定朱熹"道问学"的路线。白鹿洞之会轰动

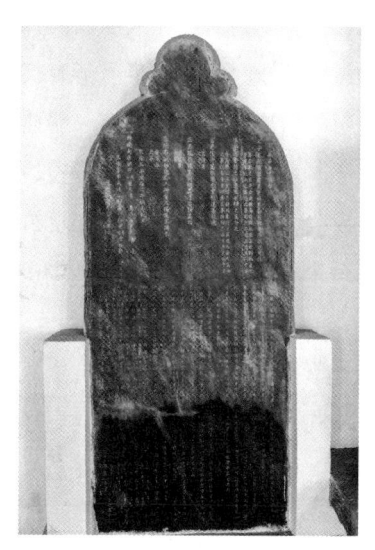

▌朱熹白鹿洞书院教条碑　　▌白鹿洞书院朱子像石刻

一时，其实标志着朱陆之前不可调和的思想冲突仍在延续。到淳熙十年以后，双方弟子卷入了相互指为禅学、老学的学术纷争中，而朱、陆两人在白鹿之会后再也没有见面。

（四）陈辛鹅湖之会

陆九渊在白鹿洞书院讲演五个月后，朱、陆共同的好友吕祖谦在家中去世，享年仅四十五岁，葬在吕氏的家族墓，即今天金华市武义县的明招山。而这时吕祖谦的另一位好友、时任知隆兴府兼江南西路安抚使的辛弃疾，已经因为不耐烦官场而决定退闲隐居于铅山带湖的新居"稼轩"了。

朱熹任职的南康军在宋代隶江南东路，治所在今天江西省庐山市的星子镇，而知隆兴府兼江南西路安抚使辛弃疾在今天江西的省会南昌办公。重建白鹿洞并请陆九渊讲演这段时间，朱熹与辛弃疾也有工作上的交往。朱熹文集中有一封书信提到，辛弃疾有一船挂着江西安抚使"占牌"的牛皮路过南康军地界，该船拒绝被搜捡，牛皮被当地按规定扣押了下来并准备没收充公，结果辛弃疾亲自给朱熹写信声称船上所载是军备物资，指朱熹也没有权限干涉，要求立即归还放行。

朱熹与辛弃疾虽然在工作上有些小摩擦，至少因为坚持抗金而相互敬重与欣赏。出自江西义门之家的陆九渊对辛弃疾的为政更加在意，他直接写信给辛弃疾大谈"贪吏害民，害之大者"，背后又给永嘉人徐祖写信说：

> 某人始至，人甚望之。旧闻先兄，称其议论，意其必不碌碌，乃大不然。明不足以得事之实，而奸黠得以肆其巧。公不足以遂其所知，而权势得以为之制。自用之果，反害正理。正士见疑，忠言不入。护吏而疾民，阳若不任吏，而实阴为所卖。

这段"某人始至"的议论被认为是陆九渊"对稼轩颇多訾议而隐其名"，可见江西土著对辛弃疾颇多不满。

辛弃疾是一心恢复中原的英雄豪杰，对南宋官场多有不适，早在淳熙六年就对宋孝宗说过"臣生平刚拙自信，年来不为众人所容，顾恐言未脱口而祸不旋踵"这样的话，于是着人在江西信州城北带湖之畔买地建宅准备隐退。因向往过上"要辑轩窗看多稼"的日子，辛弃疾而以"稼轩"命名新居，并邀请著名文学家、鄱阳人洪迈写了一篇《稼轩记》。淳熙七年，辛弃疾在知潭州兼湖南安抚使任上创建地方武装"飞虎军"，淳熙八年冬，朝中以"奸贪凶暴，帅湖南日虐害田里""用钱如泥沙，杀人如草芥"弹劾辛弃疾，淳熙九年春，辛弃疾便入住带湖稼轩。

淳熙十四年（1184），左相王淮提出辛弃疾不应该长期赋闲，但遭到右相周必大的反对。这时太上皇宋高宗去世，很多爱国志士重新燃起恢复中原的希望。淳熙十五年（1188），辛弃疾的老友、吕祖谦的同乡、永康学派的代表人物陈亮再次上书请求恢复中原，还提出以太子为抚军大将军，并用"非常之人""建非常之功"。陈亮心中的"非常之人"应该包括他给辛弃疾信中提到的"四海所系望者，东序惟元晦，西序惟公与子师耳"，也就是朱熹、辛弃疾与韩彦古（韩世忠之子）三人，不过这样的上书只是遭到了朝臣的讥笑。

陈亮一心想联合抗金志士,约朱熹在兰溪(今属浙江)见面,朱熹婉拒。淳熙十五年冬,陈亮又分别给朱熹与辛弃疾写信,约三人一起在紫溪(今江西铅山南)会晤,期待"极论世事"、筹划恢复中原。然后陈亮就先往上饶拜访辛弃疾,辛弃疾也不顾风寒与陈亮同游鹅湖,共酌瓢溪,盘桓十日,极尽款曲。结果他们没有等到朱熹的出现,陈亮失望"飘然东归"。第二天辛弃疾"意中殊恋恋",竟一路追赶陈亮,"至鹭鹚林,则雪深泥滑,不得前矣。独饮方村,怅然久之,颇恨挽留之不遂也"。为此辛弃疾又赋新词《贺新郎》,接着辛、陈两人反复唱和,抒发对知音的眷恋、对恢复事业遥遥无期的哀愤。

朱熹缺席第二次鹅湖之会的原因,他在信中如是说:

> 奉告老兄,且莫相撺掇,留取闲汉在山里咬菜根,与人无相干涉,了却几卷残书,与村秀才子寻行数墨,亦是一事。古往今来,多少圣贤豪杰,韫经纶事业不得做,只怎么死了底何限,顾此腐儒又何足为轻重,况今世孔孟、管葛自不乏人也耶。

表面上看这时的朱熹专注学术,对恢复大业早已不抱期望,事实上却流露出对陈亮的不满。陈亮与朱熹的首次会面,是朱熹在南康军任职而巡历婺州、衢州之时。此后陈亮对朱熹极其尊重,称其是"人中之龙也"(不过陈亮也自称"人中之龙,文中之虎"),而朱熹对陈亮的性格、处事及思想观点多有不满,以致激起后来的王霸义利之辩。朱熹在学术上极其严厉,朱陆"鹅湖之会"对于朱熹而言并非美好的回忆，他与辛弃疾在道德理念上应该也有些隔阂。不过朱熹的缺席成就了辛、陈鹅湖之会的慷慨深情。而陈亮返回永康读到朱熹的信时，应该会再次无限地思念他们共同的好友吕祖谦。其实数年前陈亮推举朱熹与辛弃疾为"四海所系望"之后接着又说，朱、辛两人"戛戛然若不相入，甚思无个伯恭在中间撝就也"，伯恭就是吕祖谦，只有他才能把当时的思想界团结起来，但这时吕祖谦已去世七年之久。

今天寻访南宋淳熙年间两次"鹅湖之会"的遗迹，无疑就是拜访铅山的鹅湖书院，今天的鹅湖书院也以塑像的形式再现了两次"鹅湖之会"的场景。但"鹅湖之会"发生在鹅湖寺，朱、陆与辛、陈相会时此处并无鹅湖书院。朱陆之会大约四十年后，知信州杨汝砺在鹅湖寺旁建四贤祠纪念朱、吕与二陆。淳祐十年（1250），南宋为鹅湖四贤祠赐额"文宗书院"。不过文宗书院在元初迁至铅山城内西北隅。至大年间（1308—1311），后人在鹅湖寺旁重建了四贤祠。明景泰年间，文宗书院正式改名鹅湖书院。弘治年间（1488—1505）鹅湖书院一度迁至鹅湖山顶，因"人迹殆绝屋且坏"，最后于正德年间重新在原鹅湖寺旁四贤祠旧址重建。现在所见鹅湖书院的规格是清代形成的，主体建筑则是1983年由当地政府彻底修复而成。如今鹅湖寺早已不见踪影，40年前修复的鹅湖书院倒也颇有几分古意。

至于白鹿洞书院，嘉定十年（1217）朱熹之子朱在知南康军时继承父志续修过一次，淳祐元年（1241）理宗在视察太学时将御书朱熹《白鹿洞书院揭示》赐给太学生，提升了白鹿洞书院的政治地位。元代白鹿洞书院改称朱晦庵书院，至正十一年（1351）毁于兵火，明正统三年（1438）重建。正德年间提学李梦阳整饬书院并手书"白鹿洞书院"匾额悬挂至今,正德十三年王守仁(阳明)出任"巡抚南赣汀韶等处地方提督军务"(南赣巡抚)时,手书《大学》《中庸》"致之洞中",后来又两次在白鹿洞召集门人。光绪二十八年(1902)白鹿洞书院停办,田产划归南康府中学堂,宣统二年(1910)书院旧址改为江西高等林业学堂。

白鹿洞书院于1988年被列为第三批全国重点文物保护单位,鹅湖书院则是2006年第六批全国重点文物保护单位。

鹅湖书院辛陈之会塑像

相关景点

◎ （1）陈亮墓

陈亮墓位于永康市马铺山卧龙岗，1993年重修，墓碑题"宋状元龙川陈公之墓"，两侧"书上中兴，光昭日月"八字为任继愈所题，现为永康市重点文物保护单位。

陈亮墓碑

◎ （2）吕祖谦墓

　　吕祖谦家族墓位于浙江武义明招山明招寺南，2013年列为第七批全国重点文物保护单位，包括吕好问、吕本中、吕忱中、吕大器、吕祖谦、吕祖俭等吕氏家族四代三十余座墓地。其中吕祖谦墓位于明招寺南三百米，墓碑尚存，有拜坛三级。

▎吕祖谦墓碑

附录文献

朱泰卿《与人论鹅湖之会书》

朱亨道书云：鹅湖讲道，切诚当今盛事。伯恭盖虑陆与朱议论犹有异同，欲会归于一而定其所适从，其意甚善。伯恭盖有志于此，语自得则未也。临川赵守景明邀刘子澄、赵景昭，景昭在临安，与先生相欵，亦有意于学。又云：鹅湖之会论及教人，元晦之意欲令人泛观博览而后归之约，二陆之意欲先发明人之本心而后使之博览。朱以陆之教人为太简，陆以朱之教人为支离，此颇不合。先生更欲与元晦辨，以为尧舜之前，何书可读？复斋止之。赵、刘诸公拱听而已。先发明之说未可厚诬，元晦见二诗不平，似不能无我。

（录文根据〔宋〕袁燮编《象山陆先生年谱》，明嘉靖三十八年晋江张乔相刻本。）

朱熹《白鹿洞书院教条》

父子有亲，君臣有义，夫妇有别，长幼有序，朋友有信。右五教之目。

尧舜使契为司徒，敬敷五教，即此是也。学者学此而已，而其所以学之之序，亦有五焉，其别如左：博学之，审问之，慎思之，明辨之，笃行之。右为学之序。

学、问、思、辨四者，所以穷理也。若夫笃行之事，则自修身以至于处事接物，亦各有要，其别如左：言忠信，行笃敬，惩忿窒欲，迁善改过。右修身之要。

正其义不谋其利，明其道不计其功。右处事之要。

己所不欲，勿施于人。行有不得，反求诸己。右接物之要。

熹窃观古昔圣贤所以教人为学之意，莫非使之讲明义理，以修其身，然后推以及人，非徒欲其务记览、为词章，以钓声名取利禄而已也。今人之为学者，则既反是矣。然圣贤所以教人之法具存于经，有志之士固当熟读深思而问辨之。苟知其理之当然而责其身以必然，则夫规矩禁防之具，岂待他人设之而后有所持循哉！近世于学有规，其待学者为已浅矣，而其为法，又未必古人之意也。故今不复以施于此堂，而特取凡圣贤所以教人为学之大端，条列如右而揭之楣间。诸君其相与讲明遵守而责之于身焉，则夫思虑云为之际，其所以戒谨而恐惧者，必有严于彼者矣。其有不然，而或出于此言之所弃，则彼所谓规者必将取之，固不得而略也。诸君其亦念之哉！

（录文根据〔宋〕朱熹《晦庵集》卷七四。）

第十章 苏州文庙宋碑
度吾已不可为

苏州文庙位于苏州市中心人民路45号。北宋景祐二年（1035）时任知苏州的范仲淹创建州学，并将州学与文庙合在一起。范仲淹之子范纯礼曾有拓建，南宋建炎四年（1140），文庙毁于兵燹，"荡然无遗"，又在绍兴十一年（1141）由知平江府梁汝嘉重建。淳祐年间（1241—1252），苏州文庙有屋宇213间，明清时地逾150亩，号称"东南诸学宫之首"。清末以来文庙逐渐荒废，1981年苏州市重修文庙，并在文庙原址建碑刻博物馆，这是全国首家碑刻博物馆。其中"四大宋碑"是1961年第一批全国重点文物保护单位。

苏州文庙大成殿

引 言

　　范仲淹虽然是苏州人,但自幼因母亲改嫁而被改姓,他的成长与苏州、与范氏家族没有太大的关系。但范仲淹很在意宗法礼教,考上科举之后要求恢复范姓。他不但认祖归宗,还于45岁时出知苏州,从而为范氏家族与苏州留下了丰富的遗产。除了兴

苏州文庙范仲淹像

修水利之外，范仲淹为家族创置的义庄演化为今天的景范中学，由范仲淹创办的苏州州学据称是北宋时期第一个官办州学，并请名师胡瑗教授，所以元人称"天下郡学莫盛于宋，然其始衣于吴中，盖范文正公以宅建学，延胡安定为师，文教自然兴焉"。因此，范仲淹在苏州获得了特别的崇敬，天平山范氏家族墓地有范仲淹纪念馆，苏州火车站广场上耸立的范仲淹像也是苏州重要的文化地标。

据说，范仲淹还在苏州首创将州学与孔庙合二为一的做法，苏州州学后发展成为今天的苏州中学，而苏州孔庙的明伦堂内壁塑范仲淹彩色坐像，上悬"一世之师"匾额，两侧楹联是范仲淹名言"居庙堂之高则忧其民，处江湖之远则忧其君"。2017年2月的苏州寻宋之旅，我与老沈遍访范仲淹遗迹，因此来到文庙。不过，除了留有范仲淹遗迹，更重要的是苏州文庙还是中国最早的地方碑林，并且藏有被列为第一批全国重点文物保护单位的"四大宋碑"。包括天文、地理图在内的"四大宋碑"作为宋代重大科技成就的证据而一直广受瞩目，但其原作者黄裳其实是宁宗继位前的老师，所以，这些图还记录着"绍熙政变"那段惊心动魄的政治斗争。

孝宗去世前，光宗因为拒绝看望父亲，已经酿成严重的政治危机。孝宗去世后，光宗竟然拒绝主丧，于是太皇太后吴氏（高宗皇后）出面，立光宗之子宁宗直接继位，光宗被动退位为太上皇，这就是"绍熙政变"。宁宗继位后，前朝的宗室大臣赵汝愚与外戚韩侂胄展开权力斗争，黄裳似乎意识到宁宗终将倒向韩侂胄这一边，他之前教导宁宗的所有苦心与期待都将化为泡影，竟于此时忧惧病亡。

（一）四大宋碑

苏州碑刻博物馆的宋朝碑刻包括元符元年（1098）范文正公义庄规矩碑、绍兴十一年吴郡重修大成殿记碑、绍兴十五年（1145）吴郡登科题名碑、绍熙元年（1190）同年酬唱序碑、庆元二年（1196）鹤竹碑、淳祐元年思无邪公生明碑、宝祐四年（1256）观德碑，以及墓志、墓碑7种，等等。

这些碑刻都有重大文物与史料价值，但更加赫赫有名的是"四大宋碑"，即天文图、地理图、帝王绍运图及平江图。2001年苏州文庙作为明代古建筑被国务院批准列入第五批全国重点文物保护单位名单，与苏州文庙内宋代石刻合并而称"苏州文庙及四大碑刻"，而其中的"四大宋碑"是1961年第一批全国重点文物保护单位，可见这组碑刻是何等重要。

"四大宋碑"作为文物，之所以享有至尊地位，主要不是因为其文献或艺术价值，而是作为"我国科技史和世界科技史上的杰作"而享誉全球。地理图碑额书"墜理图"中"墜"字是"地"的古字，该碑与西安碑林的《华夷图》《禹迹图》及四川博物馆的《九域守令图》都是中国现存最早的全国性地理图碑。该碑所绘地图北至黑龙江，西至玉门关，南至海南岛，包括中国海岸轮廓、120多座山脉、60多条江河及410处路、府、军、州各级行政机构，并且呈现河流的流向及高原、平原的形势。与常见的类似示意图的中国古地图不同，地理图碑所绘地理位置十分详尽精确，与现代地图大致相符，体现了中国古代高超的地图测绘水平。地理图碑所绘其实是北宋版图，图下跋文又有"乃今日自关东、河以南，绵亘万里，尽为贼区。追思祖宗开创之劳，可不为之流涕太息哉"，饱含着南宋人恢复中原的意志。

天文图碑依据北宋元丰年间（1078—1085）星象观测的结果绘制，是世界公认的现存最古老的星象实测图。该图以天球北极为中心，以北极恒显圈、天球赤道、南极恒隐圈三个同心圆为纬，以二十八宿的宿度线为经，绘制280个星座，1434颗恒星，以及银河的界线。这幅圆形天文星图应该采用了方位投影法进行绘制，开创了科学制作天文图的新时代。欧洲在发明望远镜之前所知恒星始终少于1022颗，所以李约瑟在《中国科学技术史》中称赞"中国的平面球型星图以公元1193年绘制的（天文图碑）为最有名"。此外碑体下部的说明阐释"一昼一夜行三百六十五度四分之一""月光生于日之所照，魄生于日之所不照，当日则光明，就日则光尽""日中乌，见日中黑子"等重要的天文现象，对中国古代天文学做出最简明、权威的说明，几乎涵盖宋以前所有的天文学知识。

帝王绍运图碑上部以图表形式分左、中、右三部分列出帝王世系。中间自黄帝、帝喾、颛顼、尧、舜五帝，经夏、商、周、秦、汉，至隋、唐，直至南宋理宗为止，共13个朝代、247个帝号，用纵横线示意，是全图的中轴主体。左路为"秦六国""五代僭伪"，右路为"春秋十二国""东晋夷狄杂处中夏"（五胡十六国）。下部说明主要阐释"世道之理乱，王统之离合"的观点，歌颂宋太祖创业之艰难，并发出"自古及今治不能十一而乱常八九"的感叹。

平江图碑是苏州的城市地图。苏州于宋徽宗政和三年（1113）升为平江府，苏州城约14平方千米，平江图细致标明苏州城内大运河、城墙、街道、河道、坊市、衙署、楼阁、寺观、街坊、商店、医院、军营、桥梁、园林、古迹等重要设施。其中有河流20条、大街20条（其中横贯南北的卧龙街即今天的人民路）、巷264条、坊61个、里弄24条，而桥梁多达359座。此外还有佛寺道观67座、古塔9座，平江图碑将800年前苏州城的宏大规模、周密布局、繁华坊巷、雄伟建筑表现得清晰明了。

（二）东嘉王致远

平江图碑大约刻于宋理宗绍定二年（1229），而地理图碑跋文称：

> 右四图兼山黄公为嘉邸翊善日所进也。致远旧得此本于蜀。司臬右浙，因摹刻以永其传。淳祐七年仲冬东嘉王致远书。

淳祐七年是1247年，晚于绍定二年将近二十年，但平江图不可能"兼山黄公为嘉邸翊善日所进"（刻平江图时黄裳早已去世），而王致远所跋有"右四图"，除天文、地理、帝王三碑以外还有哪一图，现已不得而知。

王致远所谓"东嘉"就是指温州永嘉，他的父亲王允初是抗金名将，淳熙八年考中进士。王允初于开禧元年出任德安府（今湖北安陆县一带）通判，开禧二年韩侂胄发动北伐。开战不久，宋军就遭到反击节节败退，而金兵包围了德安府。知德安府李师尹打算弃城，这时王允初挺身而出组织军队保卫德安府。当时13

岁的王致远就在德安府城内经历了长达108天的守城之战。此后王致远因父亲战功而获荫补，并于嘉定十七年（1224）根据亲身经历编写《开禧德安守城录》，记述史书失载的这次战役。2005年，温州市将王允初的家乡瓯北镇千石村王氏大宗祠改建为王允初纪念馆。

在苏州刻碑是王致远在浙西提刑任上时发生的事，至于他如何"旧得此本于蜀"，我们并不清楚，但应该是其在阆州分司籴买场任上的事情。而王致远从蜀地获得的天文、地理、帝王三碑，实出自黄裳之手。

宋朝有两位有名的黄裳，一位是南剑州延平县（今福建南平）人、北宋神宗元丰五年（1082）的状元，也是著名的词人。这位黄裳一直活到了北宋灭亡，他性好道家，政治思想呈现出明显的儒道融合的取向，还是福州《政和万寿道藏》的刊刻者，也是金庸小说《射雕英雄传》中《九阴真经》作者黄裳的原型。而王致远提到的天文、地理、帝王图的原作者黄裳是南宋宁宗的老师，他生于隆庆府普成县（今四川剑阁县南），号兼山，光宗继位后，出任嘉王府翊善，嘉王就是光宗的儿子、后来的宋宁宗赵扩。王致远讲"兼山黄公为嘉邸翊善日所进"，即天文、地理、帝王图原是黄裳任嘉王府翊善时为赵扩绘制的，目的就是为了培养黄裳心目中理想的皇帝，所以这些图本是黄裳在绍熙元年"因勉励嘉王赵扩学习而量身定制的教学参考资料"（郭声波《黄裳〈地理图〉研究——以作者生平、制图年代、政区断限为中心》）。

黄裳当时为赵扩绘制的教学参考资料并不只是天文、地理、帝王三图，《宋史·黄裳传》记载：

> 王意益向学。于是作八图以献：曰《太极》，曰《三才本性》，曰《皇帝王伯学术》，曰《九流学术》，曰《天文》，曰《地理》，曰《帝王绍运》，以《百官》终焉，各述大旨陈之。每进言曰："为学之道，当体之以心。王宜以心为严师，于心有一毫不安者，不可为也。"

黄裳在绍熙元年为赵扩绘制的其实有八图，苏州文庙所存石碑是其中三图，从顺序上讲，王致远所谓"四图"所遗者或许是百官图，百官图的内容应该是宋朝官制或历史官制。至于其他太极图、三才本性图、皇帝王伯学术图、九流学术图等四图内容主要涉及政治文化与学术思想，其下落不得而知。现在的问题是，黄裳于绍熙五年卒于临安，王致远为何能在多年之后在蜀地获得黄裳所绘之图？而且各图既已进献赵扩（宋宁宗），又如何重新流传民间？当然也不排除王致远所得其实是底本或摹绘本的可能，但王致远明言"右四图兼山黄公为嘉邸翊善日所进也"，依据这样明确的记载，确实也不能排除王致远所得即进献赵扩原本的可能。那么这背后是否还隐藏着某些湮没的历史故事呢？

（三）嘉王府翊善黄裳

黄裳知识渊博、才智过人，这从他绘制的天文、地理图即可见一斑，此外他还向赵扩进献过浑天仪、舆地图。同时黄裳坚持抗金立场，多次上书，"论蜀兵民大计"。黄裳一生仕宦最显赫的官职无疑是绍熙元年以来担任的嘉王府翊善，他为此尽心竭力，并因嘉王赵扩的反复乞留而"专为翊善"。本来作为赵扩最受用的恩师，赵扩继位后，黄裳理应在政治上飞黄腾达。但是黄裳自绍熙二年（1191）即"疽发于背"，此后疽病一直未能治愈，宁宗即位当年即病卒，享年仅四十九岁。病卒当然是意味着黄裳死于健康原因，但是《宋史·黄裳传》直言病疽出于"忧愤"，甚至黄裳在奏议中自言"臣闻之忧甚而病剧"，所以黄裳其实是忧愤而死，而忧愤的原因是当时的政治局面对他十分不利。

黄裳在绍熙年间（1190—1194）一直担任嘉王府翊善，他不可能不卷入让宁宗得以继位的"绍熙政变"。而"绍熙政变"又意味着宁宗得位有所不正，作为老师的黄裳是否支持"绍熙政变"，就会成为一个致命的政治难题，而如果他没有支持这次政变，那么赵扩即位后黄裳的政治处境就可能变得十分艰难。

讨论黄裳在绍熙政变中的立场与处境，就要从他如何得到朝廷关注开始讲起。黄裳于乾道五年考中进士，此后只是在四川担任县尉、录事参军一类的低级职务。直到时任四川制置的留正推荐，他才有机会"召对"，在宋孝宗面前"论蜀兵民大计"。孝宗退位后，黄裳又在光宗面前讨论防守之计，提出"其论重镇，谓自吴至蜀，绵亘万里，曰汉中，曰襄阳，曰江陵，曰鄂渚，曰京口，当为五镇，以将相大臣守之，五镇强则国体重矣"。此后黄裳就出任嘉王府翊善，成为宁宗继位前的老师，因此有些材料中称黄裳辅佐过孝宗、光宗、宁宗三代帝王也不无道理，问题是这祖孙三代的关系极其纠葛，最终导致了绍熙五年孝宗去世、光宗退位、宁宗以政变登基的非常局面，从儒家伦理而言不可谓不是一场悲剧。

《宋史》记载，有一次嘉王赵扩去看望爷爷孝宗赵昚（太上皇），孝宗问嘉王你都读了些什么书，嘉王报了一大堆书名。孝宗说这也太多了,"数不太多乎"?嘉王说老师教得好,他自己很爱听,根本不觉得多,"讲官训说明白,忧心乐之,不知其多也"。孝宗于是夸黄裳真不错,你可要认真听,"黄翊善至诚,所讲须谛听之"。黄裳在政治、学术上也倾向于道学集团,向光宗推荐过朱熹,也对光宗讲过正心诚意的道理,同时他也是坚定的主战派,还支持宗室赵汝愚出任宰辅大臣。

接下来,朝廷就出现了过宫危机,光宗拒绝看望父亲孝宗。包括黄裳在内的外朝大臣无论如何劝谏,光宗也置之不理。有一次光宗对黄裳说"内侍杨受卿告朕勿过宫",黄裳因此相信是宦官挑拨离间才让皇帝父子反目成仇。黄裳就在这时积忧成疾,"忧愤,创复作",但仍上奏试图调解光宗与孝宗的关系。黄裳说:

> 臣窃推致疑之因,陛下毋乃以焚廪、浚井之事为忧乎?夫焚廪、浚井,在当时或有之。寿皇之子惟陛下一人,寿皇之心,托陛下甚重,爱陛下甚至,故忧陛下甚切。

焚廪、浚井的典故虽然是劝光宗对太上皇尽孝,但故事本身是讲舜父瞽叟意图谋害舜。言下之意当时朝廷已有孝宗意图谋害光宗的传闻,比如孝宗为光宗准备的药丸可疑,等等。当然这些都可以理解为宦官的挑拨,但比较确切的原因是孝宗无意立光宗唯一的子嗣嘉王为太子。

光宗始终未立赵扩为皇太子是事实,原因应该就是遭到太上皇孝宗的阻挠,光宗皇后李氏为此与孝宗彻底闹翻,这也是目前有关过宫风波原因最可靠的推论。这样的局面足以让黄裳"忧甚而病剧",因为他一方面需要确保光宗对孝宗的大孝,另一方面还要确保嘉王的继承地位。而反对宁宗继位的正是孝宗，光宗在父亲与子嗣面前处于极端两难的境地。

（四）前功尽弃的教学

如何化解这样纠缠的处境？宫廷内外都在提出与实施自己的方案，但真正变成现实的只会有一种可能。

孝宗原有三个儿子，光宗是第三子，长子庄文太子赵愭去世后，孝宗跳开次子赵恺立三子赵惇（光宗）为太子。问题是当时盛传孝宗退位后又意图立赵恺之子赵抦为太子，这引发了太上皇与皇帝、皇后的激烈冲突。

孝宗意图立赵抦一节不见于官方史书，笔记小说多有记载，但很有可能就是事实。这种情况下，光宗一度求助于太皇太后吴氏。吴氏是高宗的皇后，虽然没有血缘关系，却是孝宗的嫡母，也是光宗的祖母、宁宗的曾祖母。吴氏非常长寿，绍熙五年孝宗去世时，吴氏仍然健在，并且成为解决政治危机的关键人物。

由于光宗拒绝为父亲主持丧礼，政治危机变得尤为突出，这时外朝大臣——包括留正、黄裳在内——提出的方案是立赵扩为太子并监国，光宗仍然保留皇帝地位，但暂时或永久、局部或全面地让出权力。这是当时最符合儒家伦理的方案，并且一度获得了光宗的同意。但绍熙政变最终的结果是，赵抦直接出局，光宗被迫退位，宁宗直接继位。

在传统的历史叙述中，绍熙政变的策划者是赵汝愚，但赵汝愚在宁宗继位后被排挤、贬死，真正开始专权的是韩侂胄。而在笔记小说中，真正主导绍熙政变的是太皇太后吴氏与韩侂胄，这种叙述能够为宁宗朝的政治格局提供更加合理的解释，也可能更加符合历史的本来面目。

如果这个推论成立，那么当时就出现了两股支持宁宗的政治势力。一股以留正、黄裳为代表，他们的方案是宁宗以太子监国；另一股是内朝的吴氏与韩侂胄，他们让宁宗直接继位。两者的区别，是前者更顾及儒家伦理与光宗的利益，但归于失败。后者排除赵抦继位的可能，而让宁宗获得更大、更稳固的政治利益，并且最终获得成功。宁宗继位后，这两股同样支持宁宗的政治力量很难调和合作，而宁宗势必倾向于获得成功的吴氏与韩侂胄，这就合理解释了留正的出逃、赵汝愚的贬死以及嘉王府翊善黄裳的忧愤病疽而死等一系列现象。事实上宁宗即位后，黄裳就在上奏中提出两大忧虑：

>小人得志，阴窃主权，引用邪党，其为祸患，何所不至，臣之所忧者一也。
>
>君子日退，小人日进，而天下乱矣，臣之所忧者二也。

显然黄裳预感到了韩侂胄专权而迫害儒士集团的悲剧前景，这也意味着黄裳尽心竭力培养儒生理想中君主梦想的破灭，所以临终之时他经常自言自语：

>五年之功，无使一日坏之，度吾已不可为，后之君子必有能任其责者。

话语中满是前功尽弃的极度失望与不甘。

因而，苏州文庙的天文、地理、帝王图三碑，不但是宋代科技发达的象征，还是宋朝最高级的教学参考资料，只不过刻写的是一个期待越高、失望越大的失败教学案例。

相关景点

◎ 苏州文庙其他宋碑图选

▎范文正公遗像碑

附录文献

王致远《地理图跋》

　　地理图□□□□□。郡邑亦详且明矣。则又取契丹女真之地，合□□□□□。南北形势，使之观之，可以感，可以愤，然亦可以作兴也。九服之地，自开辟以来，未之有改。而乍离乍合，□然不同。周、秦之世，分而为六，汉、魏以后，裂而为三。典午渡江而南北之势成，禄山叛唐而五季之乱起。回视三代两汉，能以天下为一统者，仅十一耳。将天时有否泰欤，抑君德有厚薄欤？奚其治少而乱多若此哉？此可以感也。中原土壤，北属幽燕，以长城为境旧矣。至五代时，石敬瑭弃十六州之地以赂契丹，而幽蓟朔易之境不复为吾有者三百余年。

　　国朝至艺祖皇帝，栉风沐雨平定海内，取蜀、取江南、取吴越、取广东，又取河北，独河东数州之地与幽蓟相接，坚壁不下。王师再驾，讫无成功。群臣欲上一统尊号，艺祖曰："河东未下，幽蓟未复，何一统之有？"终谦逊不敢当也。盖至太宗之世，王师三驾，河东始平，而幽蓟之地卒为契丹所有，不能复也。则祖宗之所以创造王业，混一区宇者，其难如此。乃今自关以东，河以南，绵亘万里，尽为贼区，追思祖宗开创之劳，可不为之流涕太息哉！此可以愤也。虽然，天地之数，离必合，合必离，非有一定不易之理，顾君德何如耳。

　　汤以七十里，文王以百里有天下，岂以地大民众之谓哉？以往事观之，则吾今日所以为资者，视汤、文何啻百倍？诚能修德行政，上感天心，下悦人意，则机会之来，并吞□□。追复故疆，尽归之版籍，亦岂难哉？故曰亦可以作兴也。汉光武披舆地图，指示邓禹曰："天下郡县，如此其多，今始得其一，君前言以公而虑天下不足定，何也？"

禹对曰："古之兴者在德厚薄，不在大小。"善哉，禹之言也！光武起田间，□□□□□。尽能克复旧物，如取之囊中，抑禹之言有以感发之耶？孟子曰："以力假仁者伯，伯必有大国；以德行仁者王，王不待大。"自今观之，禹之言与孟轲此言如出一口，真可为中兴之龟鉴也。故并书之图末，庶几观者亦有所感发焉。

右四图兼山黄公为嘉邸翊善日所进也。致远旧得此本于蜀，司臬右浙，因摹刻以永其传。淳祐丁未仲冬东嘉王致远书。

（正文录文根据〔清〕缪荃孙：《江苏金石志》卷一七，张廷银、朱玉麒主编：《缪荃孙全集》。又见《宋代蜀文辑存》卷七一，凤凰出版社，2014年8月。跋文录文根据曾枣庄、刘琳主编：《全宋文》第282册，上海辞书出版社、安徽教育出版社，2006年版。）

第十一章 庐山照江崖
丞相塔前丞相祠

照江崖在天池寺西北，因明刘世扬题刻"照江崖"三字而得名。王阳明于正德十五年（1520）刻诗"昨夜月明峰顶宿，隐隐雷声在山麓。晓来却问山下人，风雨三更卷茅屋"于崖上。这些题刻均镌于右侧一隅，摩崖主体则是南宋嘉定十一年（1218）赵崇宪祭祖的题刻。1959年，照江崖即以"天池寺石刻"为名列为江西省重点文物保护单位。

引 言

2018年4月的九江与庐山的寻宋之旅，主要的寻访目标有周敦颐墓、观音桥、岳母墓、庐山东林寺与西林寺、白鹿洞书院，此外还有王安石曾经题咏的落星墩、苏轼撰记的石钟山以及《水浒传》中宋江题反诗的浔阳楼。其中周敦颐墓、岳母墓与白鹿洞书院各有专文记述，东林寺与西林寺涉及苏轼的佛缘，朱刚老师曾有专文讨论。建于大中祥符七年（1014）的观音桥是寻宋所见最壮观的单拱宋桥，也是这些寻宋目标中唯一真正的宋代文物，其他遗迹的物质遗存多是清代的或者更晚。不过这次寻宋还别有惊喜，一处是已经写进周敦颐墓那篇小文的刘涣墓志铭，它意外地出现在庐山市紫阳南街爱莲池景区的"周瑜点将台"上。另一处就是这篇小文记述的照江崖，那是在游览庐山的第二天，在靠近天池寺景区时的意外发现，并为我此后重新讨论赵汝愚在"绍熙政变"中扮演的角色提供了特别重要的线索。

绍熙政变之后，韩侂胄与赵汝愚逐渐变得势不两立，韩侂胄决心排挤赵汝愚。庆元元年，李沐以宗室居相位将不利于社稷为由，参劾赵汝愚，赵汝愚出知福州，不久罢为宫祠，赵汝愚引进的理学官员全遭贬黜。胡纮等又提出赵汝愚曾自称梦见受鼎乘龙，有不轨之嫌，不久赵汝愚被贬死于永州安置途中。在这个过程中，韩侂胄获授保宁军节度使，又升为开府仪同三司，韩侂胄专权的时代由此开启。庐山照江崖上有一篇字数甚多却鲜为人知的铭文，记录着韩侂胄去世后赵汝愚被恢复名誉的那段往事。

（一）丞相塔前丞相祠

清初著名的海宁籍诗人查慎行考中进士时已年过半百。康熙三十一年（1692）春，查慎行在九江知府朱俨幕中。这年夏天查慎行开始编辑《庐山志》，为此他于七月二十四日起游览考察庐山，朱俨为他准备了半月干粮，"既为辑《庐山志》，复遂庐山之游，贤地主之贶我良厚矣"。这次庐山之行历时十日，行中各处均有诗作，结束后又撰《庐山纪游》一卷。

除了白鹿洞书院，查慎行所见庐山的人文景观其实都破败不堪，寻访古迹多不可得，其中寻宋行程主要包括：

> 濂溪先生祠，去城约十里，今祠废，石坊犹存。明嘉靖中都御史傅凤翔建。又一里，渡石塘桥，乃先生墓道。按《九江志》，旧有墓道亭，今亭亦废。墓在栗树岭，去大道五里。先生隐居旧在莲花峰下，与圭璧、锦绣相比，为三峰，土人无能确指其处者。意双剑之西，数峰如笋，秀色娟然，且其下有莲花洞，当即此也。
>
> 西林寺……尚存断碑三，大抵皆宋景德间免粮牒文。

再接下来除了白居易到过的大林寺，天池寺所谓的"天池"其实"广不盈亩"，今天所见更已小至数丈见方而已。天池景区多是周颠仙与王阳明的遗迹，不过查慎行注意到一处很不起眼的宋代遗迹，即天池寺的佛塔：

> 砖塔在山北，宋韩侂胄建。建炎中，曾被雷震一角。赵忠定公汝愚祠在山椒，与塔相近，今废。

这个早已破败的景观让查慎行感触良多，他为此写了一首诗，题目叫《赵忠定公废祠在天池塔傍》，诗云：

> 丞相塔前丞相祠，千秋兴废偏同时。
> 我来吊古一惆怅，青史贤奸僧不知。

庐山的"丞相塔前丞相祠"的景观未见于清代以前的文献，但清初似乎引起了不少文人的注意，另一位著名诗人陈大章也有七律《由石华表上天池塔寻赵忠定公汝愚祠堂故址》云：

> 宝塔初成一角摧，分明天鉴属昭回。
> 如何曲笔山阴叟，空把经函柱迅雷。
> 戒坛石塔已全隳，漫向秦封觅故基。
> 仄磴丛篁凭吊久，至今人说赵公祠。

首、尾两联同样是对宝塔与赵公祠做出了忠奸两立的判别。同样是清康熙年间文行远的《浔阳蚯醢》也有记载：

> 赵忠定公汝愚祠，在山麓，以祠忠定与其父母，莫知所由始，或崇宪知江州军事时所建也。

今天庐山天池景区已不见赵汝愚祠的踪迹，清人所见也是"废祠""故址"。但诗文所记寻访目标均为赵汝愚祠，说明赵汝愚祠曾经明确存在但已"莫知所由始"，而韩侂胄建天池寺砖塔之事似乎只见于诗人的凭吊。但是由于没有连续性的文献记载，无论丞相塔还是丞相祠的来历都变得十分可疑。那么赵汝愚祠究竟是何来历？史志中未载韩侂胄建塔究竟是受累于青史贤奸之辨还是另有隐情呢？

> 天池塔传为南宋建炎年间（1127—1129）韩侂胄所建，但并无文献证实。到1919年，该塔已颓，由国民革命军第五军总指挥唐生智发起重建。重修工程将原本的空心塔改为实心塔，发掘地宫时，发现佛像等文物多件，其中卧佛像背面有阴刻文字记于绍圣三年（1096）四月初八"安葬佛牙舍利及诸珍宝"，可知旧塔实建于北宋。

（二）赵汝愚墓

韩侂胄与赵汝愚的恩怨情仇、忠奸功过，史书上通行的讲法是：绍熙政变中，赵汝愚考虑以太皇太后吴氏的旨意迫使光宗禅让于其子赵扩，并通过吴氏外甥、知合门事韩侂胄向吴氏寻求支持。韩侂胄又通过内侍关礼与吴氏取得联系。获得吴氏同意后，赵汝愚在为孝宗举行禫祭时宣称有光宗御笔"念欲退闲"，向垂帘听政的吴氏请旨立赵扩为帝，于是赵扩（宋宁宗）即位，赵惇称太上皇。光宗禅位并非出于自愿，宁宗即位以后，赵汝愚因有策立之功而不断升迁，拜右相。

赵汝愚重用信奉理学的官员，请朱熹出任天章阁待制兼侍讲，而没有足够重视绍熙政变重要参与者韩侂胄对于权位的诉求。韩侂胄期望获授节度使，结果只有枢密都承旨的兼官，这使他对赵汝愚十分怨恨。为排挤赵汝愚，韩侂胄通过御笔先后将自己的亲信任命为台谏官，又利用台谏官弹劾赵汝愚。

赵汝愚是赵光义长子赵元佐的后裔，以宗室拜相有违宋朝传统。庆元元年，李沐以此为由参劾赵汝愚。结果庆元二年正月，赵汝愚被贬死于安置永州途中。韩侂胄则获授保宁军节度使，又升为开府仪同三司。为打击理学，韩侂胄又发动"庆元党禁"，禁止在省试中以道学取士，朱熹被韩党攻击有不忠、不孝、不仁、不义、不恭、不谦六大罪状。宁宗还下诏"伪学"之徒不得担任在京差遣，清查近年各科进士及太学优等生中的"伪学之党"。

有些地方记载，赵汝愚被安置永州，途经衡阳遇害身亡。赵汝愚当时是戴罪之身，最初下葬于湖南长沙，因此今天长沙妙高峰北麓青山祠侧仍有赵汝愚墓，墓碑刻"南宋忠定赵福王墓，南宋庆元二年丙辰安葬，清宣统二年庚戌续修"，墓堆石壁嵌有叶德辉所撰碑记，该墓1983年就被湖南省列为省级文物保护单位。问题是一般认为赵汝愚是饶州（今江西上饶）余干人，今天余干县枫港乡樟木桥村雕峰也有一座比长沙墓更大的赵汝愚墓，目前是上饶市文保单位。该墓高6.5米，直径30米，占地约2000平方米，墓地乔木环抱，墓前有镇墓兽等，雕峰西麓又有石牛、石马，清光绪年间（1875—1908）朝廷曾颁发保护南宋丞相赵汝愚墓的告谕。这样一来，赵汝愚墓就有了长沙说、余干说与迁葬说三种观点。

赵汝愚卒于庆元二年正月，墓志铭记载"公薨之年五月壬午，葬余干之雕峰"，余干无疑有赵汝愚墓。至于长沙赵汝愚墓，清人陈运溶的《湘城访古录》提出了这样的观点：

《明统志》谓"汝愚谪永州，道卒，旅殡于湘东开福寺，州请于朝，得旨归葬"。据此则汝愚无葬长沙事，旧志所载"或归葬过潭时权殡处也"。案,《宋史·罗必元传》云:"元知余干县,赵福王府骄横,以汝愚墓占四周民山,必元直之。"据此则墓之不在长沙明矣,较《明统志》归葬之说更确,而近人不学,乃于妙高峰置冢树碑以实其事,妄也。

陈运溶依据《宋史·罗必元传》确认赵汝愚墓在余干,又依据赵汝愚卒后"旅殡于湘东开福寺"而认为长沙赵汝愚墓是在"权殡处""置冢树碑以实其事"。不过赵汝愚去世时是戴罪之身,无人为其撰墓志铭。直到韩侂胄去世后的嘉定元年(1208),赵汝愚始尽复官职,谥曰"忠定",这才有刘光祖为撰《宋丞相忠定赵公墓志铭》。而据清同治《余干县志》记载,罗必元任余干知县已是度宗朝(1264—1274),所以墓志铭与罗必元干预赵汝愚墓占山一事,都是距赵汝愚去世十余年、数十年之后的事情了。当然赵汝愚毕竟是宗室大臣,即便在韩侂胄专权时代也有可能很快得以归葬家乡。

  天池寺位于庐山牯岭西4公里处的大天池山上,大天池指天池寺放生池,相传为文殊菩萨双手插石而成。池畔原有晋僧慧持所建峰顶寺,是庐山最古老的佛寺,宋代改称"天池寺",明太祖朱元璋赐名"护国寺",明成祖、明宣宗等多次封赐,天池寺一度成为"匡庐首刹"。如今旧寺全毁,现存遗物仅有山门"天池寺"寺额,传为康有为所书。

（三）照江崖与赵忠定公汝愚祠

赵汝愚墓虽然仍有谜团，毕竟长沙、余干两地都将之作为文保单位很好地保存下来。比赵汝愚墓更加让人困惑的是文献记载赵汝愚的祠庙至少有三处，但任何一处祠庙实体都已了无痕迹。一处在赵汝愚的卒地湖南衡阳，清代赵申乔重建并有记文：

> 衡阳之有赵忠定公祠也，以公谪赴永州，道经衡州，守臣钱鍪阿韩侂胄意，阴中之，暴卒，殡于湘东开福寺，旋得请归葬而立祠焉者也。兵燹之后，祠既不存，基地遂侵没于有力之家。余过衡阳，偕监司以下往勘，仅有隙地数尺，众咸指为祠基。

另一处在浙江桐乡，雍正版《浙江通志》记载，赵汝愚的父亲赵善应"建炎间与其父申国避地崇德之洲钱，遂家焉"，赵汝愚就出生在这里，清代的《槜李诗系》不但明载"靖康丁未生汝愚"于此，还称"是年孝宗亦生于秀州，此南宋君臣基命之数也"。《宋史》称赵汝愚是余干人，应该是赵善应后来监余干酒税并在当地置有田宅而迁居。崇德洲钱就是今天浙江省桐乡市洲泉镇，明嘉靖年间建忠勋祠祀宋赵忠定公汝愚，其后桐乡人钱梦得重建，并撰《赵忠定公祠记》称：

> 吾乡忠定赵公，以天潢懿亲夹辅宋鼎，诞生于洲钱民舍，故里曰"生贤"，巷曰"探花"，犹昭昭在人耳目。祠旧在祇园寺，嘉靖间胡中丞毁诸寺观，祇园赖有公

祠,独不毁,意其箕尾山河,鬼神呵护,亘古今不可湮没
欤。今祇园梵宇金碧辉映,而公之榱桷几楚化为乌有矣。
念夫缁衣锡杖,犹思克绍衣钵而章缝衿佩,顾独无高山
之仰耶?靳侯捐俸首倡,使邑中好义者翕然乐助以共成此
祠也。

今天桐乡赵汝愚祠虽然无迹可寻,但洲泉镇东田村竟建了一座赵汝愚丞相府来纪念他。

第三处就是清初诗人津津乐道的庐山天池景区的"莫知所由始"的赵忠定公祠,文行远猜测是赵汝愚之子赵崇宪知江州时所建。虽然今天游览庐山连查慎行当年所见赵汝愚的废祠、旧址也不知所终,却有一处景点保留了赵汝愚祠非常重要的记载,这就是照江崖。当代庐山史志对照江崖景点的介绍如下:

照江崖在天池寺西北。明朝刘世扬题刻"照江崖"三字。王守仁于明正德十五年(1520)刻"昨夜月明峰顶宿,隐隐雷声在山麓。晓来却问山下人,风雨三更卷茅屋"一诗于崖上,看似描绘同一时辰山上山下不同的气候特征,实则表达他当时内心的不平静,宣泄胸中郁闷……

整个介绍只字不提赵汝愚或赵崇宪。

其实这里提到的"照江崖"与王守仁诗的题刻都刻在照江亭内平地凸起的一处巨岩之上,但两者仅占石崖正面的五分之一左右,石崖左侧主体部分是嘉定四年(1211)十一月赵崇宪的《祭先祖考

妣文》，全文如下：

> 维嘉定四年岁次辛未十一月己酉朔，越十五日癸亥，孙朝请郎、知江州军事兼管内劝农营田事赵崇宪，谨遣曾孙必壀，以清酌庶羞致奠于先祖考太师庆国笃行公、先祖妣冀国夫人李氏、先考太师大观文丞相福国忠定公、先妣秦国夫人徐氏之祠。维昔笃行，绘像此山。祠宇俨设，盖已有年。继忠定公，并列其间。山以祠重，祠以山传。崇宪不肖，假守江壖。首访精庐，榱柱欹颠。追惟先志，心折涕潸。尚期异日，吏责少宽。再加营葺，旧观复还。庶几英灵，百世妥然。欲拜祠下，官守拘牵。敬遣贱息，洁蠲以前。寸诚悲切，神其鉴焉。尚享！

这篇文献正是依赖照江崖的石刻得以保存，记述赵崇宪知江州时，派其子赵必壀祭祀赵崇宪的祖父赵善应与父亲赵汝愚。赵善应在监饶州余干酒税时应该置有田宅，赵汝愚因此称余干人。赵善应终官江西兵马都监，应该卒于任上并可能葬于庐山，故而在庐山有祠庙。赵汝愚去世后赵善应祠庙可能并祀赵汝愚，因此赵崇宪称"维昔笃行，绘像此山。祠宇俨设，盖已有年。继忠定公，并列其间"，并在知江州时"再加营葺，旧观复还"。庐山赵忠定公祠本是赵善应祠庙，自然是赵汝愚所建更加合理。赵汝愚在南宋嘉定年间被平反后成为一代名相，庐山赵善应祠庙应该这才演变为赵忠定公汝愚祠。

至于查慎行诗中所吟唱的"丞相塔前丞相祠"的情景，或许只是诗人的想象。因为陈大章诗《由石华表上天池塔寻赵忠定公汝愚祠堂故址》颔联"如何曲笔山阴叟，空把经函枉迅雷"有自注称：

> 塔为韩侂胄建，合尖时有僧以血书经一函封之，雷击其角，见陆务观记。

但这段自注就摆了一个乌龙，因为陆游的确在《入蜀记》中写过天池寺砖塔遭雷击的故事：

> 旧闻庐山天池砖塔初成，有僧施经二匣。未几，塔震一角，经亦失所在。是日，因登望以问僧，僧云诚然。或谓经乃刺血书，故致此异。又云今年天池火，尺椽不遗，盖旁野火所及也。

问题是，《入蜀记》是陆游因宋孝宗乾道六年从山阴赴任夔州通判而撰写的一部长篇游记，陆游见到天池寺塔"震一角"的景象时韩侂胄年不足二十，"天池砖塔初成"更早于此。因此天池砖塔应该不是韩侂胄所建，至少绝对没有因为韩侂胄迫害赵汝愚而"宝塔初成一角摧，分明天鉴属昭回"这回事情。

总之，庐山天池寺景区的照江崖是与赵汝愚有关的、十分重要的宋代遗迹，但这里最早既不是"丞相祠"，更没有所谓的"丞相塔"。查慎行吟唱的"丞相塔前丞相祠，千秋兴废偏同时。我来吊古一惆怅，青史贤奸僧不知"，只是诗人为咏史而强行脑补出来的意境，当然这并不妨碍查慎行成为一名杰出的诗人与旅行家。

相关景点

◎ 大中祥符七年观音桥

庐山寻宋的各种宋代遗迹中,以观音桥的文物价值最高。观音桥在庐山市白鹿镇观音桥风景区,修建于北宋大中祥符七年(1014)。该石拱桥原名栖贤桥,因架在三峡涧上,又称"三峡桥",后因清末桥南所建观音庙而被称为"观音桥"。观音桥为石造单孔桥,长24.4米,宽4米,桥面铺以大石,两侧砌有石栏,桥孔内圈由七行长方形石首尾相衔,凹凸榫结,渐弯呈弓形,是中国最古老的石拱桥之一,1988年被列入国家重点保护文物。

▌观音桥(左、右)

观音桥石拱底有"维皇宋大中祥符七年岁次甲寅二月丁巳朔建此桥。上愿皇帝万岁,法轮常转,风调雨顺,天下民安谨题""福州僧德朗勾当造桥""建州僧文秀教化造桥""江州匠陈智福、弟智汪、智洪"等题刻。

第十一章 昙山朱熹题刻

颓然见此山

灵山东1公里处又有微型小山，名为"昙山"。宋时昙山有郑次山园亭。昙山有洞天，洞口有绍熙三年（1192）篆书"清虚洞天"摩崖。绍熙五年（1194）朱熹入朝时，往还皆在郑氏园亭停留并分别题刻。一处是棋枰石南侧石壁的题诗"颓然间兹山，一一皆天作。信手铭岩墙，所愿君勿凿"，相

▎昙山"清虚洞天"摩崖

传为村民炸山所毁。今人在原处复刻该诗,又塑朱熹像。另一处即朱熹离别时题名。

引 言

宋代的杭州应该有无数的题刻,很多已经湮灭,还有很多仍待文物工作者与爱好者不断地寻访。留存至今的题刻多出现在石窟造像旁,比如飞来峰佛教造像与通玄观道教造像。其他比较重要的比如慈云岭造像右侧有北宋绍圣元年(1094)改刻的"佛牙赞"七言律诗"三皇掩质皆归土,五帝潜形已化尘……",并标注"仁宗神文圣武明孝皇帝制",不过南宋以来一直有学者怀疑该诗并非宋仁宗御制,认为仅能确定它属于北宋题刻。又比如石龙洞造像的背面崖壁上有宋刻《心印铭》,《心印铭》为唐翰林学士梁隶所撰,北宋皇祐五年(1053)由僧慎微发起题刻,僧冲羽书丹,陶翼及其子陶拱刻字。三台山路大麦岭东麓有"苏轼、王瑜、杨杰、张王寿同游天竺,过麦岭"题刻,双浦镇灵山村风水洞口也有"苏轼子瞻"题刻,石屋洞也有"陈襄、苏颂、孙奕、黄颢、曾孝章、苏轼同游,熙宁六年二月二十日"的题刻,但原刻早已磨毁,现存题刻为当代重摹。

以上宋代题刻不是佛教题材,便是"到此一游"之类,不太涉及重要的历史进程。倒是离风水洞不远处不甚知名的昙山朱熹题刻,刻写着朱熹在朝46天黯然去国南归那段历史,无论于南宋政治史还是理学思想史都有特殊、重要的意义。

朱熹一生的学术生涯可以分成三个阶段。第一阶段从隆兴元年到淳熙四年（1177），即34岁到48岁，是朱熹学术体系初步形成时期。他一方面继续辟佛，一方面系统编辑理学家的言论、文字，把理学精神糅进儒家的经籍，基本完成《四书章句集注》的纂注。第二阶段是淳熙五年至绍熙五年，即49岁至65岁，他的主要活动是通过讲学和同其他学派的辩论，扩大朱学学派的势力与学术影响。第三阶段是从宁宗庆元元年至六年（1200）。朱熹去国南归后，宋廷又发动庆元党禁打击朱熹，朱熹专心著述直至去世。所以朱熹在昙山刻下的正是他个人思想史第二阶段与第三阶段的那个历史转折点。

（一）颓然见此山

钱江潮向西奔腾，至之江路尽头将与富春江衔接时，突然拐弯向南行10公里。原本可以径自流入钱塘江的富春江水也在今天富阳中学的位置偏东行20余公里，至今天杭州双浦镇的东江嘴与钱塘江河道形成一个尖锐的夹角。东江嘴一带长期以来洪潮肆凶，水祸频生，直到1996年筑起50里标准大塘才能彻底抵御钱塘江的洪水、江潮。不过今天双浦镇的整个区域都是明清以后才逐渐形成的，两宋以前钱塘江与富春江在此都是直线衔接。在今天的地图上也可以清楚地看到，如果将富春江与钱塘江裁直对接，那么钱塘江的北岸应该在狮子山、花山、灵山的南麓，双浦镇这个小三角地带显然是江潮冲击北岸群山而逐渐形成的。现在的狮子山在两宋称为定山，是航行的坐标，而南侧的浮山在两宋时还是钱塘江中的小岛，因经常给航行造成严重威胁，苏轼一度计划另开航道避开浮山。这一片江

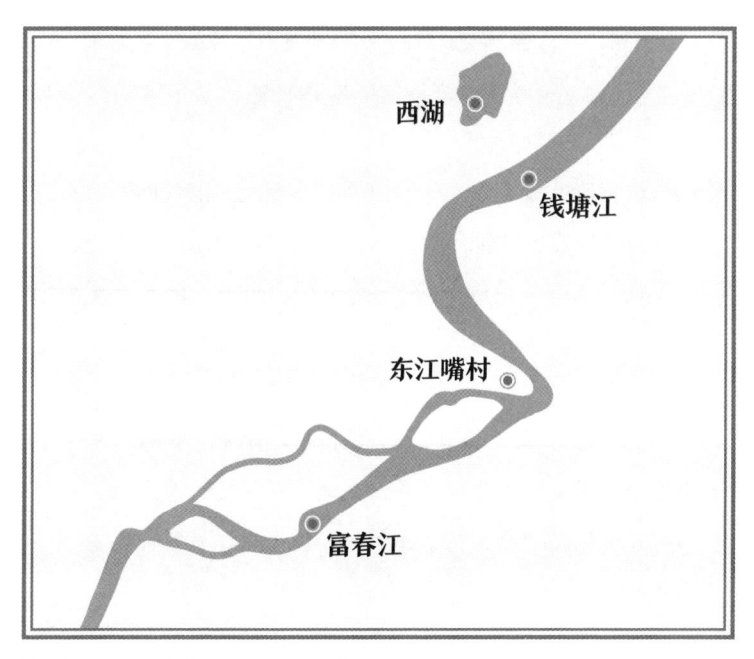

钱塘江与富春江衔接处示意图

面也是吴越国与南宋训练水师的地方，花山与灵山之间的一片平地更成为两宋的津渡，是文人士大夫迎来送往与郊游的场所，苏轼就在这里留下过"金鱼池边不见君，追君直过定山村……风岩水穴旧闻名，只隔山溪夜不行"（《往富阳新城李节推先行三日留风水洞见待》）的追行诗。

由富春江进入杭州，在花山与灵山之间的津渡上岸，首先会看到花山南还有一处更低矮的昙山。绍熙五年九月，朱熹被召入临安，在富阳舍舟登岸，由陆路赴临安，并在昙山游览了郑涛（次山）的园亭，然后在一方棋枰石上题了首诗：

颓然见此山，一一皆天作。

信手铭岩墙，所愿君不凿。

不过这首诗并没有收入朱熹的文集。清阮元的《两浙金石志》称，《万历钱塘志》在记录昙山朱熹题名之后附录这一首诗，但阮元已经无从寻访这首诗的题刻，"今不存，附录于此"。至今仍可以在昙山寻访的朱熹题刻是：

绍熙甲寅闰十月癸未，朱仲晦父南归，重游郑君次山园亭，周览岩壑之胜，裵回久之。林释之、余方叔、朱耀卿、吴宣之、赵诚父、王伯纪、陈秀彦、李良仲、喻可忠俱来。

阮元还记录这处自左而右竖行定山摩崖"行书，十六行，字径二寸"。绍熙甲寅即绍熙五年，当时孝宗去世，光宗被逼退位，宁宗在绍熙政变中即位，朱熹被召至朝中，但在朝仅46天便黯然去国。那首已经消逝的"颓然见此山"是朱熹入朝时的题诗，而闰十月癸未题刻是他离开临安时留下的珍贵的历史遗迹。

（二）彼方为几我方为肉

淳熙八年朱熹重建白鹿洞之后，又因赈灾而提举浙东常平茶盐公事，沸沸扬扬的劾奏前知台州唐仲友一事就发生在这时。然后朱熹返乡合刊《四书集注》，创建武夷精舍广收门徒，并与永康陈亮辩论"王霸义利"。淳熙十五年十一月，朱熹向孝宗上书（《戊申封事》）要求皇帝"正心"，而朝廷"任选大臣"。次年，61岁的朱熹出知漳州，一度试图推行经界法，因遭到强烈抵制而作罢。绍熙二年朱熹以丧子请辞，接着迁居建阳（属今福建南平）专事著书讲学。三年后，即绍熙五年，朱熹临危受命出知潭州、荆湖南路安抚，招降瑶民并扩建岳麓书院。

绍熙五年七月五日，宁宗赵扩在嫡曾祖母、高宗吴皇后的垂帘主持下黄袍加身、登基即位。七月十一日，宁宗即召朱熹入都奏事。八月五日，宁宗除朱熹为焕章阁待制，而朱熹在上了一次辞免状之后，于八月六日东归赴朝。这是朱熹唯一一次入朝任职。起初朱熹满心全是得君行道的狂热，不久发现新君亲近的是外戚、近习韩侂胄，而不是前朝的宰相留正、赵汝愚。于是朱熹一边赴都一边继续辞免，朝廷则不允朱熹辞免。

当时，朝中又因孝宗的山陵选址问题而产生激烈争议。赵彦逾（赵廷美后裔、工部尚书）视察孝宗在绍兴的山陵选址，认为土层浅薄，下有水石。赵汝愚因此力主改地卜葬，而留正坚持原来的选址。这个问题引起朱熹的强烈兴趣，他在知潭州任上就与当地术士讨论地理风水，受召时更写信请精通风水术数的学生蔡元定一起入都。但蔡元定不仅无心出山，还劝朱熹早归。在从潭州前往杭州的路上，朱熹还独自寻访山陵吉地，"臣自南来，经由严州富阳县，见其江山之胜，雄伟非常"，并且认为"富阳乃孙氏所起之处，而严州乃高宗受命之邦也"，他还听说"临安县乃钱氏故乡，山川形势宽平邃密"。不过朱熹未往临安考察，只是相信杭州更西的富阳、严州（今浙江建德）、临安县（今浙江杭州临安区）一带群山应该有适合帝王山陵的处所，"臣之所已见闻者逆推其未见未闻者,安知其不更有佳处,万万于此而灼然可用者乎"。

朱熹在富阳舍舟,在崑山拜访郑氏园亭后,便行至临安城外的六和塔待命。道学领袖抵达临安,在政治上与道学集团立场一致的永嘉名士陈傅良、叶适、薛叔似、许及之、蔡幼学、陈谦等纷纷前来拜访。这时的朝臣都在为新君惯出内批、信用近习而苦恼,永嘉名士们向朱熹请教对策。朱熹却说"彼方为几,我方为肉,何暇议及此哉",他对朝廷险恶的局势似乎已有充分的心理准备,只是从未有一丝妥协与暧昧的打算。

(三)朕悯卿耆艾

十月二日,朱熹进入国门,四日奏事于行宫便殿。朱熹对皇帝讲的永远是正心诚意那一套。十月十日,朱熹赴经筵供职的第一件事就是上《孝宗山陵议状》附和赵彦逾另择山陵的意见,还打算推荐学生蔡元定来为孝宗择陵,此后又联名上奏请求另择陵地,对此朝廷均置之不理。朱熹自认为是学术权威,想以学术的权威确立政治上的发言权,《山陵议状》被否决后,他又投入到祧庙争议的混战上,上了一道《祧庙议状》。祧庙礼制本来与权力斗争没有直接关系,一旦引起政争,便成为另一个战场。结果推荐朱熹入朝的宰相赵汝愚并不希望朱熹确立自己的政治权威,在祧祖问题上直接反对朱熹的意见,惹得朱熹日后指责赵汝愚阳奉阴违。

道学集团内部竟然因为祧祖争议相互攻讦,以韩侂胄为代表的近习集团意识到道学集团其实一盘散沙,便有机会为高调入朝的朱熹制造一种"翰音登天何可长"的局面。在山陵、祧庙问题上树立政治文化权威的尝试彻底失败之后，朱熹只有在经筵讲读中努力实施他得君行道的梦想了。

朱熹第一次赴经筵进讲《大学》是十月十四日，表面上宁宗对朱熹很客气。朱熹反复强调"大学之道不在于书，而在于我"，希望宁宗能"修身为本"，甚至像教训小孩一样开导宁宗"每出一言，则必反而思之曰：此于修身得无有所害乎……以至于出入起居、造次食息，无时不反而思之"。既然"大学之道不在于书"，朱熹反复絮叨这些，当然也不是为了宣扬空洞的理论，事实上他是想通过儒家经典来限制皇帝的权力，批评宁宗惯用内批、宠信近习而疏远士大夫，幻想着自己作为儒学权威可以匡正君德、"格君心之非"。宁宗哪有兴趣正心诚意，但为了展现皇帝尊重经师，他与朱熹谈起宫中秘事，告诉他太上皇赵惇（光宗）的近况，以示对朱熹的亲切。首讲之后，宁宗故作姿态，下了一道《案前致词降殿曲谢》，夸奖朱熹讲得不错，让皇帝很欣慰，"讲明大学之道庶几于治，深慰予怀"。这表面上是褒扬，其实是提醒朱熹注意皇帝是唯一的政治核心。

首讲之后，朱熹又于十月十八日晚讲，二十三日早讲，闰十月一日晚讲，三日早讲，四日晚讲，十九日晚讲，一共讲了七次。朱熹以为他讲的效果很好，他奏问宁宗"陛下于臣妄说有所疑否"，宁宗称"说得甚好，无可疑"，还讲过"看来紧要处，只在求放心耳"这种标准的道学言论。于是朱熹喜不自禁地对门徒说"上可与为善，愿常得贤者辅导，天下有望矣"，事实上，"宁宗对朱熹的道学唠叨与限制君权的苛求早已憎厌到无法忍受的地步"（束景南《朱子大传："性"的救赎之路》）。

韩侂胄早已在谋划驱逐赵汝愚，而宁宗对朱熹的憎恶与日俱增，韩侂胄由此发现可以通过打击朱熹羞辱赵汝愚。朱熹入都时，台谏的韩侂胄党羽们已经开始为清洗道学集团开展大规模的弹劾运动，宁宗的嘉王府翊善黄裳就在这时病亡。朱熹对此心急如焚，他不得不利用经筵留身的机会直接向宁宗进言。十月二十三日，朱熹严厉批评宁宗的偏执自专，一口气面奏"移御""寿康定省之礼""朝廷纲纪"及"攒宫"四事。原来绍熙政变是在孝宗所居的重华宫发生，宁宗也在这里即位，而这时被动退位但仍留在凤凰山下"南内"的光宗一度还蒙在鼓里。光宗退为太上皇，所居宫殿改称寿康宫，宁宗来南内看望父亲即"寿康定省之礼"。而宁宗并不愿意一直留在北内，他想回到南内就要重新建设宫殿，这就是他的"移御"计划。这时朱熹就面奏反对宁宗的"移御"计划，所奏"朝廷纲纪"则是直接反对韩侂胄干政。而韩侂胄积极支持宁宗"移御"，对朱熹更是恨之入骨。

在驱逐朱熹之前，宁宗先给朱熹加官晋爵，闰十月八日封朱熹为婺源县开国男，十一日任实录院同修撰。朱熹还真以为受到重用，还想编修礼书并改革实录院，并继续攻击韩侂胄。闰十月十九日晚讲，朱熹再次利用《大学》格物致知之说批评宁宗"但崇空言"，并且再提前奏四事。宁宗忍无可忍，朱熹刚跨出经筵，宁宗立即降出一纸"内批"驱逐朱熹：

> 朕悯卿耆艾，方此隆冬，恐难立讲，已除卿宫观，可知悉。

内批对于朝中道学集团不啻是晴天霹雳，赵汝愚慌忙袖藏御批面见宁宗，但赵汝愚即便以罢政抵制也不能让宁宗收回成命。

德寿宫遗址博物馆

为了防止宰相府不下达御批,二十一日,韩侂胄更是差遣内侍王德谦径自将御批送达朱熹寓舍。

除开凤凰山皇城,南宋政权还专门为禅位后的高宗、孝宗建造了德寿宫(重华宫)以供居住,宫城因此形成了南内(皇城)与北内(德寿宫)并置的特殊格局。即便放眼整个中国古都历史,这种格局也绝无仅有。

德寿宫位于今杭州上城区望江路北侧,南至望江路,北近梅花碑,西邻中河,东至吉祥巷、织造马弄一带,南临胡雪岩故居,西与鼓楼相望,面积约16万平方米。德寿宫所在地原为秦桧旧第,秦桧亡故后,这处宅第因传闻"有王气"而被收归官有,成为新宫的选址。绍兴三十二年(1162),宋高宗禅让帝位后，没有在皇城内另建供太上皇起居的宫殿，而是移居这处新宫，并将宫殿改名"德寿宫"。为了表达孝敬之情，宋孝宗将德寿宫一再扩建，时称"北内"。淳熙十六年（1189），孝宗仿效高宗禅位退居北内，德寿宫由此改称"重华宫"。高宗、孝宗去世后，侍奉高宗皇后吴氏、孝宗皇后谢氏的宫殿又分别称为慈福宫、寿慈宫。

德寿宫坐北朝南，当时占地17万平方米，其布局与皇城相近，宫中建有德寿殿、后殿、灵芝殿、射厅、寝殿、食殿等十余座宫殿、庭院，并安排了大量园林景观，其中以小西湖最为著名。小西湖原名"大龙池"，池上有万寿桥，桥中建四面亭，又在湖畔垒石，称为"万寿山"，代表飞来峰，峰上则建有聚远楼，小西湖周边还有香远堂、清深堂、松菊三径、梅坡、月榭、芙蓉冈、浣溪等景观，精美程度比南宋皇城有过之无不及。咸淳四年（1268），德寿宫废弃，一半被改建为名叫"宗阳宫"的道宫，另一半则被改为民居。至清初，此地渐为官署、民居所占，"故址所存不及十之二三"。

德寿宫遗址最早发现于1985年，经多次考古发掘。2020年杭州市决定在望江路266号德寿宫遗址复建仿宋宫殿建筑作为南宋博物院展馆，并于2022年底建成开放。

（四）朱仲晦父南归

朱熹立即辞谢离朝，住到城南灵芝寺待罪。南宋的灵芝寺就在杭州柳浪闻莺景区的钱王祠，张岱《西湖梦寻》称：

> 灵芝寺，钱武肃王之故苑也。地产灵芝，舍以为寺。至宋而规制寖宏，高、孝两朝，四临幸焉。内有浮碧轩、依光堂，为新进士题名之所。元末毁，明永乐初，僧竺源再造，万历二十二年重修。

到明嘉靖年间，胡宗宪迁建表忠观于灵芝寺故地。

由于宁宗采用非常手段驱逐朱熹，很多朝臣完全不知道发生了什么。后来宁宗解释他驱逐朱熹的原因："初除朱熹经筵尔，今乃事事欲与闻"，"朱熹所言，多不可用"，可见宁宗从未打算在政治上重用朱熹，更完全不认同朱熹的政治主张，朱熹得君行道的期待无异于痴人说梦。

但道学集团还没有从痴梦中醒悟过来，他们发起了声势浩大的援救道学首魁的行动。闰十月二十二日，给事中楼钥封还录黄，

钱王祠

在《论朱熹补外》中批评宁宗专断虚伪。起居舍人邓驲面奏力争。起居郎刘光祖斥问宁宗："陛下初膺大宝，招来耆儒，此政之最善者，今一旦无故去之，可乎？"二十四日，中书舍人陈傅良再次封还录黄，宁宗无奈之下于二十五日改除朱熹宝文阁待制，与州郡差遣。道学集团又连番上疏恳请宁宗回心转意，校书郎项安世更是率领馆职之臣联名上书痛斥宁宗"是示天下以不复用贤……是示天下以不复顾公议也"，而监登闻鼓院游仲鸿将矛头直指韩侂胄，"愿亟还朱熹，毋使小人得志，养成乱阶"。

宁宗与韩侂胄怎么可能留下这位试图自立政治权威的海内名儒，二十六日朱熹离开临安返还武夷。他的史院同僚李璧、叶适等都来萧寺为他设宴饯别，朱熹黯然吟诵离别的古诗"生平少年日，分手易前期。及尔同衰暮，非复别离时。勿言一樽酒，明日难重持。梦中不识路，何以慰相思"。一大群学生一直送行至朱熹登舟，朱熹领着他们重游昙山郑涛园亭并留下"绍熙甲寅闰十月癸未，朱仲晦父南归"的题刻。今天朱熹的昙山题刻不但作为杭州市文保单位得以妥善保护，昙山公园还重刻了朱熹入朝时"颓然见此山，一一皆天作。信手铭岩墙，所愿君不凿"的题诗，并在题诗的崖壁前塑造了迎送朱熹的群体雕像。

朱熹返还考亭后加紧整理平生思想著述。两年后，朱熹在庆元党禁中被打为伪学罪首。庆元六年三月，71岁的朱熹病逝。这时庆元党禁尚未结束，四方道学信徒相约会葬道学党魁，朝廷下令守臣约束。十一月，朱熹葬于建阳县黄坑大林谷，参加会葬者仍然有近千人之多。

相关景点

◎ 杭州灵山风水洞摩崖

杭州西湖西南20公里的周浦镇有灵山著名的溶洞景观。灵山又称云泉山，晋代已有佛寺，唐赐额恩德寺，宋改称慈严

风水洞唐宋摩崖

院。寺南山腰有风洞，山麓有水洞，二者合称"风水洞"。唐宋时风水洞在钱塘江畔，该地是水运交通枢纽，也是唐宋文人游历之胜境，题诗及摩崖石刻繁多。宋以后江道东移，风水洞逐渐冷落，20世纪80年代以来，风水洞作为溶洞，被重新开发为旅游景点，唐宋题刻也被古迹爱好者一一寻访确定，包括风水洞七处唐代题名、风水洞与仙人洞十七处宋代题刻。其中风水洞口上方有"苏轼子瞻"、元符二年游茂先等题名、赵汝愚为正字时题名等题刻。

▌风水洞苏轼题名等

【释文】"苏轼子瞻"，"男抃侍行，建安游茂先／行按浙东晚／宿慈岩元符二／年八月二十六日"

第十三章 镇江北固亭
廉颇老矣，尚能饭否

北固山在江苏镇江，因为"北临长江，形势险固"而得名，南朝梁武帝曾在此题书"天下第一江山"。北固山与金山、焦山成掎角之势，是镇江三山名胜之一。

北固山名胜繁多。其中，甘露寺因始建于东吴甘露年间（265—266）而得名。三国时孙刘结盟，《三国演义》第54回"吴国太佛寺看新郎，刘皇叔洞房续佳偶"的故事就发生在这里。甘露寺背后有一座画梁飞檐楼阁，名为"多景楼"，又称"北固楼""春秋楼""相婿楼""梳妆楼"，相传是孙权母亲吴国太相婿之处。多景楼之东有凌云亭，又称祭江亭，传说孙尚香曾在此遥祭刘备，并投江殉夫。南宋时，辛弃疾正是在此写下名篇《南乡子·登京口北固亭有怀》："何处望神州？满眼风光北固楼。千古兴亡多少事？悠悠。不尽长江滚滚流。

年少万兜鍪，坐断东南战未休。天下英雄谁敌手？曹刘。生子当如孙仲谋。"

引　言

　　2015年4月，我与老沈的第一次长途寻宋之旅选择了赣州，那里有现在保存最好的宋代城墙，赣州宋城又有一处与辛弃疾有关的古迹郁孤台。

　　2019年9月，我开启了常州、镇江的寻宋之旅，常州是苏轼逝世的地方，所以有苏轼纪念馆，此外还有太平兴国四年（979）的石经幢。然后便是镇江的北固山与焦山，北固山就有辛弃疾的北固亭，吴琚（高宗吴皇后侄）的"天下第一江山"题刻，以及宋熙宁年间（1068—1077）重建的甘露寺铁塔。焦山碑林文物甚多，最重要的宋代文物有元符三年（1100）复刻的《禹迹图》与隆兴二年（1164）陆游摩崖题刻。此外镇江的宋代遗迹还有宗泽墓、米芾墓、沈括的梦溪园、周敦颐曾读书的鹤林寺等。

　　镇江在南宋属于抗金的前线，所以辛弃疾在这里写了两首北固亭怀古。辛弃疾是济南历城（今山东济南）人。宋室南迁后，辛弃疾的出生地成为金朝的统治地区。绍兴三十一年海陵王完颜亮侵宋时，中原民众不堪重负纷纷起义反抗。时年22岁的辛弃疾"鸠众二千"奋起抗金，率众加入耿京领导的农民起义军，并受命与宋廷取得联系。绍兴三十二年正月，宋高宗在建康（今南京）接见辛弃疾，返回时耿京为叛徒张安国等谋害，于是辛弃疾夜袭抓捕张安国后投奔南宋。辛弃疾此举在南宋朝野引起极大的震动，洪迈称"壮声英慨,懦士为之兴起,圣天子一见三叹"。但作为"归正人"的辛弃疾并没有得到南宋朝廷的真正欣赏和信任,他深思熟虑的恢复中原大计如石沉大海,使他陷入极度的悲愤和苦闷之中。不过"国家不幸诗家幸,赋到沧桑句便工",这样的遭遇成就了作为词人的辛弃疾,《京口北固亭怀古》那句"廉颇老矣,尚能饭否"道尽了他一生壮志难酬的哀怨。

(一)满眼风光北固楼

嘉泰四年至开禧元年,辛弃疾知镇江,并留下两阕"北固亭怀古"的新词。一是《永遇乐·京口北固亭怀古》:

> 千古江山,英雄无觅,孙仲谋处。舞榭歌台,风流总被雨打风吹去。斜阳草树,寻常巷陌,人道寄奴曾住。想当年,金戈铁马,气吞万里如虎。
>
> 元嘉草草,封狼居胥,赢得仓皇北顾。四十三年,望中犹记,烽火扬州路。可堪回首?佛狸祠下,一片神鸦社鼓。凭谁问,廉颇老矣,尚能饭否?

邓广铭的《辛弃疾传》指出:

> 从这首词可以明白地看出:辛弃疾对于自己不得置身于对敌斗争的重要职位上,是有些愤愤不平的;对于韩侂胄一派人急于要出兵伐金,是怀抱着很大的忧虑的,认

为那将招致和南朝刘宋元嘉中草草出师北伐同样惨败的结局。

所以辛弃疾当时的处境,一方面是抗金恢复国土的壮志难酬,另一方面是对权臣草草北伐的忧虑。

今天游览镇江北固山,可能会困惑辛弃疾怀古的北固亭究竟在哪里。北固山景区最高的阁楼悬挂着"北固楼"匾额,"北固楼"当出自辛弃疾的《南乡子·登京口北固亭有怀》:

何处望神州?满眼风光北固楼。千古兴亡多少事?悠悠。不尽长江滚滚流。

▎多景楼

年少万兜鍪，坐断东南战未休。天下英雄谁敌手？曹刘。生子当如孙仲谋。

　　文献中最早出现"北固楼"应该是《梁书·武帝本纪》载梁武帝萧衍"幸京口城北固楼，改名北顾"，以及《南史·萧正义传》"初，京城之西有别岭入江，高数十丈，三面临水，号曰北固。蔡谟起楼其上，以置军实"。辛弃疾的"满眼风光北固楼""赢得仓皇北顾"，应该都是化用萧衍"幸京口城北固楼，改名北顾"的典故，而辛弃疾所谓的北固楼，可能就是宋代北固山的多景楼。多景楼始建于唐末，取名于李德裕《临江亭》诗"多景悬窗牖"，千年以来数移其址，北宋米芾曾题匾"天下江山第一楼"。光绪十六年（1890）重建于后峰今址，1959年重建为二层。至于辛弃疾怀古的北固亭，就是多景楼东侧临江的祭江亭，又名"凌云亭"，始建于东晋。北固山最著名的景点其实是《三国演义》中所谓东吴招刘备为婿的甘露寺，祭江亭据传说是孙尚香获悉刘备已死的传闻后投江而得名的。

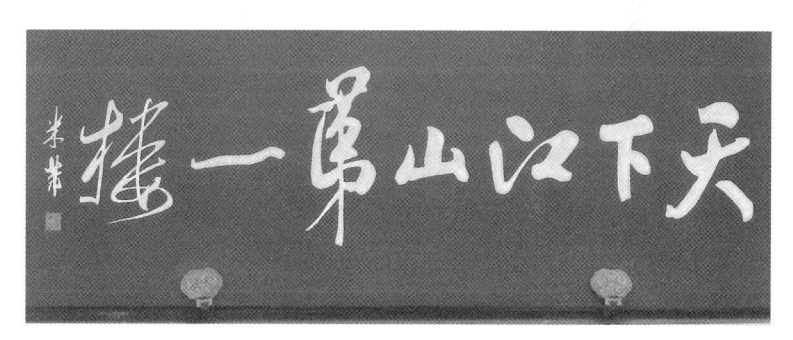

多景楼米芾题"天下江山第一楼"匾

（二）英雄不遇勿长吁

辛弃疾刚来镇江时，镇江的老朋友刘宰写信欢迎他，说辛弃疾"卷怀盖世之气，如圯下子房；剂量济时之策，若隆中诸葛"，这是把辛弃疾比作张良、诸葛亮。辛弃疾也确实以此自任，积极组织"沿边土丁"准备抗金。结果开禧元年六月，他到镇江刚满一年就被调任知隆兴府，从而离开前线。在还没有离开镇江时，他又被言官以"好色，贪财，淫刑，聚敛"的罪状弹劾，这么一来，辛弃疾直接回铅山家中赋闲了。第二年春，朝廷起用辛弃疾为浙东安抚使，辛弃疾上书辞免。这年五月韩侂胄分三路伐金，并迅速溃败，至腊月始有求和之意。这时宋廷又派辛弃疾出任知江陵府，并先召他至杭州对奏。不知道辛弃疾有没有献上"济时之策"，反正宁宗又留他在朝廷任兵部侍郎。邓广铭先生指出，这是韩侂胄等"已把事情弄得糟到不堪收拾，又要采取屈辱降敌办法以求了事的时候，却想以名位利禄把一些过去不与其事的人笼络到政府中来，为他们撑场面，分谤分咎，庶使他们不致失坠其已得的权位"。辛弃疾觉得韩侂胄对他并没有诚意，便决意辞官归乡。开禧三年（1207）秋，宋金的议和条件一时无法达成，韩侂胄又召辛弃疾为枢密院承旨。这时辛弃疾已病得很重，他说"侂胄岂能用稼轩以立功名者乎，稼轩岂肯依侂胄以求富贵者乎"，赶紧上章请辞。

九月十日，辛弃疾病逝，享年六十八岁，据说他临终前"大呼杀贼"。虽然没有看到韩侂胄在两个月后被杀，但宋朝的败局应该早在辛弃疾的意料之中。辛弃疾去世时宋金战争尚未结束，朝廷"特赠四官"。不过韩侂胄被杀后，朝中又由主和派当权，辛弃疾竟被以"迎合开边"追削爵秩、夺从官恤典。直到德祐元年

（1275），即辛弃疾卒后68年，这时南宋已行将灭亡，辛弃疾才因谢枋得之请获赠少师，谥忠敏。

绍兴十年，辛弃疾出生于金朝统治区，第二年宋金就签订了绍兴和议。成年以后，辛弃疾经历了三次宋金战争。第一次是绍兴三十一年金主完颜亮侵宋，山东民众趁机组织义军起兵反金，辛弃疾在济南就组织两千多人的义军投靠东平府的耿京。结果完颜亮在经历采石矶之战的溃败后被部将所杀，宋金打算维系绍兴和议，金主完颜雍也开始实施瓦解山东义军的计划。这时辛弃疾向耿京提出归附南宋的计划，但辛弃疾面见宋高宗赵构并获得宋朝官衔的同时，耿京已经因为叛徒张安国的出卖而被杀害。辛弃疾返回山东后将张安国缚置马上，并率上万人的义军投归南宋，张安国在杭州被斩首，辛弃疾则被高宗派去出任江阴签判。

正是在江阴签判的任上，辛弃疾经历了第二次宋金战争。当时高宗厌倦了战争而让位给过继的儿子赵昚，即宋孝宗。宋孝宗一心想恢复中原，但高宗朝的抗金名将早已消亡，宋孝宗又受到太上皇的牵制，结果只能任用志大才疏的文臣张浚组织北伐。辛弃疾为抗金侦察过金国地理形势与内情，这时他将分兵攻金之策献给张浚，张浚答以"只受一方之命"而不予采纳。结果隆兴元年，张浚出兵北伐后不久便遭遇符离溃败。

隆兴北伐失败后，辛弃疾没有放弃收复失地的雄心，整个乾道年间（1165—1173）他都在为伐金出谋划策，向朝廷或宰执献上过《美芹十论》《九议》《论阻江为险须籍两淮》《议练民兵守淮》等，但"在南宋的朝廷上依然没有受到任何人的注意"（邓广铭）。进入淳熙年间，宋孝宗收复失地的意志逐渐消磨，辛弃疾也变得意兴阑珊。事实上淳熙八年他就在信州的带湖建造了新居"稼轩"准备隐退。也就是在这时,辛弃疾被论劾,于是他开始了长达十年的信州闲退生涯,这是他生命中四十三岁至五十二岁这段黄金年龄。

孝宗退位给其子光宗之后,辛弃疾在福建游宦。但孝宗去世时,朝中发生绍熙政变,光宗被逼传位于宁宗。宁宗继位后,韩侂胄与赵汝愚争权,结果赵汝愚被贬死,朱熹也在庆元党禁中被列为伪党魁首。辛弃疾与绍熙政变毫无关系,也不是理学家,但他与赵汝愚,特别是与朱熹的关系比较紧密,结果也被弹劾。所以辛弃疾又开始了在铅山县期思市瓜山新居长达八年的闲退生涯,这是他生活中的五十六岁至六十四岁。

辛弃疾在六十四岁时再次被起用,《宋史纪事本末》的解释是韩侂胄"欲以势力蛊士大夫之心"。但辛弃疾从未依附韩侂胄,他对开禧北伐持反对意见。在辛弃疾六十七岁从镇江赋归铅山那年,武学生华岳因上书请诛韩侂胄而被编管建宁(今福建南平一带)。华岳途经铅山时曾与辛弃疾相与唱和,辛弃疾的原诗已无考,而华岳有《不遇·次稼轩韵》:

英雄不遇勿长吁,苟遇风云彼岂拘?
不向关中效萧相,便于江左作夷吾。
当知晋霸非由晋,所谓虞亡岂在虞?
多少英灵费河岳,锺予不遇独何欤。

这首诗显然是感叹辛弃疾一世英雄却不得时遇,并宽慰他看淡兴亡成败。其实辛弃疾从镇江罢归铅山"舟次余干"时有赋《瑞鹧鸪》,除了落寞与自嘲,还有"郑贾正应求死鼠,叶公岂是好真龙"一联。辛更儒的《辛弃疾集编年笺注》称"此二句皆嘲韩侂胄之用人,亦自伤其开禧间之际遇也"。开禧三年八月,辛弃疾临终前所赋《洞仙歌》更有"味甘终易坏,岁晚还知,君子之交淡如水"之语,即辛弃疾自澄不以韩侂胄取富贵,辛更儒笺注称"此数语盖稼轩感慨其晚年再出之遭遇,以及世间之诸多非难语"。

(三)郁孤台下清江水

辛弃疾从金国归返宋朝之后,虽然早以英雄成名,但所献抗金策略多被忽略,仕宦多年,仅以江西提点刑狱任上镇压茶商军及湖南转运副使任上创建飞虎军为平生得意之事,但又因此遭受非议。

辛弃疾镇压茶商军时,以江西提点刑狱就职于虔州,即今天江西赣州。赣州古城是国内难得一见的、保存完整的宋代城墙,墙砖铭文随处可见宋代年号,又以"熙宁二年"砖铭最为稀见。古城墙上又有八境台与郁孤台两处名胜,八境台以苏轼题诗而闻名,郁孤台则因为辛弃疾一阕《菩萨蛮·书江西造口壁》而名垂千古:

郁孤台下清江水,中间多少行人泪。西北望长安,可怜无数山。

青山遮不住,毕竟东流去。江晚正愁余,山深闻鹧鸪。

需要注意，辛弃疾为这阕《菩萨蛮》自拟的题目不是"登郁孤台有怀"，而是"书江西造口壁"，这就引发出一桩公案。

宋人罗大经的笔记小说《鹤林玉露》有一则《辛幼安词》讲这阕词：

> 其题江西造口词云："郁孤台下清江水，中间多少行人泪。西北望长安，可怜无数山。青山遮不住，毕竟东流去。江晚正愁余，山深闻鹧鸪。"盖南渡之初，虏人追隆祐太后御舟至造口，不及而还，幼安自此起兴。"闻鹧鸪"之句，谓恢复之事行不得也。

这里的造口又称"皂口"，在今天赣州北约六十千米、万安县东南约三十千米处，发源于赣州的皂口江就在万安县夏造镇的皂口汇入赣江。宋代的皂口应该设有驿站，辛弃疾的词就题写在皂口驿的粉壁上。罗大经的意思是，辛弃疾写这阕词是因为他在皂口想到宋哲宗废后孟氏（隆祐太后）逃亡赣州的那段历史。当时金朝的水军一直在赣江追赶隆祐太后，追到皂口不见太后的踪影，只好作罢撤军。辛弃疾回想这段屈辱的历史，意识到恢复中原的抱负在南宋是不可能实现的，"谓恢复之事行不得也"，因此感到十分沮丧。这样理解的话，"郁孤台下清江水，中间多少行人泪"是描述当年隆祐太后逃亡给赣州民众造成深重的灾难，"西北望长安，可怜无数山。青山遮不住，毕竟东流去"是指中原江山不可能被收复，"江晚正愁余，山深闻鹧鸪"就是辛弃疾沮丧心理的写照。

但在《稼轩词编年笺注》中，邓广铭先生认为罗大经所谓"虏人追隆祐太后御舟至造口，不及而还"不符合历史事实，进而否认这阕《菩萨蛮》"谓恢复之事行不得"的含义：

> 按：自罗大经创为此说，世之释稼轩此词者莫不承用以为资据，而其实罗说非也。金人追隆祐太后事，《宋史·后妃传》所记如下："会防秋迫，命刘宁止制置浙江，卫太后往洪州……仍命滕康、刘珏权知三省枢密院事，从行……既至洪州，议者言金人自蕲黄渡江，陆行二百余里即到洪州。帝忧之，命刘光世屯江州，光世不为备，金人遂自大冶县径趣洪州。康、珏奉太后行次吉州，金人追急，太后乘舟夜行，质明至太和县，舟人景信反，杨惟忠兵溃，失宫人一百六十。康、珏俱遁，兵卫不满百，遂往虔州。"《三朝北盟会编》于建炎三年十一月二十三日记隆祐离吉州，"质明至太和县，又进至万安县，兵卫不满百人，滕康、刘珏、杨惟忠皆窜山谷中，惟有中官何渐、使臣王公济、快行张明而已。金人追至太和县，太后乃自万安县至皂口，舍舟而陆，遂幸虔州。"并不谓有追至造口之事。《宋史·高宗纪》及护卫太后之刘珏、滕康二人传并《金史·兀术传》等，亦均未及其事，《鹤林玉露》金人追隆祐至造口不及而还之说凡数见，当俱出传闻之误……罗大经谓"'闻鹧鸪'之句，谓恢复之事行不得也"，殊为差谬。稼轩一生奋发有为，其恢复素志、胜利信心，由壮及老，不曾稍改，何得在南归未久即生"恢复之事行不得"之念哉！

邓先生认为，史籍并没有金兵追至皂口的记载，"金人追至太和县，太后乃自万安县至皂口，舍舟而陆"可以理解为金兵追至太和县时隆祐太后已在皂口舍舟登陆。这段叙述中并不涉及金兵追至何地而返，似乎不能默证金兵一定没有追至皂口，而是否追至皂口与辛弃疾是否"谓恢复之事行不得"也没有逻辑上的关系。邓先生不信辛弃疾"南归未久即生'恢复之事行不得'"的补充理由是"稼轩一生奋发有为，其恢复素志、胜利信心，由壮及老，不曾稍改"，但恢复素志与胜利信心也是两个问题。辛弃疾恢复素志固然至死不渝，但在目睹符离之败、反复献上恢复之计却无人重视、淳熙年间孝宗恢复素志日益消磨的情况下，辛弃疾未必不会产生"恢复之事行不得"的沮丧之情。

其实离开赣州不久，可能是在淳熙四年，辛弃疾又有一阕在黄冈所赋《水调歌头·和马权度游月波楼》：

客子久不到，好景为君留。西楼着意吟赏，何必问更筹？唤起一天明月，照我满怀冰雪，浩荡百川流。鲸饮未吞海，剑气已横秋。

野光浮，天宇迥，物华幽。中州遗恨，不知今夜几人愁？谁念英雄老矣，不道功名蕞尔，决策尚悠悠。此事费分说，来日且扶头。

这是一阕愁苦的词，辛更儒先生笺注"决策尚悠悠"时称：

"决策"句，此决策，盖指孝宗之规恢远略。然自乾道六年始遣泛使使金以来，其即屡因受挫，壮志渐次消沉。淳熙以后，孝宗以王淮为宰相，益务内治，不复以恢复为意。楼钥《攻媿集》卷八七《少师观文殿大学士鲁国公致仕赠太师王公行行状》载："淳熙三年，申议使汤邦彦使回，上怒金人无礼，公奏天下为度，惟当讲自治之策。"四年六月，遂除王淮为参知政事，时宰位久虚，即行相事。《行状》复载："孝宗皇帝以不世出之资，直欲鞭笞四夷，以遂大有为之志。一时进用，多趋事赴功之人。淳熙以来，益务内治，选任儒雅厚重经远好谋之士，而公为之称首。"此句所言，适当其时，感念时局，不免有"悠悠"之叹也。

虽然"决策"句未必实指孝宗，或许也是辛弃疾自指，但无论如何，这时期的辛弃疾充满了遗恨愁绪，如果把罗大经"谓恢复之事行不得"理解为辛弃疾对孝宗与宋廷的失望，可能并没有太多的"差谬"。

郁孤台在赣州市区北部的贺兰山顶，始建年代不详。唐代时虔州刺史李勉将该台更名为"望阙"。宋绍兴十七年（1147），知赣州曾慥又将其增为二台，南者为郁孤台，北者则为望阙。此后郁孤台屡经兴废，现存建筑为1983年按清代同治年式样重建。郁孤台因南宋词人辛弃疾《菩萨蛮·书江西造口壁》中"郁孤台下清江水，中间多少行人泪"而闻名于世。

相关景点

◎ （1）北固山甘露寺铁塔与"天下第一江山"题刻

甘露寺原有唐李德裕宝历元年（825）所建石塔，称"卫公塔"。宋元丰元年（1078），改铸石塔为仿木构楼阁式八角形九级铁塔，明代重修改为七级，高约十三米。后经海啸、雷击、战火等劫难，至1949年仅存塔座两层，现修整为四层，残约八米高，塔基及一、二层为宋代原物，三、四层为原塔的五、六层，系明代所铸。2013年，甘露寺铁塔被列为全国重点文物保护单位。

铁塔西侧有1990年建成的唐日本使臣阿倍仲麻吕（汉名晁衡）《望月望乡》诗碑。诗曰"翘首望东天，神驰奈良边。三笠山顶上，想又皎月圆"，在日本家喻户晓，广为传唱。诗碑后的廊壁上有"天下第一江山"石刻，为宋高宗吴皇后侄子吴琚所书。

宋熙宁年间重建甘露寺铁塔

吴琚"天下第一江山"题刻

◎ （2）赣州古城八境台、浮桥

赣州三面环水，章江和贡江在此汇成赣江。赣州古城墙始建于汉代，其中保存得较完整的一段，是建于北宋嘉祐年间（1056—1063）者。这也是全国屈指可数的保存至今的北宋砖墙之一。赣州最早是由东晋南康郡（今赣州）太守高琰于永和五年（349），在章贡二水合流之处夯土所筑之城。五代时，偏安虔州（今赣州）的百胜军防御使卢光稠再次筑城，将赣州城区扩大约二倍。此后，北宋嘉祐年间，孔子第46代孙孔宗翰出知赣州，他将原先的土墙改筑为砖墙，并在章江、贡江、赣江交汇处修建八境台。

八境台建成后，孔宗翰绘《虔州八境图》并请苏轼按图题诗。这就是《虔州八境图八首并序》，是苏轼为赣州八景石楼、章贡台、白鹊楼、皂盖楼、马祖岩、尘外亭、郁孤台、峰山分别所题之诗，也是中国历史上首次提出城市组景的概念。绍圣元年（1094），苏轼贬官岭南路，经过赣州时亲临八境台观赏风光，深感虔州八境图原诗"未能道其万一"，遂补作《八境图后序》一篇。

赣州古城墙经南宋、元、明、清、民国900多年不断修缮、加固，至中华人民共和国成立时仍保留全长6900米的古城墙，平均高5米，厚6.5米。现存古城墙中，有宋石墙25.25米，宋砖墙19.8米和养济院南宋砖墙基41米，基本是原墙原貌。古城墙保留了大量的铭文砖，最早有北宋"熙宁二年"与南宋"嘉定八年"等铭文。

自北宋以来，章江和贡江上陆续铺建西津桥、东津桥和商桥三座木浮桥，其中建春门外的东津桥至今保存。东津桥又称"惠民桥"，相传由洪迈始建，由以缆绳相连的百余只小舟板组成，长约400米，连接贡江的两端。

▎赣州八境台与孔宗翰像

赣州古城墙"熙宁二年"铭文砖

赣州浮桥

第十四章 吴山青衣洞
游起于告老之后

青衣洞在吴山阮公祠后山坡上。洞旁有青衣泉,又称涌泉。青衣洞与青衣泉,都是阮公祠内的重要景点。青衣洞的崖壁上,镌有唐开成五年(840)南岳道士邢令闻、钱塘县令钱华、道士诸葛鉴元的题名。现存吴山诸崖刻中,这应是年代最早的摩崖石刻。

相传,有人游山行至青衣洞口,见洞内有一面目清秀的青衣童子,问之不应,入洞探视,却不见童子,但闻风雨声响,那人毛骨悚然而出。但此说并无年代、人名记载可查。元朝杭州诗人张雨叹曰:"峭壁层崖紫翠深,松萝垂洞昼阴阴。青衣本自蓬莱客,天上人间何处寻。"

青衣洞唐代摩崖题刻

引 言

在《寻宋》所有写作中，韩侂胄这篇寻访古迹的情况最为特别。一般来说我都是先寻访宋代遗迹，在现场有所感触或产生困惑之后才会形成写作的思路。但这世上不会有任何以韩侂胄命名的历史遗迹，所以这一篇我是带着"韩侂胄难道没有在杭州留下任何痕迹"这样的疑问边写边寻的。我先是注意到开禧北伐后韩侂胄被击杀于南宋玉津园，然后查资料确定南宋玉津园在今天杭州的位置，才知道清代石桥洋泮桥即在其中。接着，我注意到陆游曾为韩侂胄的园林写过两篇记文，韩宅在南宋太庙之侧，而阅古泉就是吴山青

225

衣泉，南园就在长桥对面，还是杭州市的专项环境治理工程。为了避开杭州交通的拥堵，2022年8月17日，我难得起了一个大早，驾车从三敦至太庙遗址广场，上吴山寻访青衣泉时是清晨6时24分，至长桥溪水生态修复公园（南园遗址）欣赏美景是7时7分，到复兴南街参观洋泮桥不过才7时43分，还在颇有老小区风情的烧饼摊美滋滋地享用了烧饼油条的早餐。

韩侂胄因为当年扶立宋宁宗而权倾一时，结局却是身败名裂，更在《宋史》中被列入奸臣传。像韩侂胄这样的"奸臣"当然不会留下任何历史遗迹，阅古泉与南园主要是因为爱国诗人陆游为之撰记，才进入历史记忆，而陆游为此饱受讥讽。

韩侂胄是因为发动北伐抗金失败而被杀于玉津园的。开禧北伐前，韩侂胄起用辛弃疾、叶适、陆游等抗金人士，追封岳飞为鄂王，削秦桧的爵位并改其谥号为"谬丑"，以此激发南宋军民的抗金斗志。辛弃疾、叶适、陆游十分担忧战争的前景，韩侂胄的起用对他们是一次严峻的考验。韩侂胄当然要为北伐失败负全部的责任，但他的动机本身是否有问题，史学界至今并无定论。有人认为韩侂胄坚持抗战立场本身就值得肯定；也有学者认为开禧北伐只不过是韩侂胄在韩皇后去世后重新巩固权势的一种手段，如果不是那么贪权，韩侂胄也不至于在玉津园身败名裂。

（一）见讥清议

陆游的童年是在靖康之乱的混乱逃亡中度过的，他一生的标签主要是坚持抗金的爱国诗人，他既没有当过大官，也没有参与过实际的对金作战。因为坚持抗金,陆游参加科举时得罪了秦桧,虽然获得省试的高第,却在殿试中落榜,一辈子连进士的功名都没有。但他颇有些文名,等到秦桧去世后,他应该是依靠举荐进入了仕途。此后他经历了三次宋金战争,第一次完颜亮侵宋,他在朝中任职。第二次张浚北伐,他也在朝中任职,直到符离之败后,他被派到镇江当通判,并进入张浚的幕府。本来这是他直接参与抗金的机会,结果宋廷决定议和,张浚被召回朝中不久便去世了,陆游又被指为依附张浚而遭弹劾。此后陆游屡起屡罢,相当多时间在山阴闲居。四川当然是陆游最精彩的一段仕宦经历,也因此留下了一部长篇游记《入蜀记》,他的诗集也以四川地名"剑南"为题。此外,当朝中发生绍熙政变、庆元党禁等重大事件时,陆游都在山阴闲居。

陆游最后一次被起用,是庆元党禁解除后的嘉泰二年(1202),这时的韩侂胄正考虑通过北伐巩固权位。但陆游的任务不过是到朝中编修史书,此时他已年近八旬。在此前后,陆游给韩侂胄的园林写过两篇记文《南园记》《阅古泉记》,它们被刻成碑,立在韩氏的私家园林中。不过开禧三年韩侂胄被击杀,他的园林被充没,园中碑记同时被毁。撰记之事也导致陆游被攻击,被视为他的一个污点。《宋史·陆游传》称:

> 游才气超逸,尤长于诗。晚年再出,为韩侂胄撰南园、阅古泉记,见讥清议。朱熹尝言:"其能太高,迹太近,恐为有力者所牵挽,不得全其晚节。"

开禧年间陆游的好朋友辛弃疾拒绝了韩侂胄的起用,并在开禧北伐彻底失败前去世，陆游则在这之后继续生活了两年多，并在临终前编订了自己的文集。陆游《渭南文集》最初由其幼子子遹于嘉定十三年（1220）刊刻。这部南宋刊本至今仍有存世，因子避父讳，文中"游"字均缺最后一笔。陆子遹的跋交代了陆游自编文集的情况：

> 今学者皆熟诵《剑南》之诗，《续稿》虽家藏，世亦多传写；惟遗文自先太史未病时故已编辑，而名以《渭南》矣，第学者多未之见。今别为五十卷，凡命名及次第之旨，皆出遗意，今不敢紊。乃锓梓溧阳学宫，以广其传。"渭南"者，晚封渭南伯，因自号为"陆渭南"。尝谓子遹曰："《剑南》乃诗家事，不可施于文，故别名《渭南》。如《入蜀记》《牡丹谱》，乐府词，本当别行，而异时或至散失，宜用庐陵所刊《欧阳公集》例，附于集后。"此皆子遹尝有疑而请问者，故备著于此。

陆游临终前自编文集，故意抽去了《南园记》《阅古泉记》。这两篇记文首次编入陆游文集是清初的汲古阁本，编印者毛晋在《渭南文集》之外辑得《放翁逸稿》一卷，并撰跋称：

> 《渭南文集》，皆放翁未病时手自编辑者，其不入韩侂胄《南园》，亦董狐笔也。予已梓行久矣。牧斋师复出赋七篇相示，皆集中所未载。又云《阅古》《南园》二记，虽见疵于先辈，文实可传。其饮青衣泉，独尽一瓢，且曰视道士有愧，视泉尤有愧，已面唾侂胄。至于《南

园》之记,惟勉以忠献事业,无谀词,无侈言,放翁未尝为韩辱也。因合镌之,并载诗余几阕,以补《渭南》之遗云。湖南毛晋识。

既然陆游没有将两篇记文收入文集,而碑刻早已毁坏,毛晋又从何辑得《阅古泉记》《南园记》呢?这是因为叶绍翁得知《渭南文集》未收这两篇记文,刻意在他的《四朝闻见录》中全文抄录下来:

近闻并《阅古记》不登于作《记》者之集,又碑已仆,惧后人无复考其详,今并载二记云……

两篇记文中,《阅古泉记》有明确撰文时间"嘉泰三年四月乙巳,山阴陆游记",《南园记》虽然没有时间,却有陆游的官衔"中大夫、直华文阁致仕、赐紫金鱼袋陆游谨记",可以推测撰文时间当在庆元六年,当时陆游仍在山阴乡居。朱东润先生的名著《陆游传》认为陆游没有拒绝韩侂胄的原因是避祸,并且指出这时韩侂胄的侄女韩皇后去世,韩侂胄"感觉他不能再以皇亲国戚的地位掌握政权,而必须在事业上有所成就……要在事业上有所成就,在抵御女真的压迫方面做出一番功业来,侂胄必须团结得力的人物,因此他在思想上有了和士大夫中的知识分子言归于好的准备"(朱东润《陆游传》)。所以嘉泰二年韩侂胄正式解除庆元党禁,陆游也在这时被起用为实录院同修撰、兼同修国史。

隆兴二年（1164）陆游出任镇江府通判，壮志未酬。恰逢好友韩元吉来镇江，陆游邀友登焦山观赏南朝《瘗鹤铭》，并题名："陆务观、何德器、张玉仲、韩无咎，隆兴甲申闰月二十九日，踏雪观《瘗鹤铭》，置酒上方。烽火未息，望风樯战舰在烟霭间，慨然尽醉。薄晚泛舟，自甘露寺以归。明年二月壬午，圜禅师刻之石，务观书。"

镇江焦山碑林《瘗鹤铭》

《瘗鹤铭》是原刻于镇江焦山西麓崖壁上的摩崖石刻，传为南朝陶弘景所书，原石因山崩坠入江中。后人打捞起五片残石，如今它们陈列在江苏镇江焦山碑林中。《瘗鹤铭》是隐士为亡鹤撰写的纪念文字，书法浑穆高古、萧疏沉毅，为隋唐以来楷书典范之一。

（二）南园

南园原是宋高宗的别园，庆元三年（1197）高宗吴皇后将其赐予韩侂胄为别墅，陆游《南园记》载"庆元三年二月丙午，慈福有旨，以别园赐今少师平原郡王韩公"，韩侂胄大肆扩建后命名为"南园"。陆游称"王公将相之园林相望，皆莫能及南园之仿佛者"，虽然当时的陆游并未见到南园，但《梦粱录》也称南园"有十样亭榭，工巧无二"，南园的精巧华丽应该不是虚名。韩侂胄被杀后，南园被皇室收回，改称"庆乐园"，后来理宗又将其转赐给嗣荣王并改名为"胜景园"，南宋灭亡后园废。元初周密游南园有"清芬堂下千株桂，犹是韩家旧赐园"的诗句。至明正德年间，南园仍有遗迹，但明朝后期已废为农田。南园在南屏山的东南麓，即今天杭州南山路长桥至丝绸博物馆一带，现已建成"长桥溪水生态修复公园"，当时南园的范围向西一直延伸到南屏山，也就是今天净慈寺东面的一片公园与住宅区的位置，据估测面积有200亩之广。

陆游意识到为韩侂胄撰记可能为清议所讥，在记文中就申明自己"无谀辞，无侈言"。他的逻辑是：愿意吹捧韩侂胄的朝中文人学士多的是，韩侂胄为什么要让他这位"老病谢事，居山阴泽中""其愚且老，又已挂衣冠而去"的老朽来写呢？其实韩侂胄亲自写了一封信，声称为了避免朝中文士的"谀辞""侈言"，才特地请早已归隐的陆游撰记，"子为我作《南园记》"。陆游并不是理学家，与朱熹的关系限于相互尊重，他没有参与赵汝愚与韩侂胄的权斗党争，所以没有直接的理由拒绝韩侂胄的邀请，"游所以承公之命而不获辞"。

陆游才气超逸，《南园记》当然做到了"无谀辞，无侈言"，前面大概就是照抄南园的简介，然后借园中建筑"悉取先得魏忠献王之诗句而名之"开始发挥。因为核心建筑名曰"许闲"，而且是宋宁宗"亲御翰墨以榜其额"，又有庄园称为"归耕"，于是陆游宣称南园表现了韩侂胄的隐退之志：

> 始曰许闲，终曰归耕，是公之志也。公之为此名，皆取于忠献王之诗，则公之志，忠献之志也。

最后还假称与韩侂胄心有灵犀而强调韩侂胄作为权臣应有的"自处"之道：

> 或曰：上方倚公如济大川之舟，公虽欲遂其志，其可得哉？是不然，知上之倚公，而不知公之自处，知公之勋业，而不知公之志，此南园之所以不可无述。

就韩侂胄在韩皇后去世后试图借海内名士重新巩固权势的处境而言，《南园记》可谓是尽说反话。韩侂胄不可能看不出《南园记》的心机，但他要笼络人心、驾驭名士，所以嘉泰二年就又重新起用年近八旬的陆游，并请他再写一篇《阅古泉记》。

（三）阅古泉

韩侂胄的府第应该在吴山东麓、南宋的太庙附近，也就是今天太庙巷、吴山新村一带。陆游《阅古泉记》称：

> 太师平原王韩公府之西，缭山而上，五步一磴，十步一墊，崖如伏黿，径如惊蛇……其尤胜绝之地，曰阅古泉，在溜玉亭之西，缭以翠麓，覆以美荫。

就是说韩府往吴山上延伸，占得了原来宁寿观相当多的地盘，并将阅古泉也囊括其中。这样一来吴山就成了韩府的后花园，站在上面可以俯视南宋太庙，所以后来攻击韩侂胄就有"凿山为园，下瞰宗庙，穷奢极侈，僭拟宫闱""创造亭馆，震惊太庙之山；宴乐笑语，彻闻神御之所。齿及路马，礼所当诛；简慢宗庙，罪宜万死"的说法。

阅古泉就是青衣泉，陆游记载"按泉之壁，有唐开成五年道士诸葛鉴元八分书题名，盖此泉湮伏弗耀者几四百年，公乃复发之"。这处四百年后由韩侂胄重新发现的唐代题刻是杭州现存最古老的摩崖题刻，至今仍在吴山青衣洞。传说青衣洞得名于唐道士在此遇见青衣童子入洞而隐，而泉水自洞中而下。韩侂胄引泉水经十二折而入其宅第，砌玛瑙池蓄水于阅古堂前，故称阅古泉：

> 泉自青衣下注于池，十有二折，旁砌以玛瑙。泉流而下，潴于阅古堂，浑涵数亩，有桃坡十有二级。

陆游的《阅古泉记》其实是记录韩侂胄邀请他游览的过程，不过当时他已经获准辞职准备"复归故山"了。《阅古泉记》记录了有道士陪伴的青衣泉之游，陆游称他喝了韩侂胄的泉水固然无法推辞写游记的邀请，但他最大的感受竟是"视道士为有愧，其视泉尤有愧也"，意思是自己不应该再出现在朝堂之上了：

> 泉上有小亭，亭中置瓢，可饮可濯，尤于烹茗酿酒为宜。他石泉皆莫逮。公常与客倘佯泉上，酌以饮客，游年最老，独尽一瓢。公顾而喜曰："君为我记此泉，使后知吾辈之游，亦一胜也。"游按泉之壁，有唐开成五年道士诸葛鉴元八分书题名，盖此泉湮伏弗耀者几四百年，公乃复发之。时阅古盖先忠献王以名堂者，则泉可谓荣矣。游起于告老之后，视道士为有愧，其视泉尤有愧也。幸旦暮得复归故山，幅巾裋褐，从公一酌此泉而行，尚能赋之。

南宋灭亡之后，周密等再游阅古泉，只见这韩侂胄故园"磴道、石池、亭馆遗迹，历历皆在，虽草木残毁殆尽，而岩石秀润可爱"，而且从这里向下俯视，的确可以看到南宋"太庙及执政府在焉"。明代郎瑛寻访青衣泉时这里已是重阳庵，而开成五年的题刻已是"岁久石泐，今不明白，如末后诸葛鉴元书止有'元书'二字，可叹"。

开禧三年十一月韩侂胄被击杀时，陆游仍在山阴乡居。那几天陆游没有留下诗作，直到十二月间写了一首《书文稿后》：

> 上蔡牵黄犬，丹徒作布衣。
> 苦言谁解听，临祸始知非。

似乎是以李斯比韩侂胄而自称丹徒布衣的意思。

韩侂胄最后被诛杀于玉津园，玉津园原是钱塘江畔的皇家园林，在南宋临安城嘉会门南，今之江路、洋泮路一带。玉津园本是东京御园，绍兴十七年（1147）在临安重建，靠山沿江，景色极佳，南宋诸帝常在此举行宴射礼。在南宋玉津园的遗址，尚有一座已被列为杭州市文物保护单位的明清单孔石拱桥——洋泮桥。

> 南宋定都临安后，很快便开始修筑太庙。绍兴五年（1135），太庙在仓促中草创而成，之后又不断扩建，到宋孝宗后期，已恢复了北宋规制。南宋太庙遗址在杭州紫阳山东麓，东临中山南路，位于太庙巷以北，察院前以南，面积约1100平方米。1995年杭州市文物考古所对该遗址进行发掘，发现了南宋太庙的东围墙、东门门址和大型夯土台基等建筑遗迹。为保护这一重要的南宋遗址，杭州市政府暂停了此地的房地产建设项目，对遗址进行了回填和永久性保护，并于遗址上修建太庙广场。1997年底的补充发掘，又发现了夯土遗迹、砖铺地面遗迹，还发掘出一件础石。这块础石现在被安放在太庙广场上开放展示。

临安太庙遗址

　　尽管考古发掘尚未揭示太庙全貌,但太庙遗址的发现填补了明清之前无可见太庙建筑的空白,是临安城考古队发现的首个皇家礼制建筑,揭开了临安城考古大规模开展的序幕,被评为1995年度"全国十大考古新发现"。

　　韩侂胄的府第就在太庙的一侧,今杭州中山南路太庙巷内。从韩府前往皇城,韩侂胄必须经太庙而行至御街。史弥远计除韩侂胄,就是等韩侂胄从太庙行至御街时先由埋伏的甲士将其扣留,然后押至玉津园击杀。

相关景点

◎ （1）绍兴沈园

　　沈园位于浙江省绍兴市越城区鲁迅中路318号，原为南宋时期沈姓富商的私家花园。南宋绍熙三年（1192）陆游重游沈园赋诗一首，诗题称"禹迹寺南有沈氏小园，四十年前，尝题小阕于石，读之怅然"，沈园由此而载入典籍。南宋嘉定二年（1209），陆游再游沈园，作《春游》一绝。

　　1993年，沈园得到扩建，增加了南苑的陆游纪念馆。1994年，沈园被再次扩建，园内新建石碑坊、冷翠亭、六朝井亭、八咏楼、孤鹤轩、双桂堂、闲云亭、半壁亭、放翁桥等仿宋建筑，又堆置假山，栽植桃、梅、柳、竹。题有陆游词的残垣断壁被修复，其上又重镌陆游《钗头凤》词。

◎ （2）杭州孩儿巷陆游纪念馆

杭州陆游纪念馆在孩儿巷98号，是南宋著名诗人陆游的故居。淳熙十四年（1187），陆游任军器少监，住在孩儿巷"巷南小宅之南楼"，在这里写下了著名诗句"小楼一夜听春雨，深巷明朝卖杏花"。清代孩儿巷南的山子巷内还留有淳熙四年古井石栏。

▎杭州陆游纪念馆

丁丙在《当归草堂诗集》中认为陆游小楼春雨、深巷杏花之寓所即为山子巷。1999年，在孩儿巷居民住宅拆迁时，发现孩儿巷98号为陆游寓居过的南楼。这座老宅是清代中晚期建筑，在南宋原址上不断改建修缮，还留有明代的柱础、蠡壳窗等。2002年该民居停止拆迁，并于2005年辟为"陆游纪念馆"和"下城区文史资料陈列馆"。

附录文献

陆游《南园记》

庆元三年二月丙午，慈福有旨，以别园赐今少师、平原郡王韩公。其地实武林之东麓，而西湖之水汇于其下，天造地设，极山湖之美。公既受命，乃以禄入之余，葺为南园。因其自然，辅以雅趣。方公之始至也，前瞻却视，左顾右盼，而规模定，因高就下，通室去蔽，而物象列。奇葩美木，争效于前；清流秀石，若顾若揖。于是飞观杰阁，虚堂广厅，上足以陈俎豆、下足以奏金石者，莫不毕备。高明显敞，如蜕尘垢而入窈窕，邃深疑于无穷。既成，悉取先魏忠献王之诗句而名之。堂最大者曰许闲，上为亲御翰墨以榜其额。其射厅曰和容，其台曰寒碧，其门曰藏春，其关曰凌风，其积石为山曰西湖洞天；其潴水艺稻，为圃为场，为牧羊牛、畜雁鹜之地，曰归耕之庄。其他因其实而命之名，则曰夹芳，曰豁望，曰鲜霞，曰矜春，曰岁寒，曰忘机，曰照香，曰堆锦，曰清芬，曰红香。亭之名，则曰远尘，曰幽翠，曰多稼。自绍兴以来，王公将相之园林相望，莫能及南园之仿佛者。公之志，岂在于登临游观之美哉？始曰许闲，终曰归耕，是公之志也。公之为此名，皆取于忠献王之诗，则公之志，忠献之志也。与忠献同时、功名富贵略相埒者，岂无其人；今百四五十年，其后往往寂寥无闻。韩氏子孙，功足以铭彝鼎、被弦歌者，独相踵也。逮至于公，勤劳王家，勋在社稷，复如忠献之盛，而又谦恭抑畏，拳拳志忠献之志，不忘如此。公之子孙，又将嗣公之志而不敢忘，则韩氏之昌，将与宋无极，虽周之齐鲁，尚何加哉！或曰：上方倚公如济大川之舟，公虽欲遂其志，其可得哉？是不然，知上之倚公，而不知公之自处，知公之勋业，而不知公之志，此南园之所以不可无述。游老病谢事，居山阴泽中，公以手书来曰："子为我作《南园记》。"游窃伏思：公之门，才杰所萃也，而顾以属游者，岂谓其愚且老，又已挂衣冠而去，则庶几其无谀辞、无侈言，而足以道公之志欤？此游所以承公之命而不获辞也。

中大夫、直华文阁致仕、赐紫金鱼袋陆游谨记。

（录文根据〔宋〕叶绍翁《四朝闻见录》戊集，知不足斋丛书本。）

陆游《阅古泉记》

太师平原王韩公府之西，缭山而上，五步一磴，十步一壑，崖如伏鼋，径如惊蛇。大石礧礧，或如地踊以立，或如翔空而下，或翩如将奋，或森如欲搏。名葩硕果，更出互见，寿藤怪蔓，罗络蒙密。地多桂竹，秋而华敷，夏而箨解。至者应接不暇，及左顾而右盼，则呀然而江横陈，豁然而湖自献。天造地设，非人力所能为者。其尤胜绝之地，曰阅古泉，在溜玉亭之西，缭以翠麓，覆以美荫。又以其东向，故浴海之日、既望之月，泉辄先得之。袤三尺，深不知其几也。霖雨不溢，久旱不涸，其甘饴蜜，其寒冰雪，其泓止明静，可鉴毛发。虽游尘堕叶，常若有神物呵护屏除者，朝暮雨旸，无时不镜如也。泉上有小亭，亭中置瓢，可饮可濯，尤于烹茗酿酒为宜，他石泉皆莫逮。公常与客徜徉泉上，酌以饮客。游年最老，独尽一瓢。公顾而喜曰："君为我记此泉，使后知吾辈之游，亦一胜也。"游按泉之壁，有唐开成五年道士诸葛鉴元八分书题名，盖此泉湮伏弗耀者几四百年，公乃复发之。时"阅古"盖先忠献王以名堂者，则泉可谓荣矣。游起于告老之后，视道士为有愧，其视泉尤有愧也。幸旦暮得复归故山，幅巾裋褐，从公一酌此泉而行，尚能赋之。嘉泰三年四月乙巳，山阴陆游记。

（录文根据〔宋〕叶绍翁《四朝闻见录》戊集。）

第十五章 宁波史弥远墓
隧道之碑未立朕甚悯焉

今天宁波市鄞州区人民政府官网这样介绍南宋石刻公园：东钱湖南宋石刻是2001年6月国务院公布的第六批全国重点文物保护单位之一，由此建成的东钱湖南宋石刻博物馆坐落于东钱湖东岸的黄梅山麓深林绿谷之中，以保存较为完好的南宋丞相史浩堂弟史渐墓道为核心、向周围稍作展开而建成。此地风景秀丽，左为青龙山，右为白虎山，前有一溪谷小平地，上水溪潺潺流过，面对连绵起伏、积翠锁岚的龙口山（案山），非常符合古代中国的"风水堪舆学"原理。博物馆周边不久将兴建植物园、中国森林博物馆及森林度假区等旅游度假设施，串联成东钱湖最为独特亮丽的自然与人文和谐组合的旅游线。博物馆占地面积6.7公顷，由室内陈列和室外陈列两大部分及周边众多石刻分布点组成。主要为南宋史氏望族墓葬神道的地面

南宋石刻公园石像生群

石刻和明代少傅兼太子太傅余有丁墓葬神道的地面石刻群体，其中属南宋时期的石刻140余件，由宋太师齐国公史渐墓道、宋卫国忠献王史弥远墓道等4处墓前石刻组成；这些墓道长50米至数百米不等，现存较为完整。其墓道选址运用堪舆学原理，依山临水，两旁按王公礼制，从下而上一般有神道坊、石笋、石鼓、石羊（石虎）、石马、武将、文臣依次相对而立。石刻造型比例适度，线条流畅，精美传神；武将戴盔穿甲，双手握剑，威武肃穆；文臣戴冠穿袍，双手执笏，沉静含蓄；石马披鞍系缰，昂首挺立；石虎蹲伏昂首，竖耳睁目。马鞍等处还饰有缠枝牡丹、海兽波涛等图案，表达美好意象，使石刻作品达到了写实风格和浪漫主义的完美统一，为考证史氏显赫家世和南宋历史提供了宝贵的实物资料。属元明时期的石刻40余件，主要为余有丁墓道墓前石刻，整组石刻陈置完整，气势雄伟。尤其是望柱，高10米，顶端蹲伏狻猊，势态威猛，刻划精致，在我国现存发现明墓中较为罕见。

引　言

　　名人的墓葬，只有具有重大的纪念价值，才会被长时间地保护与延续。比如被谋害的岳飞最早葬在乱坟岗，几十年后才以一品礼下葬，至今仍是西子湖畔最凝重的景观。谋害岳飞的秦桧虽然得以善终，但他的坟墓已不知去向。张浚发动的隆兴北伐也遭遇大败，但他的陵墓是全国重点文物保护单位。相比之下，韩侂胄可谓不得善终，在权相之位而死于非命，死后被开棺取出首级函送仇国，落得个身首异处的下场。而谋杀韩侂胄的主谋之一史弥远非但从此掌握南宋权柄26年之久，还有宋理宗御制神道碑护身。

　　史弥远是明州人，他的父亲史浩是宋孝宗的老师与宰相。绍定六年（1233）史弥远去世，宋理宗亲政后不久宋蒙战争开始，理宗又拜史弥远的堂侄史嵩之为宰相，明州史氏于是成为丞相世家。作为南宋首屈一指的权贵世家，明州史氏在当地东钱湖畔修造极尽人臣规格的家族陵墓，无论是占地规模还是现存遗迹，可能都远超绍兴的南宋皇陵（宋六陵）。今天的史浩墓只剩神道碑残件，史弥远墓封土尚存，石像生早已没有踪影。但史氏其他成员墓道的石像生多有存留，其中还包括一把罕见的石椅。当地将散布各处的南宋墓道石像生集中保存于南宋石刻公园，上百件石像生排列成方阵，其壮观的场景实在是南宋丞相世家浩大气势的创造性再现。

对此我有非常深刻的印象，2004年我还在读研究生时，包老师组织过参观已集中到东钱湖畔的史氏家族墓石像生，那时石刻公园还在筹建之中。此后是2016年6月9日与老沈专程去宁波寻宋时游览南宋石刻公园。2019年5月25日，包老师与陆敏珍师姐在东钱湖畔组织学术会议，并安排考察史浩、史弥远墓等残落的历史遗迹，那次宋史学界群贤毕至，其中包括台湾地区的黄宽重、方震华先生等。

（一）东钱湖史氏家族墓群

　　南宋明州丞相世家史氏的家族墓葬群，构成了今天宁波东钱湖南宋石刻（史氏墓道石像生）的主体部分。东钱湖附近的史家墓葬大致分为三个区域：一是今天南宋石刻公园附近的横街村、大慈山一带，史浩、史弥远宰相父子的陵墓都在这里；二是东钱湖东畔、南宋石刻公园东北三五公里的下水村一带，这里是史家发迹前的祖墓，包括史家科举开端人物、徽宗朝以"八行"登科的四世祖史诏及其母亲叶氏的陵墓；三是东钱湖东北十公里之外的东吴镇宝华山、五乡镇省岙一带。至于第三代丞相史嵩之，他葬在更加遥远的慈溪县石台乡车厩（今浙江余姚车厩村）。

　　今天散落各地、尚未被破坏殆尽的史氏墓石像生多被迁至南宋石刻公园集中保存、展示，虽然这打破了原来墓葬分布的格局，但从文物保护和展示的角度讲不失为一个明智的举措。不过下水村祖墓的石像多未迁移，其中保存最完整的是史诏及其母叶夫人的墓前石刻。

史氏始祖史惟于五代后晋时迁入明州城内，三世祖史简始业儒，娶慈溪学者叶世儒之孙女。史诏是叶夫人的遗腹子，叶氏刻苦培养史诏，而史诏以孝母闻名。"八行"是指孝、悌、睦、姻、任、恤、忠、和八种优秀品德，徽宗朝实行"八行取士"，史诏受召不赴，隐居东钱湖奉养叶氏，徽宗赐"八行高士"称号。重和元年（1118），史诏之子史才登进士第，南宋时官至签书枢密院事。史诏墓在绿野村响铃山，至今墓道仍存石椅、文相、武勋、立马、蹲虎、跪羊等，相对其他史家墓葬已属十分完整，唯体量较小、

史诏墓道

雕刻质量一般。不过史诏墓有一件十分罕见的文物，即墓道石像的起首尚存一把石椅，这既是宋代坐椅普及化的实物证据，也是地上文物中唯一一把宋椅，号称"天下第一椅"。不过现在墓地所见是复制品，原物放在不远处史家祠堂的玻璃罩中保管。史诏母亲叶夫人的墓道不仅留下了石虎、石羊，还有罕见的一对石笋状神道柱，笋在江南有多子多孙的寓意。坐落在下水村长乐里山的叶氏墓已于2005年重修，"宋冀国夫人叶氏太君墓"的墓碑则是民国二十四年（1935）重修时所立。

▎史家祠堂所藏史诏墓墓道起首石椅

横街村、大慈山一带可以理解为史浩、史弥远的家族墓。史诏之子、史浩生父史师仲的墓也在这里，不过陵墓几乎毫无保留，只发现了一块"累赠太师越国公希道府君、累封越国夫人洪大君墓"的墓碑，"希道"是史师仲的字。史浩是宋孝宗继位前的老师、继位后的宰相，他的墓冢封土已是竹海一片，墓道石像也仅剩荒草中的破碎残件。2002年，横街村出土巨大的史浩神道碑残件与碑座赑屃，残件上还有宋宁宗御书"纯诚厚德元老之碑"碑额中"纯""元老"等字。史浩的长子史弥大、次子史弥正葬在两侧，周边还有史浩孙辈的墓葬，墓道石像多散落在四处。

▍史浩神道碑残件（赑屃）

（二）满朝紫衣贵，尽是四明人

宁宗、理宗两朝的宰相史弥远是史浩的第三子，他与母亲周氏葬于附近的大慈岙。周氏出身绍兴渔家，墓道石刻已移于石刻公园，其中一对卧羊造型尤为优美，武勋石刻高340厘米，体型挺拔而雕刻精细。至于史弥远墓，目前还能见到封土、重新修补的墓前享殿以及墓道上的两株银杏。据说20世纪50年代墓道建筑等还比较完整，此后墓地改建茶场，大慈寺（功德寺）拆毁，今天墓道上的一组石像则是复制品。不过，享殿内除了收集有散落的建筑构件外，门板上还有今天的好事者以粉笔题写的《谒史大丞相墓》：

> 八百风雨沧桑路，丞相墓前柏半枯。
> 诛韩议和进身阶，辅佐两宗功业就。
> 半壁江山难扶起，恢复中原终成空。
> 残垣断壁多少时，今日枯木又逢春。

史弥远胞弟史弥坚的墓在东吴镇宝华山，史嵩之的生父史弥忠则葬在五乡镇省岙，这一带的史氏家族墓的墓道石像多已移入石刻公园。至于南宋石刻公园本身坐落在史弥远墓不远处，是以墓道石像保存最为完整的史嵩之祖父史渐墓为基础拓展而成的。

作为历史学者参观南宋石刻公园也会被上百件石像生排列组合的气势所震撼——这绝不是一般的墓道可以媲美的景观，让人更加深刻地回忆起那个"满朝紫衣贵，尽是四明人"的时代。事实上宋朝还有另一组同等规模的墓道石刻群景观，那就是散布在巩义田野中的北宋皇陵，绍兴的南宋皇陵则由于元朝的恶意破坏而没有留下任何地面文物。

明州史氏三代丞相横亘着从宋孝宗到宋理宗的四朝历史，史氏退出政治舞台时南宋已行将灭亡，从这种意义上讲，南宋150年的历史相当程度上是四明史氏的时代。特别是宋理宗前期史弥远当政，出现了"进退人才，兴废政事，天下皆曰此丞相意……为人之主，而自朝廷达于天下，皆言相而不言君"的局面。史弥远成为权相，在宁宗朝是因为他联合杨皇后诛杀前一个权臣韩侂胄，在理宗朝更因为皇帝就是史弥远扶立，以至于宋理宗继位的合法性受到质疑。当时最露骨的挑战来自一位四川进士邓若水，他竟直言宋理宗是史弥远擅自扶立，为此史弥远还杀害了皇位的合法继承人济王赵竑：

> 宁宗皇帝晏驾，济王当继大位者也，废黜不闻于先帝，过失不闻于天下。史弥远不利济王之立，夜矫先帝之命，弃逐济王，并杀皇孙，而奉迎陛下。曾未半年，济王竟不幸于湖州，揆以《春秋》之法，非弑乎？非篡乎？非攘夺乎？

他还提出了骇人听闻的解决史弥远废立问题的办法：要么理宗退位，要么史弥远罢相，要么干脆诛杀史弥远，"除大奸然后可以息大难"。当然邓若水根本不能撼动史弥远，史弥远至死仍牢牢把控朝政。不过史弥远的权势终究没有达到可以谋权篡位的地步，他与理宗相差40余岁，在理宗继位九年之后病逝，理宗开始亲政。

（三）公忠翊运定策元勋之碑

史弥远毕竟是宋理宗的定策功勋，理宗亲政后并没有清算史弥远。史弥远病重期间已经加官至太师、鲁国公，并组成了以史弥远亲信构成的宰执班子，在去世后，他更被赠官中书令、追封卫王、谥忠献，本应归还朝廷的宰相赐第还被改为史氏家庙。至此，宋理宗与史弥远的君臣关系可谓始终如一。在这种背景下，为什么宋理宗在史弥远去世二十年后才为其建造神道碑，就成为一个值得特别讨论的问题。

淳祐十二年（1252）六月二十六日，宋理宗突然下诏，说史弥远当年诛杀韩侂胄是"嘉定更化之绩"，扶立他当皇帝是"甲申定策之功"。这样一位"光辅两朝，备殚忠荩"的功勋之臣，竟然死了二十年也没有立神道碑，似乎有违朝廷典制，也引起了皇帝深切的同情，"铭书太常，永有休闻，而藐背越二十年，隧道之碑未立，朕甚悯焉"，所以要按北宋时赵普、韩琦的规格，由皇帝自己撰写一篇神道碑。赵普的神道碑是宋太宗御撰，韩琦的神道碑是宋神宗御撰，现在宋理宗要为史弥远"亲御翰墨，为制碑铭"，这样的待遇就远远超过了宋宁宗为史浩题写神道碑额首了。

问题是史弥远当年扶立的是宋理宗，去世时在位的也是宋理宗，宋理宗怎么过了二十年才想起来给史弥远立神道碑呢？是之前压根没想到，还是一直想不好怎么写这神道碑呢？又或者本来不想为史弥远立神道碑，二十年后又受了什么刺激，突然之间"朕甚悯焉"，想起来要"亲御翰墨，为制碑铭"了呢？

史弥远去世二十年后，南宋的政治已经发生根本性变化。史弥远当政时，因为金朝受到蒙古的进攻，宋金再次开战。史弥远去世后不到三个月，南宋就联合蒙古消灭了金朝。紧接着宋蒙开战，淳祐十二年是蒙哥侵宋的僵持阶段，距离开庆元年（1259）蒙哥命丧钓鱼城下还有很多年。或许是忙于与蒙古开战让宋理宗无暇顾及史弥远的神道碑，但淳祐十二年突然想起此事必有缘故。

史弥远对外并无战功可言，宋蒙交战多年，显然不会刺激宋理宗"为制碑铭"。然而在内政方面，淳祐十一年确实发生了一些非常重要的事情。首先年初，宋理宗立其侄子为皇子，改名禥，这基本上就已确定皇储人选，赵禥就是后来的宋度宗。十一月，宰相郑清之去世，宋理宗又以谢方叔、吴潜为宰相。郑清之是当年史弥远为行废立而为宋理宗安排的老师，史弥远去世后继任宰相。郑清之去世后，宋理宗一度打算复用史弥远的堂侄史嵩之为宰相，但考虑再三之后决定放弃。这样说起来，史弥远的时代应该到郑清之去世才真正结束。

宋理宗确定皇储后也想为皇子安排一些老师，而新任宰相吴潜反对立据说智力低下的赵禥为太子。史书记载吴潜在景定元年（1260）立太子前对宋理宗说过"臣无弥远之才，忠王无陛下之福"这样极不恭敬的话，他对赵禥、史弥远的态度应该是一以贯之的，这或许可以为史弥远去世二十年后宋理宗突然为其御制碑铭提供了一个合理的解释——追加对史弥远的坚定支持，就是为了清除吴潜质疑赵禥（度宗）与理宗自己继位合法性的不良政治影响。

相关景点

◎ 南宋石刻公园石像生图选

史渐墓道石像生（左、右）

第十六章 襄阳李曾伯纪功铭
乾能夬，剥斯复

李曾伯纪功铭在襄阳城西南1.5公里处的真武山东麓石壁上，摩崖高4.7米，宽4.4米，铭文共79字，宝祐二年（1254）为纪念抗蒙名将李曾伯光复襄樊而题刻，2013年被列为第七批全国重点文物保护单位。李曾伯祖籍覃怀（今属河南），南渡后寓居嘉兴（今属浙江），作为边帅遭权相贾似道嫉恨排挤。他也是南宋著名词人。

引 言

《寻宋》的前言中有两段话被摘出来放在封面："寻宋，就是寻求那些被强大的士大夫书写屏蔽的，散落于历史遗迹中的微弱历史信号,以此补充、丰富乃至重构宋史的叙述脉络。""走得越多,就越清楚地意识到,这样漫长的旅行,隐藏着对历史文本的不信任,以及用地理空间、文物遗迹、历史记忆重构宋史叙述的期待。"通俗地讲,我总是试图在书本之外寻找一些理解宋史的线索,而这种经验在李曾伯纪功铭体现得尤为明显。李曾伯在《宋史》有传,当然不是名不见经传的人物,但他重建襄阳城的防御策略被贾似道否定,在通论性的宋史叙述中也显得无足轻重。李曾伯纪功铭也有专题研究,如今更已被列为全国重点文物保护单位,但我与老沈寻访时,不但所有导航地图都完全标错了位置,而且询问当地人时,他们基本上都是不知所云。

2021年9月11日,我与老沈还寻访了泸州神臂城,那也是一次非常特别的行程。因为一直想寻访播州杨粲墓、海龙屯以及张荫麟先生墓,本来那次安排的是遵义寻宋。在设计行程时,我们总觉得只到遵义一地实在有点浪费这样长途的行程,但在周边又找不到更多适合的寻访目标。虽然对泸州的南宋墓葬石刻与神臂城向往已久,但将泸州纳入这次行程确实有点突发奇想。遵义到泸州三百余公里,驾车单程不是不可以尝试,只是我们的旅行经验从来都是同进同出,这样才方便安排租车自驾,所以觉得同时寻访遵义、泸州非常不现实。结果发现遵义与杭州的航班不是每天都有,行程无论怎么安排都会极其尴尬。可能实在有些不甘心吧,我们继续寻找各种可能性,然后就发现泸州也有机场及杭州航线。摆在我们面前的最后问题是遵义与泸州之间选择公共交通还是异地还车,神奇的是很快我们又发现某租车公司不久前已取消了异地还车费……即便如此,我们长途驾车穿越无数山间乡道进入荒凉的泸州老城(神臂城)时,也只是将其视为类似钓鱼城的宋末蜀地防御工程的另一个案例，而没有意识到神臂城与李曾伯纪功铭以及南宋灭亡之间的关系会是如此复杂。

（一）浪子宰相之后

史弥远去世后不久，宋蒙就联合灭金。紧接着理宗于端平元年（1234）发兵收复河南三京，结果开启宋蒙战争并遭惨败，史称"端平入洛"。此后至崖山海战，宋蒙（元）战争经历了五十余年，其中临安投降之前又分为三个不同的阶段。第一阶段是端平二年至淳祐八年（1235—1248），蒙军分三路在四川、荆湖、两淮攻宋，川荆大地惨遭屠掠，但孟珙、余玠、杜杲等将领率宋军顽强击退了蒙军的进攻。第二阶段是宝祐五年至景定元年（1257—1260）的蒙哥侵宋，结果蒙哥卒于重庆钓鱼城下，而贾似道与忽必烈在鄂州交战，忽必烈因争夺汗位而撤军，贾似道因所谓的"鄂州大捷"而掌控南宋朝政。第三阶段则是咸淳十年至德祐二年（1274—1276）的襄阳保卫战，蒙军攻破襄阳后，便势如破竹直下临安。襄阳之战是元灭宋的关键，金庸两部武侠名著《射雕英雄传》《神雕侠侣》即以此为核心叙事脉络。而襄阳的沦陷又与贾似道的战略部署及权谋手段密切相关，这就涉及李曾伯经营襄樊的战略惨遭贾似道否定的问题。

李曾伯的家世比较特别，徽宗朝著名的浪子宰相李邦彦是李曾伯的曾祖父。李邦彦的父亲李浦则是一名银匠，李邦彦科举及第，出身市井的他是那种多才多艺、十分俊美而较少受道德束缚的人，《宋史》记载：

邦彦俊爽，美风姿，为文敏而工。然生长闾阎，习猥鄙事，应对便捷；善讴谑，能蹴鞠，每缀街市俚语为词曲，人争传之，自号"李浪子"。

李邦彦在钦宗朝力主割地议和，高宗朝被贬浔州（今广西桂平一带），后来在广西去世。有关李曾伯父亲李景翱的文献十分稀少，但成化《杭州府志》记载"四川总领李景翱墓，在临安县灵凤乡架子山。景翱，丞相邦彦之孙，两淮制置曾伯之父"，不但交代李景翱出任过四川总领，葬于临安县，李曾伯的家世也以这段记载最为清晰明确。嘉定十七年李景翱出任四川总领，治所在利州（今四川广元），李曾伯随父出任四川总领所，主管书写机宜文字，等于是父亲的机要秘书。

李邦彦是怀州（今河南沁阳一带）人，但《宋史》记载李曾伯"后居嘉兴"，应该是宋室南渡时李曾伯祖父的选择。李曾伯参加科举三次都名落孙山，转而以门荫入仕，直至宝祐二年（1254）在四川宣抚使任上因边功卓著被诏赐同进士出身。李曾伯初授官职不详，嘉定十七年至绍定元年（1228）随父在四川总领所，父亲离职后，李曾伯仍在蜀地，入四川制置使桂如渊幕府。绍定三年（1230）李曾伯知襄阳县，不久又入京西转运使判官史嵩之及京湖制置使陈晔的幕府。端平元年的"端平入洛"揭开宋蒙战争序幕时，李曾伯可能在丁父忧，并有可能于同年秋出任淮西安抚司机宜文字及通判濠州。端平三年（1236）李曾伯又通判鄂州兼沿江制置副司幕僚，再次成为淮西制置使、兼沿江制置副使、兼知鄂州史嵩之的下属。

嘉熙元年（1237）李曾伯出知岳州（今湖南岳阳一带），年底入沿江制置使别之杰幕府，第二年以督视行府参议官再入史嵩之幕府。接着李曾伯丁母忧，然后于嘉熙三年（1239）夺情起复，以都督行府参议官四入史嵩之幕府。此后史嵩之出任右丞相，而李曾伯改淮西总领，负责江上诸军的财赋、军粮供给。淳祐二年（1242）李曾伯任淮东安抚制置使兼知扬州，开始了此后二十余年的边帅生涯。淳祐四年（1244）李曾伯改荆湖制置使，同年史嵩之因丁父忧离职，李曾伯即于淳祐六年（1246）遭劾落职。淳祐九年（1249）起为广西经略安抚使，兼知静江府。淳祐十年郑清之将不久于人世，理宗一度考虑重新起用史嵩之，而李曾伯改京湖安抚制置使兼知江陵府。

从仕履不难发现，李曾伯的宦海沉浮与史嵩之密切相关。

（二）襄樊两城一日复旧

端平二年蒙军侵宋时，宋蒙两军交战于江北樊城（属今湖北襄阳）。端平三年，由于京湖制置使赵范举措失当，襄阳城竟惨遭叛军焚劫而沦陷。自绍兴四年岳飞收复襄阳以来，经过一百余年的恢复，襄阳城已是"生聚繁庶不减昔日，城池高深甲于西陲"，结果在叛军手中"一旦灰烬，祸至惨也"。此后孟珙所率领的宋军虽然收复了襄阳，但并没有重建襄阳的城池与防务，南宋一度将防线由淮河退缩到长江一线。

在李曾伯接任之前，上一任京湖安抚制置使是贾似道，当时李曾伯就向贾似道提出过襄阳的重要性，"襄阳自昔天下雄，形势今处常蛇中"。但贾似道安于襄阳被焚掠后的现状，认为襄阳"孤垒绵远，无关屏障"，退而以鄂州作为京湖战区的防守重心。这样一来，李曾伯与贾似道之间就形成了"防淮"与"防江"两种策略的冲突。贾似道的策略意味着放弃淮甸经营，将本属南宋疆域的淮甸地区作为宋蒙战争的隔离带与无人区，而以长江作为第一道防线。而李曾伯考虑将防线推进到汉水上游的襄樊，连接京湖与蜀中两大战区，保持由襄樊北进中原的可能性。

淳祐十年，李曾伯改京湖安抚制置使兼知江陵府。李曾伯抵达江陵后，决心重新构建襄阳的防务。七月，李曾伯派六百士兵从江陵出发，越七日抵达襄阳，占据襄、樊两城。之后李曾伯上书朝廷，请求趁蒙古"嗣位未定，骨肉交争"和汉水泛涨的时机修浚襄、樊两城池。淳祐十一年四月，朝廷终于同意修浚襄城、樊城。李曾伯在筹得官兵二万一千人、官银一千万贯、粮米二十三万石、

▎襄阳临汉门

兵船四百艘后，分批进入襄阳，开始抢修两座城池。他安排高达经理襄阳城壁和总领诸项军马；晋德协助经理襄阳城壁并专委防卫；王登通判襄阳府并兼襄阳制置分司等，并多次命将领率偏师北上袭扰蒙军，先发制人，防备蒙古破坏筑城计划。经过两三个月的抢修，襄、樊两城重新构筑，"襄阳一城周围余九里，樊城亦近四里有半"，实现了"尽护上游，重恢故境"的目的。

在南宋三大防区中，处在常山蛇阵中间的荆襄还要支持吴蜀，因而各个城池兵力部署有限。淳祐十一年底，李曾伯考察京湖全部兵力只有九万六千余人，却需要防守上自秭归下至寿昌（今湖北鄂州）的两千里江面以及从公安到峡州（今湖北宜昌一带）十几处的滩碛之地，此外还要随时支持吴蜀。李曾伯认为固守襄阳，需要移驻一万士兵，由襄阳官府建造营房和分给良田。至宝祐二年，襄阳移驻了六千二百七十六户。李曾伯在襄阳驻守重兵，不可能不引起蒙军的注意。宝祐元年（1253）正月蒙军过汉水攻略襄阳，李曾伯派遣都统高达率领三千之师，勠力同心，破三万敌骑，获得四百马匹。这次襄阳获捷就是李曾伯经理襄阳的结果，被宋理宗称赞：

　　李曾伯受任边阃，抗志远图，俾襄樊两城一日复旧，计虑密而用力多矣。且按兵殴敌，观听无哗，缮城峙粮，规略素定，必耕屯之并举，与守备以俱全。

但是这样的丰功伟绩，却引起了贾似道的嫉恨。

（三）持阿授柄之忧

淳祐十一年之后一段短暂时期内，宋蒙战争的蜀中、京湖和两淮三大战场上，李曾伯（时任京湖制置大使兼夔路策应大使、制置四川边面）、贾似道（时任两淮制置大使）二人成为南宋两大军事集团的首领，所以《宋史》说"首蜀尾吴，几二万里。今两淮惟贾似道，荆、蜀惟李曾伯，二人而已"。李、贾两人能否相互配合关系到南宋国运之重，但事实上恢复襄樊之役的成功造成了贾似道与李曾伯不可调和的矛盾。

李曾伯重视襄樊战略地位并加以措置经营，是对前任贾似道不重视襄樊战略地位的直接否定，同时也侵犯了贾似道集团的利益。李曾伯恢复襄樊后，将江陵一线力量集中为襄樊作防备，实际上降低了鄂州分司的分量。李曾伯还跨越战区建置，要求将原本调配给两淮战区的部队留戍襄樊专用，这就牵动了时任两淮制置大使的贾似道的地方利益。在经济上，李曾伯对朝中非议他恢复襄樊花费甚巨加以辩护，一再声明用度合理且远远不足。不仅如此，李曾伯给朝廷的奏议中还出现了这样的言论：

> 似道恩结虽优，浸成外强中干之势。今则诸屯典旅，多是其徒，有持阿授柄之忧。南岸列营，抚如骄子，有积薪厝火之虑。

"持阿授柄""积薪厝火"都是窃权谋逆级别的指控，李曾伯这样讲等于是在政治上与贾似道宣战，两人的关系遂陷于水火不容的地步。现存的文献中没有留下贾似道如何攻击李曾伯的记载，但贾似道是权谋大师，《宋史·李曾伯传》就直接记载"似道卒嫉之，使不竟其用云"。所以李曾伯因恢复襄樊防务而受到宋理宗嘉奖的同时，已经感受到不可承受的压力，屡有"独犯众难"之叹，时或流露微词：

> 往迹悠悠宁有极，短才呫呫叹无功。
> 赋诗酾酒聊行乐，到底谁为一世雄。

并且不得不向朝廷主动提出辞呈。宝祐元年三月至六月，刚刚击退蒙军进攻襄阳的李曾伯四上《乞休致奏》，宝祐二年三月至四月李曾伯又五上《乞休致奏》。朝廷不可能在宋蒙战争中罢免李曾伯这样的边帅，但是同年闰六月李曾伯被调任四川宣抚使兼京湖制置大使，并被诏赐同进士出身。于是李曾伯离开荆襄防区进入重庆，而接任京湖战区军事主官的是贾似道的心腹吕文德。

（四）李曾伯襄樊铭

吕文德主持京湖战区军事后，恢复了贾似道主持京湖战区防务期间的榷场政策，这一政策在李曾伯经营襄樊时被严厉指斥并撤销。最终的决战中，榷场正是蒙元攻陷襄樊的直接突破口——因为允许设立榷场，蒙元军队才有机会在襄樊外围修筑土墙堡垒，形成围困襄樊的前沿阵地，而榷场诱敌计划的提出者刘整正是参与过襄樊之役的李曾伯旧部。所以导致南宋最终灭亡的襄阳沦陷，某种程度是贾、李两大军事集团恶性竞争的结果。

刘整原是金朝邓州人，金末投奔南宋，成为襄樊早期守将孟珙的部下，李曾伯经营襄樊时十分赏识刘整。此后刘整随李曾伯调任四川，成为李曾伯最倚重的嫡系将领。李曾伯调任湖南时特地奏请朝廷独选刘整随行，竟没有得到允准，结果刘整留任四川而归吕文德指挥，此后不断遭到排挤清算。特别是贾似道以"打算法"迫害政敌时，刘整意识到自己难逃此劫，于景定二年（1261）六月以泸州等十五州郡共三十万户投降蒙古，因此在泸州老城"神臂城"遗址还有"刘整投元"石像。此后刘整受到忽必烈的重用，刘整遂献策，以谋取襄樊作为亡宋的突破口。由于刘整的投诚，忽必烈尽得南宋防务虚实，南伐之谋遂决。

此外，贾似道对李曾伯经营襄樊的主将高达也恨之入骨，为了防止高达再立战功，竟在襄樊被围时阻止高达驰援。当时吕文德已经病逝，接任的襄樊主将吕文焕竟为防止高达驰援而谎报军情，"今朝廷以襄阳急，故遣达援之，吾以捷闻，则达必不成遣矣"。结果襄樊沦陷后，高达旋即以江陵归降蒙元，这同样是贾似道长期打压李曾伯集团的结果。

至于李曾伯本人，蒙哥侵宋时他在广西经略安抚使兼知静江府任上。开庆元年蒙军进犯静江府，李曾伯闭门自守，蒙军遂渡江围鄂州，结果造成了贾似道虚假的"鄂州大捷"。次年李曾伯以"闭城自守"落职解官，不久重病。景定五年（1264）李曾伯起为知庆元府兼沿海制置使，次年因病解任，回故乡嘉兴居住。咸淳四年（1268）李曾伯卒于家中，朝廷赠少保、开府仪同三司，这一年，刘整刚刚带领蒙元军队开始包围襄樊。

襄阳西南岘山脚下有刘备的卢马"马跃檀溪遗址"。从此处往前走，在岘山绿道入口处，有一块"李曾伯纪功铭"摩崖石刻遗迹。旁边竖有对此摩崖的绿色简介："国家重点文物保护单位,又称《襄樊铭》,在襄阳城西南1.5公里处的真武山东麓石壁上,是为纪念南宋淳祐十一年京湖制置使李曾伯抗击蒙古军队,取得光复襄、樊两城的胜利,于宝祐二年镌刻。"刻铭所占崖面高5米,宽4.5米,四周有阴线装饰边框,框内上方正中横刻"襄樊铭"三个大字已漫漶不辨,正文为阴刻楷书竖行排列。此铭是湖北境内少见的大型摩崖,不仅是研究宋史的珍贵资料,也是书刻艺术之精品。

"襄樊铭"内刻铭文79字:

> 大宋淳祐十一年四月二十有七日,京湖制置使李曾伯奉天子命,调都统高达、幕府王登提兵复襄、樊两城。越三年,正月元日铭于岘。其铭曰:壮哉岘,脊南北;繄墉壑,几陵谷;乾能夬,剥斯复;千万年,屏吾国。

大意是:大宋淳祐十一年四月二十七日,京湖制置使李曾伯奉皇帝命调都统高达、幕府王登率兵收复襄、樊两城。三年后的元月,在岘山刻石纪铭。这段铭文大意是,壮观啊,岘山,你是南北相连的中脊。襄阳那高高的城墙,深深的护城池,和高山一样高,和深谷一样深。在圣主制下,我们在奋战后收复此地,千年万载啊,这里将永远是我国的屏障。

其实李曾伯在岘山留下《襄樊铭》时,正值他因对贾似道提出挑战而遭遇空前压力,不得不前后八上《乞休致奏》。所以联系南宋襄阳保卫战的结局,再读"乾能夬,剥斯复;千万年,屏吾国"数语,就会体会出一种特别悲壮乃至不祥的意味。

相关景点

◎ 神臂城遗址

　　神臂城遗址位于四川省泸州市合江县神臂城镇，此处三面环江，地势险要。南宋理宗淳祐三年（1243），四川安抚制置使余玠命知泸州曹致大筑神臂城，次年建成后泸州州治（今泸州市市区）迁至神臂城，成为宋、蒙两方激烈争夺的军事要塞。现存神臂城遗址东西长2.5千米，南北长1千米，周长3365米，遗迹主要有城内的衙门、钟鼓楼、脚碓、暗门及城外校场坝、一字城等。2013年，神臂城遗址被列为第七批全国重点文物保护单位。遗址内有巨型玄武石雕，年代属于宋或明尚难定论。

泸州神臂城遗址　　　　神臂城遗址玄武造像

第十七章 漳州木棉庵
宋郑虎臣诛贾似道于此

木棉庵在福建漳州城南十二千米处的九龙岭下，位于龙海区九湖镇木棉村口的公路边。德祐元年（1275）南宋权相贾似道被贬至此，相传为负责押解的郑虎臣所杀。庵前遍植榕树，庵左有明抗倭名将俞大猷题写"宋郑虎臣诛贾似道于此"石碑，又有清乾隆年间龙溪知县袁本濂重立石碑。1936年，碑前建长方形八角石亭称"木棉亭"，有"为天下除奸，明春秋大义"等楹联。

引　言

其实从一开始，漳州木棉庵就列在我的寻宋清单中，但因为太过冷门，直到2021年2月我才开启漳州寻宋之旅。这里没有宋代文物，只有一块明代石刻提到了贾似道的名字。贾似道被《宋史》列入奸臣传，奸臣当然是不配被纪念的，所以明代的石刻纪念的不是贾似道，而是贾似道被杀这个事件，这就好像杭州的小吃"葱包烩"与秦桧有关，但不是为了纪念秦桧而是表达对秦桧的无限愤恨。

德祐元年二月，贾似道亲率精兵十三万人、战船二千五百艘赴前线，与元军展开决战，在丁家洲之役中溃败。贾似道于是请求由殿前都指挥使韩震保护皇帝迁都，而谢太后等宫中势力并不愿迁都。不久贾似道被贬为高州团练副使、循州（今广东龙川县一带）安置，行至漳州木棉庵，为押送官郑虎臣所杀。

贾似道掌权时曾占据杭州半壁湖山。景定三年（1262）正月，理宗将皇家园林集芳园赐予贾似道，集芳园就在孤山的北岸，差不多就是今天杭州北山路香格里拉、西湖山庄、新新饭店三大高级酒店的位置，独揽西湖胜景。贾似道将其改名"后乐园"并重新营造，后乐园的边上又有贾氏的四世家庙，以及贾似道奉养母亲的养乐园。后乐园、养乐园所在的西湖北面宝石山山岭称"葛岭"，因东晋著名道士葛洪结庐炼丹而得名。岭上有抱朴道院为全国重点开放道教宫观，尚存炼丹台、炼丹井、初阳台等道教名胜及古迹。今天无论是皇家的集芳园还是贾似道的后乐园都已了无痕迹，倒是抱朴道院内出现了与贾似道有关的"红梅阁""半闲草堂"匾额。除此之外，从葛岭往抱朴道院的山路上还有一座半山亭，亭柱镌刻楹联甚多，其中一联称"孤隐对邀林处士，半闲坐论宋平章"。

（一）贾似道发迹

淳祐十一年可能是南宋晚期转折性的一年。这一年史弥远的继承人郑清之刚刚去世，李曾伯在理宗支持下完成襄樊重建工程，吴潜拜相。这时的史嵩之退隐乡居，但出将入相的李曾伯（曾经长期担任史嵩之的幕府）与吴潜（在史嵩之独相时代开始入朝为官）似乎都是史嵩之政治上的继承人。这股政治势力的对立面无疑就是贾似道。表面上看，贾似道在权力格局中不占据任何优势，但第二年吴潜就被罢相，李曾伯在荆襄防区也感受到来自朝廷的巨大压力。贾似道权谋的突破口很可能是理宗与吴潜在立储问题上的冲突，理宗想立自己智力低下的亲侄子赵禥（度宗），吴潜却称"臣无弥远之才，忠王无陛下之福"。这就给了痛恨史弥远时代"满朝紫衣贵，尽是四明人"的贾似道一个可乘之机，贾似道坚决支持理宗的立储计划可能是他政治上得势的关键一步。

当然在此之前，贾似道早已依赖个人丰富的政治资源以及出色的才干成为南宋前线与李曾伯并驾齐驱的边帅，而他拜相还在八年之后，并且一度与吴潜并相。与李曾伯一样，贾似道也以父亲贾涉的恩荫入仕，不过贾似道在入仕后不久又考取了进士，而且他还有一位姐姐是宋理宗宠爱的贵妃。虽然不必讳言贾似道借助过贵妃姐姐的裙带关系，但他成长为南宋最重要的边帅主要还是遗传了父亲的治军能力。贾似道的祖父贾伟含冤而死，父亲贾涉奔走申诉十年之久，最终伏阙上书为贾伟平反。此后贾涉成为联蒙灭金战争中招纳与节制山东忠义军的主要执行者，最终因为这项政策的失败而忧病去世，年仅四十六岁。

贾似道的母亲胡氏与贾涉的关系比较特别，宋人笔记《齐东野语》记录了这样的传闻：

> 秦齐国夫人胡氏，亦同邑人，相去才数里。贾涉济川以制置，少日，舟过龟溪，见妇人浣衣者，偶盼之，因至其家。问夫何在，曰："未归。"语稍洽，调之曰："肯相从乎？"欣然惟命。及夫还，扣之，亦无难色，遂携以归。既而生似道，未几去，嫁为民妻，似道少长，始奉以归。

抽去了贾涉与胡氏奇特的相识过程，这段记述就被历史学者转述为"母胡氏为贾涉妾，因不容于嫡母史氏，生似道后即将她出为民妻……贾涉晚年忙于在两淮抗金，史氏又不喜欢贾似道，少年贾似道缺乏父母管教，使他成为一个只知游玩赌博，不事操行的纨绔子弟"（何忠礼《宋代政治史》）。与具有浓厚理学色彩的吴潜相比，说贾似道有纨绔之风应该毫不过分，他后来的诨号"蟋蟀宰相"就充分体现了这一点。

淳祐十一年，贾似道成为与李曾伯并列的南宋抗蒙两大边帅之一，并成为理宗立储的支持者，当时他的贵妃姐姐已经去世。不过贾似道走到宰相的位置还有很长的路，他能成为权相，主要是因为蒙哥侵宋战争末期那场莫名其妙的"鄂州大捷"。

（二）"鄂州大捷"

淳祐十一年，蒙哥夺取汗位后也开始准备发动侵宋战争，并派遣三弟忽必烈远征云南大理，实施迂回包抄南宋的计划。宝祐六年

（1258）春，蒙军先后分三路侵宋。蒙哥亲率主力攻陷四川大部，但在合州（今重庆合川区一带）钓鱼城下受阻。东路蒙军作战不利，于是蒙哥令忽必烈渡江攻打鄂州。

开庆元年正月，入侵四川的蒙军，一度进抵川东，逼近长江口岸。为了防止蒙军沿长江东下进入湖北路，宋廷急命贾似道从扬州领兵往峡州增援，将组织抗击蒙军进犯的全部重任都交给了贾似道，以便他对各战区作统一指挥。自大理返回的忽必烈的任务是配合蒙哥军队对川蜀的侵犯。开庆元年七月，蒙哥在钓鱼城下身亡。八月，忽必烈渡淮南下，由大胜关（在今河南罗山县南）侵入荆湖北路，九月初九日进围鄂州，另一支从云南北上的蒙军也进抵潭州城下。宋廷得讯大为震惊，再命贾似道从峡州率军赶往汉阳（今湖北武汉汉阳区一带）支援。十月，鄂州危急，贾似道又从汉阳进入鄂州督师，于军中被拜右相兼枢密使，并被授命组织鄂州保卫战。在鄂州保卫战中，贾似道依靠高达等将领所率南宋军队的极力守御，多次挫败蒙军进攻。据说忽必烈当时十分欣赏贾似道的指挥才能，说过"吾安得如似道者用之"之类的话。十一月，贾似道的心腹吕文德从重庆奉命提兵至鄂州城支持，贾似道则突围至黄州（今湖北黄冈）组织起第二道防线阻止蒙军自潭州北上。就在这时，忽必烈为争夺汗位，接受贾似道私下提出的议和提议，撤围北去。

忽必烈到底有没有与贾似道议和，史书上记载得并不清楚。九月忽必烈抵达鄂州对面的长江北岸时，接到蒙哥的死讯及北返的提议，他不愿无功而返，继续命令军队渡江进围鄂州。十一月初，忽必烈接到从蒙古发来的兄弟开始争夺汗位的密报，要他迅速北返，这才开始准备撤兵。与此同时，贾似道在得到蒙哥死讯以后也判断宋蒙有议和的可能，于是密遣使者赴忽必烈军中求和，并提出"输岁币"作为议和的条件。此举对急于北返的忽必烈可谓正中下怀，立即欣然表示赞同，声称"汝以生灵之故来请和好，其意甚善"，但是又指出议和需要朝廷的授权才能推进，"然我奉命南征，岂能中止。果有事大之心，当请于朝"。结果双方尚未讨论和议的具体条款，更没有时间"请于朝"，忽必烈就于当天率大军北还。因此所谓的"鄂州和议"只是两军前线统帅的一种意向，并没有达成具体条款，更没有完成任何必要的程序。更严重的是，事后贾似道非但没有向朝廷请示议和事宜，反而谎报"诸将大捷于鄂城，鄂围解，凡百余日"，对自己向忽必烈求和之事则只字不提，从而制造了虚假的再造宋室功臣的形象。虚假的鄂州和议与鄂州大捷，一方面为贾似道专权铺平了道路，另一方面也被认为是葬送南宋王朝的核心事件。

（三）湖上有平章

景定元年，贾似道以少师、卫国公、右相兼枢密使回到临安，开启其长达十五年的专权生涯。这一年忽必烈即大汗位，并派翰林侍读学士郝经出使南宋议和，贾似道为了掩盖他私下议和、贪天之功的罪恶，竟然将郝经扣押拘留，让宋蒙错失了和平相处最后的机会。景定三年正月，理宗将皇家园林集芳园赐予贾似道，"诏以魏国公贾似道有再造功，命有司建第宅家庙，贾固辞，遂以集芳园及缗钱百万赐之"。集芳园原由宋高宗据为御园，独揽西湖胜景：

园故思陵旧物，古木寿藤，多南渡以前所植者。积翠回抱，仰不见日，架廊迭磴，幽眇逶迤，极其营度之巧。犹以为未也，则隧地通道，抗以石梁。旁透湖滨，架百余楹。飞楼层台，凉亭燠馆，华邃精妙。

集芳园"前揖孤山，后据葛岭，两桥映带，一水横穿，各随地势以构筑焉"，后贾似道将集芳园改名"后乐园"，因在西湖北岸，就需要坐船穿过西湖往凤凰山上入朝。后乐园的边上又有贾氏家庙及奉养贾母的养乐园。此外，西泠桥南、孤山北麓也为贾似道占有，"树竹千挺，架楼临之"，称为水竹院落。贾似道以再造功臣占据湖山之胜，阿谀奉承者不计其数：

贾相寿词贾师宪当国日，卧治湖山，作堂曰"半闲"，又治圃曰"养乐"。然名为就养，其实怙权固位，欲罢不能也。每岁八月八日生辰，四方善颂者以数千计。悉俾翘馆誉考，以第甲乙，一时传颂，为之纸贵，然皆谄词呓语也。

比如有人以《八声甘州》填写贺贾氏寿词，就可以窥识"谄词呓语"之一斑：

满清平世界，庆秋成，看看斗三钱。论从来活国，论功第一，无过丰年。办得闲民一饱，余事笑谈间。若问平戎策，微妙难传。

玉帝要留公住，把西湖一曲，分入林园。有茶炉丹灶,更有钓鱼船。觉秋风、未曾吹着,但砌兰、长倚北堂萱。千千岁,上天将相,平地神仙。

景定五年理宗去世,早已立为太子的侄子赵禥即位,是为度宗。度宗特授贾似道为太师、平章军国重事,位在丞相之上,并允许他十日一朝。于是贾似道深居葛岭私第,由吏人抱文书至家中处决,而他过着"宫人娟尼有美色者为妾,日淫乐其中"及"纵博""踞地斗蟋蟀"的日子。就在南宋朝廷"朝中无宰相,湖上有平章"的局面下,咸淳四年,在宋叛将刘整的建议、策划下,蒙军包围襄、樊。咸淳七年(1271)忽必烈改蒙古国号为大元,第二年定都于大都(今北京市)。咸淳九年(1273)樊城被元军攻破,不久吕文焕以襄阳降元,贾似道获悉后自称"战眩颠沛,几于无生"。

咸淳十年六月,忽必烈发动灭宋战争。七月,宋度宗病死,年三十五岁。南宋以度宗年仅四岁的嫡子赵㬎继位,是为恭帝。德祐元年正月,贾似道上出师表,然后率精兵十三万进至丁家洲(今安徽铜陵东北长江中)。二月二十二日宋元两军在丁家洲决战,宋军大溃。此战之后,各路元军向临安挺进。

葛岭是指杭州西湖之北宝石山西面的一条山岭,因东晋著名道士葛洪结庐炼丹而得名,岭上有抱朴道院为全国重点开放道教宫观,尚存炼丹台、炼丹井、初阳台等道教名胜及古迹。

抱朴道院正殿为葛仙殿,奉祀慈航道人、财神与文昌的东殿却称"半闲草堂",后者本是贾似道在葛岭观赏西湖全景的别墅的名称。不仅如此,抱朴道院还有楼房匾题"红梅阁"。

"红梅阁"的典故来自传统戏曲《红梅阁》，这出戏又称《李慧娘》，取材于明代周朝俊的传奇《红梅记》，大概讲述了这样的故事：权相贾似道因妒忌杀害姬妾李慧娘，又要加害书生裴舜卿；李慧娘死后化为鬼魂，救出裴生。《红梅阁》的故事当然不是历史事实，但抱朴道院出现"红梅阁"显然是要把葛岭与贾似道联系起来。

前文提到，宋理宗赐给贾似道的集芳园就在孤山的北岸，"前揖孤山，后据葛岭，两桥映带，一水横穿，各随地势以构筑焉"，贾似道将其改名"后乐园"并重新营造，"古木寿藤，多南渡以前所植者。积翠回抱，仰不见日，架廊迭磴，幽眇逶迤，极其营度之巧"。贾似道因此居于西湖北岸，上朝需要坐船穿过西湖再穿过万松岭入凤凰山。

（四）木棉庵与木棉亭

丁家洲大败之后，贾似道计划迁都，但朝中的陈宜中已经开始消除贾似道的势力。德祐元年五月，已被罢相的贾似道被发配到绍兴府。这时的知绍兴府是度宗的父亲、福王赵与芮，由于痛恨贾似道对他的压制，赵与芮闭门不纳贾似道，此后婺州、建宁也反对接收贾似道。结果贾似道被贬至循州安置，赵与芮趁机招募贾似道的仇人、山阴县尉郑虎臣为押送官。九月，贾似道行至漳州，被郑虎臣拉杀于当地的木棉庵。

木棉庵在今天福建龙海区九龙岭下，距漳州市区12千米。庵外榕荫下竖立的"宋郑虎臣诛贾似道于此"石碑，系明代抗倭名将俞大猷所题，又有清乾隆年间龙溪知县袁本濂重立的石碑。碑前又有1936年所建长方形石亭称"木棉亭"，亭有楹联称"明千秋大义，为天下除奸"，亭记更直言"区区筑亭之旨"乃是"激我国民惩奸爱国之心"。纪念郑虎臣诛贾似道事件都是在抗日（倭）战争的特别背景下出现的，等于是将贾似道钉在了历史罪人的耻辱柱上。

明俞大猷"宋郑虎臣诛贾似道于此"碑刻

不过关于贾似道之死的最早记载，甚至连郑虎臣诛杀的情节也是非常含糊的。宋末的笔记《齐东野语》只说贾似道是病死，"小泊木绵庵，竟以疾殂，或谓虎臣有力焉"。稍后的《山房随笔》则说郑虎臣曾被贾似道"以罪配之"，而当时陈宜中等"欲置之死地"，才让郑虎臣在押送途中将贾似道虐待致死。《宋季三朝政要》则径称郑虎臣将贾似道"拉其胸杀之"，但都指郑虎臣对贾似道是仇杀或权斗谋杀。第一次赋予郑虎臣诛杀贾似道正义色彩的是《宋史·贾似道传》，郑虎臣动手前有"吾为天下杀似道，虽死何憾"，不过叙述角度主要是诛灭奸臣而不是民族大义。

▎民国《木棉亭记》碑

第十八章 合川钓鱼城
嘉陵江中半江血

合川钓鱼城遗址在重庆市合川区的东城半岛上。嘉陵江的支流涪江和渠江在此交汇，江面宽平，水势浩渺。该半岛三面临江，东边又有钓鱼山，形势险要，自古为"巴蜀要冲"。

现存的钓鱼城遗址主城区面积约2.5平方千米，由钓鱼山山顶环城及主城，南、北一字城墙及南、北水军码头共同组成。在钓鱼城主城的内城，除了宋代的摩崖佛教造像、历代碑刻、明清护国寺、忠义祠等地面遗存外，还有宋代"九口锅"大型建筑群基址，以及石照县衙、武道衙门、军营校场、天池泉井、古隧道等遗迹。其中内城垣及南北一字城墙、南水军码头、水寨炮台等设施仍保留着南宋时期的原貌。

引 言

南宋虽然以投降而灭亡，但流亡政权与地方抵抗坚持了很久，也留下了诸多历史遗迹。钓鱼城之所以特别重要，是因为这里的抵抗贯穿了蒙古三次灭宋战争。在第一次抗击蒙军时，钓鱼城的城池开始构筑；第二次宋蒙战争中，蒙哥命丧钓鱼城下，极大地改变了历史的进程；第三次，在宋廷已经投降的情况下，钓鱼城仍书写了坚持抗战和保护军民等可歌可泣的英雄篇章。

除了钓鱼城外，我们寻访过的宋亡遗迹还有很多。

贾似道被诛后，元军继续深入，南宋各地守将多弃城而走。元军再次包围扬州后，分兵三路直奔临安，其中右路军出广德，进迫独松关（今浙江安吉南独松岭）。守将张濡在上柏镇（今浙江安吉东南）与元军激战，最终战死，独松关失守。2017年1月15日我参加单位组织的在安吉的活动，那一次就有参观独松关的安排。

面对元军进攻，陈宜中与谢太后没有组织临安城内外10余万勤王军进行抵抗，而是多次向元军求和。德祐二年正月嘉兴府守臣刘汉杰以城降，三路元军在临安城北长安镇（今属浙江海宁，也是我的家乡）一带聚集，从临平镇进驻临安府北十五里的皋亭山，文天祥受命往元营议和时与元军主帅抗辩，结果被拘。全国各地至今保存或新建的文天祥遗迹、纪念设施甚多，我曾于2021年6月7日往皋亭山寻宋，皋亭山就有文天祥塑像。

谢太后派员献传国玺与降表降元，二月五日，宋帝赵㬎出降，而益王赵昰、广王赵昺经婺州逃往温州。德祐二年五月，已逃亡福州的陈宜中、张世杰、陆秀夫、苏刘义等人扶立赵昰为帝，改元景炎，是为端宗。依靠海商蒲寿庚迁泉州的计划失败后，张世杰将赵昰船队转移至潮州。此后流亡政权转辗广东沿海各处。景炎三年（1278）四月，赵昰去世，陆秀夫、张世杰等立赵昺为帝，流亡政权又迁至崖山（今广东新会南约50千米的海上）。祥兴二年（1279）二月，元军从东、南、北三面进攻崖山，宋军大溃，陆秀夫背赵昺投海而死，赵昰母杨太妃与流亡政权数万人赴海，宋流亡政权彻底覆灭。2016年2月，我与老沈有一次珠海寻宋之行，主要目标是崖山海战遗址与天文祥《过零丁洋》的外伶仃洋岛。此外还有阳江市海陵岛海上丝路博物馆的南宋沉船"南海一号"，在海陵岛上我们又意外发现这里也有崖山海战中殉国的张世杰的陵墓。

文天祥写下"人生自古谁无死，留取丹心照汗青"的《过零丁洋》，是为了拒绝替元军招降陆秀夫。此前文天祥也在广东一带组织抗元，但在海丰五坡岭兵败被俘。明代时海丰县建方饭亭纪念文天祥，2019年2月春节家庭出游时我就寻访过方饭亭。那一次我们小家庭往返于潮州与惠州之间，途经的海丰县除了方饭亭，还有海丰县后鲘门镇平岭上比较神秘的"壮帝居"，这与深圳的宋少帝墓一样，都是明代乃至更晚构建起来的南宋流亡政权的纪念场馆。

（一）第一次灭蜀战争

《宋元学案》记载：

赵复，字仁甫，德安人。元师伐宋，屠德安。姚枢在军前，凡儒、道、释、医、卜占一艺者，活之以归，先生在其中。姚枢与之言,奇之,而先生不欲生,月夜赴水自沉。枢觉而追之,方行积尸间,见有解发脱屦呼天而泣者,则先生也,亟挽之出。至燕,以所学教授学子,从者百余人。当是时,南北不通,程、朱之书不及于北,自先生而发之。枢与杨惟中建太极书院,立周子祠,以二程、张、杨、游、朱六君子配食,选取遗书八千余卷,请先生讲授其中……枢退隐苏门,以传其学,由是许衡、郝经、刘因皆得其书而崇信之,学者称之曰江汉先生。

赵复是在端平二年蒙军第一次侵宋时被捕的。当时中路蒙军在窝阔台三子阔出率领下,自河南经唐、邓两州向京湖地区进攻,最终目标就是襄阳。在攻下襄阳之前,蒙军屠杀了攻破的枣阳(属今湖北襄阳)、德安。特别是德安府,由于军民坚决抗蒙,城破后"其民数十万,皆俘戮无遗",赵复就是俘虏中的一员。赵复本来打算自杀,但当时有原来金朝的儒生姚枢为蒙军寻访南宋人才,赵复就在姚枢的拯救名单上。姚枢所投靠的杨惟中也是原来金朝的学者,机缘巧合被窝阔台收养,他与姚枢一同寻访南宋人才,并将赵复召至燕京教授儒学,于是赵复成为程朱理学北传的关键人物之一。

在阔出进攻京湖地区的同时,窝阔台的次子阔端率西路军也在野蛮蹂躏四川地区,"五十四州俱陷破,独夔州一路及泸、果、合数州仅存"。蒙军所到之处,烧杀掳掠,无所不为。在四川的俘虏中,有一位眉州人唐仲明,他的祖父唐庚也是北宋后期的官员、诗人,因为与苏轼同乡并且也曾贬至惠州,故而有"小东坡"之称。蒙军掳掠的俘虏可以作为奴隶进行买卖,唐仲明在俘虏中被赵复发现，于是出资为他赎身。

等到第二次宋蒙战争蒙哥侵宋时，后来出使南宋议和而遭贾似道长期扣押的郝经在当时就随忽必烈军抵达了京湖战场。郝经曾跟随赵复学习，这时他就遇到了由赵复赎身的唐仲明，又由眉州人唐仲明联想到两次宋蒙战争中蜀地地狱般的遭遇，于是作了一首哀叹"嘉陵江中半江血"的《蜀亡叹》赠送给唐仲明：

钓鱼城护国门

> 子规啼缺峨眉月，嘉陵江中半江血。
> 青天蜀道为坦涂，马蹄蹴落阴山雪。
> 芙蓉城碎朔风急，虩虎磨牙绮罗穴。
> 不识兵戈三百年，叠鼓一声肝胆裂。
> 坡仙玉里子西孙，挺身北走来中原。
> 峨岷秋色横眉宇，肮脏独倚燕市门。
> 时望苏门一回首，漠漠万里烟尘昏。
> 古言蜀险甲天下，一夫扞御足成霸。
> 前刘后李王复孟，虎视中原雄并驾。
> 于今底事谷为陵，锦城万里趋龙庭。
> 当时不与秦塞通，一天自可延千龄。
> 吾子莫漫嗟飘零，厉阶权舆实五丁。

郝经写下这首诗时，蒙哥正在强攻合川钓鱼城，并派忽必烈渡江攻打鄂州，准备消灭南宋政权。

唐仲明被俘之后，窝阔台率主力撤出四川，此后蒙军再次入川，遭到孟珙、余玠等南宋将领组织的顽强抵抗。余玠曾入白鹿洞书院读书，后来投淮东制置使赵葵幕下，在抗蒙战争中屡立战功。窝阔台侵宋之后，余玠出任四川安抚制置使兼知重庆府，负担起恢复全蜀的责任。余玠抵达重庆府后，采纳隐居西川的播州（今贵州遵义）人冉进、冉璞兄弟的建议，利用合州钓鱼山的天然地理条件，在原四川制置副使、知重庆府彭大雅筑钓鱼城的基础上修筑山城，并迁州治至钓鱼山上，积粟防守，以阻挡蒙古骑兵的进攻。余玠还把建筑山城的经验推广至其他州郡，在四川地区构筑了由十余所山城构成的防御体系，同时在成都平原大兴屯田，减轻赋税，并主动出击进攻蒙军,收复兴元府等蜀边失地。但在淳祐十一年支持余玠的宰相郑清之去世后,余玠在朝中突然失势。此后余玠不但于宝祐元年被召赴临安后突然病逝,而且还在去世后被朝廷加上了"镇抚无状,兵苦于征戍,民困于征求"的罪状而抄没家产。明代的《宋史纪事本末》在记述这段历史时感叹"玠死之后,不特蜀非宋有,而国祚亦从可知矣"。

(二)第二次灭蜀战争

钓鱼城建在钓鱼山上,距原合州县城约十里,嘉陵江、渠江环绕钓鱼山北、西、南三面,形成一个环抱的钳形江流,两江汇合后往西流十里又与涪江汇合,地势险要,易守难攻。山高海拔391米,远望成鱼形,故名钓鱼山。山脚周围四十余里,总面积380多万平方米,在钓鱼山山腰凭险修有两道高二三丈的石城墙;沿嘉陵江的南北两面,还建有"一字城墙"。钓鱼城共建有八座城门,门上建楼,门外悬岩,无路可通。山顶则地势平旷开阔,开有周长达一百余米的天池一口,另有小池十三所、水井九十二眼,还有良田上千亩,军民长期居住山上,可无饥渴之虞。

钓鱼城始筑于嘉熙四年(1240),四川制置副使彭大雅筑重庆城时,派人于钓鱼山筑寨,作为合州军民临时避难蒙古兵锋之所。余玠守蜀时,于淳祐三年(1243)正式筑成此城,以为重庆屏障。守将王坚原为孟珙部将,在孟珙出任四川安抚制置使兼知夔州时随从入蜀,后来又成为余玠部将。淳祐十一年,王坚奉命收复兴元府,次年即进驻合州旧城。王坚到任后,动用十七万军民大修钓鱼城，钓鱼城至此才成为易守难攻的坚固堡垒，远近百姓闻风响应，迁入山城的人口多达数十万之众。

宝祐六年十二月二十九日，蒙哥派降将晋国宝往钓鱼城招降，王坚杀使以示抗蒙决心。开庆元年二月，蒙哥率军从鸡爪山渡过渠江，至距钓鱼城约五里的石子山上亲自督战。钓鱼城军民在外援断绝的情况下坚持战斗，凭借坚固的城堡和充裕的粮食储备以逸待劳，多次杀退来犯蒙军，士气非常高昂。蒙军长期作战，不但十分疲劳，而且天气渐热，水土不服，疾疫流行，士气持续低落。六月初，蒙古侵蜀急先锋汪德臣单骑至钓鱼城下招降宋军，为城中发出的飞石所击中，回营后即死去，蒙军士气更加沮丧。蒙哥因长期不能攻取钓鱼城，气急染病，被迫于七月下旬从钓鱼城撤兵，并于数天后病情加重而命丧钓鱼城下。也有记载称蒙哥于七月二十一日亲临钓鱼城新东门对面的脑顶坪台楼上瞭望指挥时，被城内射来的飞炮击中受伤而死。蒙哥去世后，侵蜀蒙军从重庆、合州等地撤兵北返。在领导钓鱼城保卫战取得辉煌胜利不久后，王坚被调往临安，出任侍卫步军司都指挥使。

（三）第三次灭蜀战争

蒙哥身亡后时隔16年，即德祐元年，忽必烈在丁家洲击溃贾似道。九月，贾似道被贬死。十月，由丞相伯颜率领的元军分三路进攻临安府。十一月，元军攻破独松关，临安门户被打开。谢太后急召文天祥守余杭，同时向元军求和。德祐二年一月，伯颜进驻皋亭山。谢太后于是派人向伯颜奉上传国玺与降表。临安投降后，谢太后因病暂留临安，宋恭帝赵㬎与全太后、福王赵与芮等数千人被元军掳至大都，后又至上都（开平府，今内蒙古正蓝旗东北）入觐忽必烈。赵㬎成年后出家为僧，学佛法于吐蕃，至治三年（1323）被赐死。

临安投降后，少数守臣与将领仍坚持抗元。其中张珏于德祐元年四月被任命为四川制置副使、知重庆府。六月，包括成都在内的四川各地多已降元或沦陷，坚持抗元的重庆则被层层包围。十二月，张珏率领军队与元军多次血战，终于进入重庆府，并派士兵往广东寻找南宋流亡政权，又在钓鱼城营建宫殿，准备迎接益王与卫王到来，以重建南宋政权。景炎二年（1277），元军加强了对四川残存州县的进攻，加紧对重庆府的进攻，并多次派人招降张珏，都被张珏拒绝。景炎三年二月，张珏终因寡不敌众，被元兵攻入城内。张珏率兵巷战，战败，以小船载妻子东走涪州，中途投水欲自杀不成，遂为元兵俘获，最后壮烈牺牲。

景炎元年（1276）十二月，张珏入重庆府后，钓鱼城由统制王立继守。起初，王立尚能严加守备，以"兵民相为腹心"，同时不断攻打合州周围为元军占领的州县，收复了果州（今四川南充东北一带）、青居城（顺庆府治，今四川南充南）、遂州（今四川遂宁一带）等地，与张珏在重庆府的抗战遥相呼应，互为犄角。第二年，元军加强了对钓鱼城的进攻，尽管城中粮食极端缺乏，甚至出现了易子而食的惨景，但军民仍然顽强守御。景炎三年二月，重庆府沦陷，张珏被俘，元朝得以集中兵力围攻钓鱼城。此时钓鱼城已几年得不到外界消息，元兵向钓鱼城招降，并宣称张珏已降，南宋已亡，"尔既无主，为谁守乎？"这种形势下抗元斗争已完全没有出路，为了城内十余万军民的生命，王立被迫向元军献城投降，从而结束了钓鱼城三十多年来可歌可泣的抗战历史。

与此同时，张世杰、陆秀夫先后拥立益王赵昰、卫王赵昺，并辗转温州、福建、广州等地，最后于祥兴二年二月在崖山兵败投海，南宋政权至此彻底覆灭。元军攻崖山之前，文天祥仍在广东潮州、海丰一带抗元。祥兴元年（1278）底，文天祥转至海丰北的五坡岭，吃饭时被突袭而至的元兵俘获。第二年正月，元兵把文天祥押到船上，命其招降张世杰，船队经过珠江口外零丁洋时，文天祥写下《过零丁洋》一诗表明心迹。至元十九年（1282）底，文天祥在大都柴市就义。

▎钓鱼城民国题刻

（四）鱼台一柱支半壁

我与老沈往重庆寻宋是在2016年3月下旬，主要目标就是钓鱼城与大足石刻，安排行程时发现合川涞滩镇也有特别精彩的二佛寺佛教石窟。特别意外的是，在重庆之行中，我们本以为将在钓鱼城遗址领略南宋山城的险要，结果发现钓鱼城保存最完整的古迹竟然也是佛教石窟，而所谓南宋钓鱼城的地面建筑早在元朝时便被毁灭殆尽。2016年，西华师范大学历史文化学院有硕士生撰写了一篇《宋蒙战争中的钓鱼城》，不过更有眼光的是2017年这所学校的另一个硕士生景俊鑫，他撰写了一篇《宋蒙战争之外的钓鱼城》，着重讨论了宋蒙战争之前作为佛教圣地的钓鱼山以及民国时期作为抗战精神堡垒的钓鱼城。这两篇硕士论文合一，才构成了钓鱼城历史遗迹的完整叙述。

唐宋时期，钓鱼山已经成为蜀中名胜，护国寺、千佛崖、悬空卧佛、飞来寺等佛教寺庙与石窟造像都在这时期兴建，与大足、安岳、涞滩共同构成了四川唐宋石窟造像的宝库。文人墨客也热衷于在钓鱼山燕集吟咏，留下了诸多摩崖题刻。今天重建的护国寺已经没有宗教功能，只作为钓鱼城博物馆使用。

关于护国寺的来历，文献记载也十分含糊，出现了唐代石头和尚希迁始建的说法。但据景俊鑫考辨，传闻中与护国寺有关的石头和尚应该是两宋之际的合川人，他是石工出身，曾在钓鱼山凿石室参禅。护国寺则是绍兴年间（1131—1162）由田少卿始建，最早应该在钓鱼山南麓，而非钓鱼台之上。据悬空卧佛边上南宋庆元二年进士王休"一卧千古"的题刻，卧佛的开凿时间可能在两宋之际，千佛造像崖侧则有王休"山人足鱼"的题刻，开凿时间可能也在北宋时期。此外，乾道年间知合州丁觉派人在钓鱼台崖壁镌刻北宋石曼卿"无量寿佛，释加文佛，弥勒尊佛"摩崖。飞乌楼则是南宋钓鱼山上著名的楼阁，现有"飞乌楼"三字隶书碑存于新建的"石照县衙"。

王立投降后，钓鱼城军民免遭屠杀，但钓鱼城建筑遭到彻底破坏，今天只能在部分墙基找到少量宋代城砖，护国寺在元朝应该没有幸免于难。明朝驱逐蒙古统治者之后，开始纪念宋蒙（元）钓鱼城之战，弘治年间修建了忠义祠，奉礼王坚、张珏两人。

1937年南京沦陷后，南京国民政府迁往重庆，1940年更明定重庆为中华民国陪都，钓鱼城遗址也随之成为全民族抗日的精神堡垒。

■ "飞乌楼"碑

今天游览钓鱼城风景区，除了欣赏山水美景、感受地势险要，更能直接地体会到佛教石窟、军寨遗址、抗日题刻三种不同时期遗迹层叠的人文景观。现在的景区极力将钓鱼城打造成宋蒙战争的纪念馆，其实真正是从那场战争延续至今的文物主要是九口锅遗址与王坚纪功碑残字。九口锅遗址是平坦岩面上诸多的建筑遗址之一，其中九个尺寸相当之大的圆坑传说是研磨火药的地方，而比较确定属于南宋的"凸"字形遗址被认为就是抗蒙战争中作为指挥中心的飞乌楼。至于护国寺西南三百米碑亭内的王坚纪功碑，早在元朝就被千手观音造像覆刻。只是覆刻时并未磨平碑文，王坚纪功碑至今残存数十字，其中尚可辨认的还有"逆丑元主""王公坚以鱼台一柱支半壁"等语，这才是不可错过的钓鱼城保卫战的历史遗迹。

▌钓鱼城护国寺

钓鱼城卧佛

王休"一卧千古"摩崖题刻

相关景点

◎ （1）独松关

　　独松关在今浙江省安吉县与杭州市余杭区境的交界处，相传此地曾有千年古松，独松关正是因此得名。

　　独松关与位于余杭境内的幽岭关、百丈关并称"独松三关"，它位于高山狭谷间，是古代杭州—广德—建康（今江苏南京）一线的咽喉，也是南宋京城临安北侧的主要屏障。建炎三年（1129），金朝大将完颜宗弼（兀术）自广德过独松关，见无戍者，谓其下曰："南朝若以羸兵数百守关，吾岂得渡哉？"德祐元年（1275）元将阿剌罕自建康出兵，经广德破独松关，直取临安。

◎ （2）壮帝居

　　壮帝居也被称为"宋存庵"，位于广东省深圳市鲘门镇北面的南山岭华山腰上，是为纪念宋末皇帝及忠臣文天祥、陆秀夫等人而建的庙宇，庙内石壁上有"壮帝居"的大字摩崖。相传宋少帝赵昺曾流徙于此，清末时，海丰县反清复明组织"三点会"也曾以宋存庵作为发动起义的秘密基地和联络点。

壮帝居遗址摩崖

方饭亭遗址

（3）方饭亭

方饭亭坐落于广东省海丰县城北郊的五坡岭上。

祥兴元年（1278），文天祥在广东海丰五坡岭用餐时遭元兵袭击被俘。明代正德十年（1515），因邑庠生吴子昌提请，广东提学章朴庵令海丰知县杜表、县丞陈义、教谕林右、训导万秉和等于五坡岭上建立表忠祠，以纪念文天祥。不久，惠州守备陈祥又在表忠祠前建忠义牌坊，祠后建方饭亭。

方饭亭内，有文天祥石像与《衣带铭》"孔曰成仁，孟曰取义，唯其义尽，所以仁至。读圣贤书，所学何事？而今而后，庶几无愧"的题刻，亭前有"一饭千秋"石碑。现存方饭亭为1955年重建，2012年列为第七批广东省文物保护单位。

（4）崖门海战遗址

崖门位于广东省江门市新会区南端，是南海与银洲湖的相接处，因东面崖山与西面汤瓶山的对峙之势而得名。崖门是宋少帝赵昺最后的流亡地，也是南宋覆灭的最后战场。

崖门战场遗址现已开辟为旅游景区，景区内有崖山祠，包括大忠祠、慈元庙等。大忠祠与慈元庙是在明成化、弘治年间由陈白沙倡议兴建，大忠祠奉文天祥、陆秀夫、张世杰，慈元庙奉崖山海战中殉国的杨太后（宋度宗杨淑妃，宋端宗赵昰生母）。现存慈元庙等遗迹均为今人重建，唯陈白沙《慈元庙碑》仍存。

崖山祠

◎ （5）宋少帝陵

宋少帝陵，坐落于深圳南山赤湾村少帝路，在天后宫西约五百米处。宋少帝赵昺为陆秀夫背负沉海而亡，《赵氏族谱》及民间传说记载赵昺遗骸漂荡至此而被下葬。1911年香港赵氏后裔在此修建少帝陵。1984年，少帝陵得到重修。

宋少帝陵

◎ （6）张世杰墓与"南海一号"沉船

张世杰墓在阳江市海陵岛平章山下，靠近赤坎村旁的大海。墓碑是清乾隆七年（1742）所立，题"宋太傅枢密副使越国公张世杰之墓"，1986年，阳江县人民政府公布张世杰墓为文物保护单位。

海陵岛更加重要的宋代文物是海上丝绸之路博物馆收藏的

295

阳江张世杰墓

"南海一号"沉船博物馆

南宋古沉船"南海一号"。"南海一号"是一艘南宋初期的木质古沉船，在经海上丝绸之路向外运送瓷器时失事沉没。它从泉州港驶出，沉没地点位于广东台山市海域，1987年在阳江海域被发现，是国内发现的第一个沉船遗址，距今800多年。

"南海一号"是迄今为止所发现的，全世界的海上沉船中年代最早、船体最大、保存最完整的远洋贸易商船。沉船中共出水18万余件文物精品，为复原海上丝绸之路的历史、陶瓷史提供了极为难得的实物资料，可以让今人获得文献和陆上考古无法提供的信息。

附录文献

陈白沙《慈元庙碑》

世道升降，人有任其责者，君臣是也。予少读《宋史》，惜宋之君臣，当其盛时，无精一学问以诚其身，无先王政教以新天下；化本不立，时措莫知，虽有程明道兄弟不见用于时。迹其所为，高不过汉唐之间。仰视三代以前，师傅一尊而王业盛，畎亩既出而世道亨，之君臣何如也？南渡之后，惜其君非拨乱反正之主，虽有其臣，任之弗专，邪议得以间之。大志弱而易挠，大义隐而弗彰，量敌玩仇，国计日非，往往坐失机会，卒不能成恢复之功。至于善恶不分，用舍倒置，刑赏失当，怨愤生祸，和议成而兵益衰，岁币多而民愈困，如久病之人，气息奄奄，以及度宗之世则不复惜，为之掩卷而涕，不忍复观之矣。孔子曰："人之生也直，罔之生也幸而免。"刘文靖广之以诗曰：“王纲一紊国风沉，人道方乖鬼境侵。生理本直宜细玩，蓍龟万古在人心。"噫！斯言也。判善恶于一言，决兴亡于万代，其天下国家治乱之符验欤？宋室播迁，慈元殿草创于邑之崖山。宋亡之日，陆丞相负少帝赴水死矣。元师退，张太傅复至崖山，遇慈元后问帝所在，恸哭曰：“吾忍死万里间关至此，正为赵氏一块肉耳，今无望矣。"投波而死，是可哀也！崖山近有大忠庙，以祀文相国、陆丞相、张太傅。弘治辛亥冬十月，今户部侍郎，前广东右布政华容刘公大夏行部至邑，与予泛舟崖门，吊慈元故址，始议立祠于大忠之上。邑耆姓赵思仁请具土木，公许之。予赞其决，曰：“祠成，当为公记之。"未几，公去为都御史，修理黄河，委其事府通判顾君叔龙。甲寅冬祠成。是役也，一朝而集，制命不由于有司，所以立大闲，愧颓俗，而辅名教，人心之所不容已也。碑于祠中，使来者有所观感。弘治己未夏，予病小愈，尚未堪笔砚，以有督府邓先生之命，念慈元落落东山作祠之意，久未闻于天下，力疾书之，愧其不能工也。南海病夫陈献章识。

（录文根据道光版《新会县志》卷十二，清道光二十一年刻本）

后记：宋朝历史遗迹的四种类型
——对寻宋之旅的一点归纳

自2015年与沈波涛兄开启寻宋之旅以来，我至今完成的寻宋之旅不下50次，在公众号上展示的宋代遗迹影像也有200余组。无论从生活方式、旅行体验还是宋史研学的角度，寻宋之旅于我都是十分重大的突破性事件。今天学界、业界及市面上访古的活动与作品甚多，需要说明的是，我的寻宋之旅有比较明显的私人性质，最初只是想着去走更远、去看更多，并没有明确的考察目标与写作计划。这就造成了寻宋之旅的结果既是不明确的，也是开放性的。

在《寻宋》小书之外，对于寻宋之旅，我仍在不断地体会与思索。近来萦绕脑际最多的是历史事件、遗迹存留、文化记忆三者之间的复杂关系。从这个角度出发，似有必要对寻宋所见各处遗迹重新分类审视。在《寻宋》的前言中，我展示过当时为设定行程目标而提出的寻宋之旅的三条线索，即历史事件发生地、不可移动的文物遗迹、纪念场馆。三者的区分标准应该说是明确的,但这个分类仅仅是从设定行程目标的实用角度提出的,从历史记忆的角度来讲,问题就要复杂得多。核心问题是:那些历史印迹至今为何呈现在我们面前,今人又将如何从中获得历史信息?由此,我尝试将宋代遗迹分为延续型、宣示性、追忆性、空白型四大类。

需要说明的是,在讨论这些概念时,遗迹在当下的功能是一个重要的视角。但由于现代转型的完成及文物保护工作的普及化,绝大多数遗迹都已丧失了原本的社会功能,基本上都被列为不同级别的文物保护单位,因此这方面的问题不再一一讨论。

一、延续型遗迹

延续型遗迹是指形成时具有历史记忆以外的社会功能,并且其物质形态或原初社会功能长期延续的历史遗迹。"历史记忆以外的社会功能"主要区别于最初形成时即以历史记忆为重要功能指向的宣示性遗迹(典型如碑刻)而言。全国历代最重要、最知名的延续型历史遗迹当数水利工程类的都江堰、灵渠、京杭大运河等。此外,比较常见的延续型遗迹还有寺院与佛塔、孔庙与书院、道观教宫及各类祠庙,交通城建类的桥梁、城墙、宫殿等。

寻宋所见延续型遗迹,无疑以佛塔及寺院最多,简直不胜枚举。如杭州六和塔,始建于北宋初年,塔心至今仍是南宋原构,清乾隆皇帝多次游寺登塔,所属开化寺至民国才逐渐衰落,其宗教功能延续将近千年。至今仍具宗教功能的宋代寺院建筑则以少林寺初祖庵为典型。儒教除曲阜"三孔"之外,如泉州府孔庙大成殿也号称是宋代原构。宋代的道教建筑则有苏州玄妙观与莆田的元妙观的三清殿,以及别有意味的济源奉仙观三清殿。总体来看,三教中,宋代延续至今且仍保留宗教功能的多为佛教寺院;具有极高文物价值的孔庙与道观建筑,在今天主要承担博物馆的功能。

就观赏性而言,上述延续型遗迹,无疑以宗教石窟造像及寺院塑像价值最高。除了令人赞叹的大足石刻、安岳石刻,涞滩二佛寺造像与赣州通天岩造像也应该归入寻宋必游景点。寺院塑像中,济南灵岩寺及苏州紫金庵的宋代罗汉造像都令人激动;如果以大宋史观计,义县奉国寺大雄殿辽代塑像与朔州崇福寺弥陀殿金代彩塑也同样令人叹为观止。至于道教造像,虽然也出现在大足石刻、安岳石刻中,但最值得瞻仰的是泉州清源山的老君岩。

三教以外,其他重要的祠庙至今仍可能保留宗教功能。其中最显赫的是源于宋代的湄州妈祖庙;首次敕建、敕封均在北宋时期[分别在真宗大中祥符年间及徽宗崇宁年间(1102—1106)]的解州关帝庙亦不能说已完全丧失宗教的意义;岱庙等五岳的祠庙虽然已经罕见祭祀活动,但毕竟没有改变其"供奉山神"的性质。此外值得特别推荐的还有瑞安圣井山石殿,它不但是宋代延续至今且保存完好的典型民间祠庙(水井崇拜),而且是中国地面文物中殊为罕见的全石构建筑。虽然今天的圣井山石殿是纯粹的文物保护单位,但据我游览所见,民间祭祀活动并未绝迹。

现存的宋代桥梁数量十分惊人,但规模不一,既有惊世之作,亦有更多僻乡小桥。中国古代四大名桥中,泉州洛阳桥、潮州广济桥、北京卢沟桥均始建于宋代,其中洛阳桥虽屡次修复,至今仍算是宋代原构,并具有交通功能。此外值得推荐的有九江观音桥、义乌古月桥与德清寿昌桥。观音桥是长20余米的纵列单拱榫卯结构石桥，气势雄伟，周边名胜众多，桥底题刻清晰记载建桥年份、筹款僧人及建桥石匠姓名。更令人赞叹的是它建于大中祥符七年而未曾坍塌，可能是真正中国现存最古老的桥梁。咸淳年间（1265—1274）建造的德清寿昌桥保存完好且长35米有余。嘉定六年（1213）建造的义乌古月桥也有30余米长，其特别之处在于采用单拱纵联分节并列砌置法建造，桥拱呈五边形，与《清明上河图》中著名的"虹桥"形制相似。

宋代城墙遗迹的情况就比较复杂。目前保存比较完好的宋代城墙首推赣州古城墙，其次是寿县古城墙。在赣州古城墙寻觅到北宋"熙宁二年"砖铭是整个寻宋过程中最令我兴奋的体验之一。南宋砖铭在赣州古城墙则随处可见，寿县古城墙也有"建康许都统造"的砖铭。赣州与寿县的古城墙是典型的延续型遗迹。

也有其他类型的古城墙遗址成为我们寻宋的目标。比如被确定为明代古建筑的第五批全国重点文物保护单位襄阳城墙，因为宋末的襄阳之战而成为寻宋之旅的一站。北宋都城开封当然是寻宋的重点，但开封宋城早已不存，现在可寻的是在大梁门、新郑门发掘出的"城摞城"考古遗址。就本文的分类而言，襄阳城墙与开封城墙考古遗址应该归为空白型遗迹。

在水利工程中，京杭大运河很大程度上属于宋代的延续型遗址。流经我家乡的上塘河是京杭运河杭州段的重要组成部分，其上的长安闸、长安坝是京杭运河上最具代表性的交通水利工程，宋代著名诗人、日本入宋僧成寻对此多有记述。上闸桥就在我老家附近，长安坝则是我上小学的途径之地，二者于寻宋及延续型遗迹中均有突出的典型性，其中长安坝的使用至少延续到我的小学时代。此外，莆田的木兰陂也是著名的宋代灌溉类水利工程之一；宁波它山堰始建于唐，现存主体建筑却形成于宋，因此也可算作宋代遗迹。

如我在《寻宋》前言中所讲，《寻宋》没有明确的写作计划，我也不是文物考古或旅游方面的学者，因此并不能对所至宋代遗迹一一有所论述。但寻宋之旅对我理解宋史有多方面的启发，撰成小文一般都是因为这些宋代遗迹让我产生某种困惑，进而推动我追究之前忽略的宋史相关问题。从遗迹类型的角度讲，这些成为撰文主题的宋代遗迹一般都与历史记忆的形成有着错综复杂的关系。

进入《寻宋》小文的延续型遗迹有"三塔一祠一陂"。"三塔"是定州开元寺塔、开封铁塔与繁塔。开元寺塔的问题相对比较简单，在书稿中篇幅最短。开元寺塔原属的开元寺早已湮灭，目前仅是一处文保单位，但近年有重建开元寺的消息传出。开元寺塔特别雄伟挺拔，现存11级，高度将近84米，号称"中华第一塔"，还有记载表明该塔最初有13级之高。在宋史上，定州开元寺塔的特别之处是地处宋辽边境，因其惊人的高度而被认为具有瞭望辽国军情的功能，有"料敌塔"的称号。塔内题刻众多，内容多为当地军民佛教结社施捐的题名，其中一处有施主提及为祈求寻得陷于敌境的母亲而施财并得偿所愿的记录，令人深切感受到边境生活之艰难，小文的撰写实由此而起。但开元寺塔现不开放登塔，我也无缘亲眼得见塔内众多的题刻。至于开封铁塔与繁塔，它们其实是北宋东京仅存的延续型遗迹，在靖康之难后历尽沧桑，是描述开封城千年变迁的最可靠的见证。

"一祠"即晋祠。记得中学课文有《晋祠》一篇，盛赞晋祠圣母殿仕女彩塑，不过以我目之所及，其观赏性恐不及灵岩寺、紫金庵罗汉塑像。唯晋祠主殿所祀由唐叔虞易位于圣母实乃千古之谜，

《寻宋》小文即围绕晋阳对于宋政权的特殊意义重新铺陈此事。文章之外，延续数千年的晋祠的整体格局几乎综合了中国古代政治文化所有的要素。儒释道三教尚在其次——民间信仰中的水神崇拜、无土不王的封建制度及合纵讨伐的帝王意志三者的纠缠，才构成了晋祠延续、层叠及错位镶嵌的建筑格局奇观。

"一陂"是木兰陂。其实莆田木兰陂与宁波它山堰跟王安石都有或紧或疏的关系。以木兰陂来写与王安石相关的遗迹，正好突出实用工程延续型与追忆性遗迹的反差。

有关王安石的文献记载或专题研究卷帙浩繁，但他在历史遗迹中几乎已经消亡。这里当然涉及历史评价的问题，但王安石毕竟不是钦定的奸臣。他拥有过接近圣贤的地位，以丞相、太傅的身份下葬，在历史上有高规格的陵墓与祠庙，但宋代延续至今的、与王安石相关的遗迹几乎无处寻觅。可以说，在历史遗迹的系统中，有关王安石的历史记忆基本处于湮灭状态，在这种视角下木兰陂就会成为非常特殊的照应。木兰陂是地方土豪兴建而泽被至今的水利工程，虽然无法跟王安石直接联系起来，但其成功无疑得益于熙丰变法中的农田水利法。站在木兰陂追忆王安石，禁不住感叹功业仍在而功名乌有，但正如苏轼在《王安石赠太傅制》中所言"方需功业之成，遽起山林之兴。浮云何有，脱屣如遗"，这何尝不是王安石人格的写照！

沧海桑田、变幻无常似乎是历史的常态，在这样的背景下，亘古延续的社会现象与历史遗迹都是值得赞叹的文化结晶与人间奇迹。因此对延续型历史遗迹的理解与处置，就不应该等同于被本文归为空白型遗址的考古遗址。延续型遗迹不仅具备更高的文物与历史价值，更是真正将历史与现实一体化的物质与社会实践的载体。

换言之，只有在延续型遗迹面前才能真切体验到自己仍然置身于历史的情境中，而寻访其他类型的遗迹更多是让人感受到历史书写的权力意志、历史文化的构建性、历史时间的断裂性。

二、宣示性遗迹

宣示性遗迹其实就是碑刻与摩崖两大类文献型历史遗迹，其原初制造的唯一目标就是向世人展示、为后人保留历史记忆，文献刻石是这类遗迹的固有形式。

相对而言，摩崖提供的文字信息比较简单，一般只是"某某到此一游"的记述或山水题名、赞语、诗句之类。也有文字特别多的摩崖，如桂林龙隐岩的元祐党籍碑及泰山的唐摩崖、宋摩崖。但这类摩崖就文献内容而言可以直接归为碑刻，只不过以山为碑更加宏伟、更具展示性而已。如元祐党籍碑自题为"碑"，且是北宋碑文的复刻；泰山唐摩崖、宋摩崖均自题为"铭"；宋真宗的《登泰山谢天书述二圣功德之铭》（宋摩崖）则本身就是五巨石碑刻的复本。

散落各处的宋代名人或籍籍无名者的摩崖难以完整统计。寻宋所见，以福州鼓山最为繁密壮观，桂林龙隐岩摩崖亦别具政治意味。不过真正写入《寻宋》小文的摩崖是延安嘉岭山摩崖。嘉岭山摩崖唯"嘉岭山"三字号称范仲淹手题，其余实为后世赞颂范仲淹之辞，如"先忧后乐、出将入相""胸中自有数万甲兵""泰山北斗，一韩一范"等。《寻宋》小文将嘉岭山范仲淹摩崖放在宋夏战争与范仲淹其他遗迹之间进行比照，对我来说，这种对比别有一番趣味。

宋夏战场是访古爱好者热衷的目标，我们也寻访了好水川、大营古城（葛怀敏养马场）、上店子古城址（定川寨）等与范仲淹相关的宋夏战争遗址，但这些都被我归为空白型遗迹。小文中还提到苏州天平山的范仲淹祠庙、商丘应天书院及洛阳范仲淹墓、岳阳楼等各处范仲淹的追忆性遗迹。作为宣示性遗迹，延安嘉岭山摩崖正处于空白与追忆之间，或者说是历史的记忆与遗忘之间。从研究范仲淹的角度讲，这种现象提示我们一个非常重要的问题，即在宋代政治军事史中，范仲淹之于宋夏战争是极重要的一环，但在后世对范仲淹形象的塑造中，更多强调的是他先忧后乐的精神及范氏义庄的影响。也就是说，范仲淹生平行迹与历史记忆之间存在着较为明显的错位。

宋代碑刻不计其数，早已是宋史研究的重大课题。《寻宋》各篇涉及碑刻者尤多，计有11篇小文，涉及16种碑刻，包括晋祠的宋太宗《新修晋祠碑铭并序》、定州开元寺塔的刘希遵碑、濮阳宋真宗的回銮碑、泰山宋摩崖即《登泰山谢天书述二圣功德之铭》、曲阜万人愁碑、岱庙的大宋天贶殿碑、桂林的平蛮三将碑、滁州的醉翁亭记碑、永丰的泷冈阡表碑、安阳的昼锦堂记碑、杭州的表忠观碑、桂林的元祐党籍碑、赵县的大观圣作之碑、大名的五礼记碑、莆田的万寿宫诏碑，以及开封府题名记碑。

《寻宋》多凭碑刻撰文，无疑暴露了史学工作者对文字的特殊偏好。这些讨论碑刻的篇章，有些只是单纯讨论碑刻上文字背后的故事，比如"泷冈阡表碑"一篇，碑刻的文字形成过程形成了这一篇文字的主线，碑刻本身的故事则并没有特别之处。但是其中亦有数篇是对碑刻与历史记忆复杂关系的展示，涉及到碑刻的制造、销毁与再造等复杂的问题，对于如何在历史研究中更好地解读文本，或许能有一定的启发。

苏轼与表忠观碑的故事，是"碑刻制造"问题的典型呈现。世人皆称表忠观碑刻于元丰，毁于崇宁，其实苏轼自称此碑"不见入石"，他也终身未见表忠观建成。表忠观及碑直到南宋高宗宣称"最爱元祐"才有机会面世，在元朝被毁，在明代又重刻。这段历史涉及苏轼的党争史与两宋之际政治路线的切换，本来已是一个精彩的故事。但对我触动更大的是苏轼一生纠缠于表忠观的修建与此碑刻石问题，这与入宋后朝廷如何处置吴越国遗产及钱氏家族的问题密切相关，可以说极大地拓展了我对宋以前地方政权关系的认识。令人意外的是，2020年《寻宋》出版之际，在杭州钱王祠景区重新发掘出了失踪已久的南宋刻表忠观碑碎石四块，正可谓是念念不忘，必有回响。

关于碑刻的销毁，崇宁年间有过毁禁元祐党人文字的运动。据说除了杭州大麦岭的苏轼题刻，苏轼手书碑刻无一幸免。《寻宋》提到的苏轼被毁题刻是滁州的醉翁亭记碑，当然此碑的有趣之处主要在于一文多碑。在被销毁的宋代碑刻中，真正令人震惊的是宋真宗《登泰山谢天书述二圣功德之铭》，它被破坏并不是迫于朝廷的政令，而是出于地方文人的无聊之举。将泰山之巅的宋真宗摩崖磨平后复刻寇准的《咏华山》，总让人感到一丝荒诞，而这一切事实上关系到史籍对寇准与宋真宗相关史迹的反复掩盖与扭曲，因此泰山之行是我此后对寇准与真宗朝历史开展专题研究的重要因素之一。

《寻宋》还提到了另一通非常特殊的碑刻，那就是中国古代形制最大（高16.95米）的曲阜万人愁碑，它的制造与销毁都别有意味。万人愁碑特别高大，这件事本身是宋徽宗政治幻觉的体现，而该碑未刻文字并非是武则天无字碑式的"功过难评"，只是北宋速亡导致的未及时刻石。如果说"最高大的碑刻未及时刻上文字"的故事已经足够精彩，那么清朝有意将其推倒断毁才让人真正体会到历史的诡异，甚至让人禁不住惊叹，史籍中很多我们熟视无睹的文字会在田野中暴露出隐秘的邪魅。

至于说碑刻再造的故事，印象最深者一是南宋"最爱元祐"之后，元祐"奸党"后人在桂林重刻"元祐党籍碑"；二是徽宗年间知大名府梁子美磨平由柳公权撰文并书丹的何进滔德政碑，替之以宋徽宗的《御制大观五礼记之记》。此外还有撰写《寻宋》时未及寻访的司马光神道碑。今人所见的司马光神道碑是宋代碑额、碑座与明代重刻碑身的组合。司马光神道碑由苏轼撰文、书丹，但并非毁于崇宁年间，而是毁于曾经亲篆碑额的宋哲宗亲政伊始，以致明代朱实昌重建此碑成了对一段破碎历史本身的拼补。

之所以将摩崖与碑刻称为宣示性遗迹，是因为其制造本身体现了历史书写的权力意志。而摩崖与碑刻出现后的显隐、存毁、移动与重造，无不构成一部书写权力的斗争史。

三、追忆性遗迹

追忆性遗迹是指宋代文物本身并未延续或者在宋代本来就没有物质形态，后人出于追忆、纪念或虚构历史关联的需要而重建或新建的文化设施。个人认为，追忆性遗迹是理解历史遗迹非常重要的视角，但必须区分屡毁屡建与重建之间的区别。长期保持原状的文物其实非常罕见，屡毁屡建是文物延续的常态，而追忆性遗迹的重建是指在原来的文化设施长时间消失，其遗址已另作他用的情况下进行再建，这里的"长时间"往往以一个朝代的长度来计量。举两个例子用来对比，滁州醉翁亭是延续型遗迹，而苏州沧浪亭可以归为追忆性遗迹，理由是两者不同的重建记录：

> 至于醉翁亭景区，北宋欧阳修守滁后盛极一时，政和年间开始衰落，宋金战争时毁于兵火。绍兴二十年（1150）醉翁亭重建后稍有恢复，开禧北伐时又遭金兵焚毁。元代醉翁亭曾有重修，明代再次兴盛，有记载的重建葺治就有七次，并由东而西形成了醉翁亭、二贤祠、冯公祠、宋宝斋、毕春亭、梅亭等组成的建筑群，文人题咏层出不穷。清代醉翁亭景区平稳维持，又毁于咸丰兵乱，同治年间多方资助得以重建，二贤祠也变成了欧、苏两文忠公的祠堂（原祀王禹偁与欧阳修）。此后再经1925年大修，增建醒园，1940年又毁于日军，再由琅琊寺僧逐渐整修。中华人民共和国建国后，醉翁亭于1956年列为省级重点文物保护单位，1961年建成了欧阳修纪念馆，1981年重刻苏碑，1983年新建六一亭，现今的欧阳修纪念馆则是2003年复建而成。（以上为醉翁亭重建记录）

> 章氏失势后，绍兴年间抗金大将韩世忠便从章家夺走沧浪亭，沧浪亭由此改称"韩园"……元明时期，韩园废为寺庵，但仍有文人在庵中寻访沧浪亭。清康熙年间，先后有江苏巡抚建苏舜钦祠与沧浪亭园林。民国时期，沧

浪亭先后成为修志局、医学堂等。1932年又在此设立苏州美术专科学校，建起希腊柱廊式新校舍。（以上为沧浪亭重建记录）

不难发现，醉翁亭的重建在两宋元明清及至民国从未间断。而沧浪亭在南宋被韩世忠占有后可能已经消失，元明两朝更长期"废为寺庵"了无痕迹，只是作为文人追忆的对象存在于精神世界之中。康熙年间，明显是为纪念苏舜钦才重建沧浪亭。这就完全符合本文对追忆性遗迹的界定。

寻宋所见追忆性遗迹以名人纪念馆及陵墓为主，而且纪念对象均有特定指向，主要就是著名文人与理学家，抗金、抗元英雄及南宋流亡政权。这些宋代追忆性遗迹非常清晰地呈现了后世宋史记忆的基本脉络，十分有助于我们理解"宋朝"作为文化遗产具有的特定含义，也为反思宋史研究提供了特定的视角。

落实到具体的追忆性遗迹，又有以下诸多话题值得特别讨论。首先是陵墓作为历史遗迹的不同形态问题。我们寻访过的宋人陵墓数量十分之多，这其中称得上延续型遗迹的宋代陵墓包括赫赫有名的杭州岳飞墓、郏县苏轼墓（三苏墓）、九江周敦颐墓、洛阳二程墓等。而规格更高的宋朝的巩义皇陵与绍兴六陵，以及现在相当著名的西夏王陵，都在改朝换代时遭遇系统性破坏，现在所见不过是一堆废墟，甚至早已被夷为平地，只是文物保护与考古发掘的对象。除了零星的赵氏后裔可能会有祭祀活动，这些帝王陵墓作为追忆性遗迹的功能似乎也并不存在——毕竟没有人会主张像纪念岳飞或者苏轼、二程那样去纪念宋、西夏的帝王。因此宋代最高规格的陵墓虽然具有极高的文物价值，却既非延续型也非追忆性，只能被我归为空白型遗迹,类似者还有以石像生著称的宁波史弥远家族墓。另一种情况是陵墓的地面部分早已湮没,但地下部分仍较完整,最终通过考古发掘重现天日,如非常有名的黄岩赵伯澐墓,以及稷山马村砖雕墓(据称该墓没有棺木而直接陈尸于尸床,尸骸已"化有为无")。

《寻宋》涉及到的周敦颐墓是介于延续型与追忆性之间的遗迹。周敦颐墓在两宋元明清之间从未消失,问题是,如果不是南宋朱熹极力抬高周敦颐在理学史上的祖师地位,为此甚至不惜篡改周敦颐的生平事迹,周敦颐的墓可能在南宋就已湮没。而如果不是湘军在进入江西后刻意抬高他们这位乡贤,也不会形成现在这样规模宏大的周敦颐墓。所以周敦颐墓的延续其实源自两次特殊的追忆需求。

还有一类作为追忆性遗迹出现的宋代陵墓就比较特别,比如位于代县一个农家院落中的杨七郎庙及"宋赠武勇将军延兴杨公神墓"。该遗迹附近的鹿蹄涧村亦有杨忠武祠,但不过是附会民间杨家将戏曲的结果,这个杨七郎墓更连附会都谈不上,属于凭空想象的产物。类似的情况还有深圳的宋少帝墓、阳江的张世杰墓,这些由南宋流亡政权的民间传说衍生出来的陵墓及其他遗迹(如汕尾壮帝居),构成了两广及福建地区独特的宋朝历史记忆现象,非常值得相关的学科展开专题研究。

一般来说,追忆性遗迹在满足重建者历史记忆需求的同时,往往会掩盖其他历史痕迹。比如沧浪亭在元明是寺庵,民国以来也建设过苏州美术专科学校等机构,但今天的沧浪亭完全作为苏州园林的代表而存在,苏舜钦则成了如今沧浪亭的精神核心。类似的情况还有半山园,事实上王安石在世时就已舍宅为寺,历史上从来没有作为王安石遗迹而存在的半山园,直到1984年该遗址所在的海军指挥学院以王安石故居的名义新建起几间命名为"半山园"的房屋。

另一种特殊的情况是,遗迹中与其他历史相关的遗存过于辉煌,以至不可能被追忆的对象所掩盖,如登封嵩阳书院。"嵩阳书院"这个名号显然是为追忆北宋反变法派士大夫而设立的,但书院中的宋代文物只有几处不起眼的碑石,"二程兄弟在此讲学"及"司马光在此编修《资治通鉴》"的事迹在史籍的记载亦相当含糊。如今,这里真正能引起访古者兴趣的只可能是汉代的将军柏、东魏的嵩阳寺造像碑与唐代的嵩阳观《纪圣德感应之颂》碑,宋代的嵩阳书院不过是绚烂的嵩阳文化史的尾声。这也意味着历史记忆的依据从来不是文物价值,而只是某种特殊的信仰。

今天,我们仍然会依据现实的需求新建追忆性历史遗迹,这本是正常现象。最新的案例是杭州的德寿宫遗址。作为考古遗址,德寿宫遗址原本应该被本文归为空白型遗址,但随着承担"南宋博物院"功能的德寿宫宫殿复原工程的完成,它即将成为新时代追忆性遗址的一个典型。

四、空白型遗迹

空白型遗迹的形成其实有两种可能。一种是当地发生过历史大事件,但本来没有重要的文物设施,后来也无人构建纪念性场馆,只是成为历史凭吊的场所。比如总是会有人探访杨业兵败的陈家谷,或者宋军惨败的好水川战场,事实上这些战争的具体发生地点已无从确认,更遑论文化设施。另一种是遗迹所在地曾经有辉煌的文化设施,但遭破坏后几乎被夷为平地,也无人再重建或新建文化设施——这当然不包括考古发掘与单纯的文物保护工作。比如长期作为茶园而存在的绍兴宋六陵,就是后一种空白型遗迹的典型。就第一种情况而言,几乎所有已经消失的宋朝物质景观都可以计入"空白型遗迹",比如早就灰飞烟灭的两宋皇城。

我们今天在空白型遗迹中寻宋主要包括以下几种情况。一种是寻访了无痕迹的重大事件发生地,比如在徽县铁山风景区瞭望仙人关之战遗址杀金坪,在北京西直门外凭吊高梁河之役,或者在马鞍山采石矶遥想虞允文与完颜亮的对峙。更多时候,被寻访的空白型遗迹是通过考古发掘而形成的重大事件或重要文物的遗址,比如准备申报世界文化遗产的合川钓鱼城遗址;曾经是秦桧宅第及两位太上皇寝宫的杭州德寿宫遗址;宋夏战争遗留的众多古堡寨遗址,如大营古城(葛怀敏养马场)、上店子古城址(定川寨)等;各种宋代窑址;不再作为纪念场馆的宋墓遗址,除前面提到的宋、西夏帝王陵与宁波史氏家族墓,还有长兴章惇墓等;宋代重要宫观遗址,如曾经沦为养殖场的登封崇福宫、只剩几处残石的曲阜景灵宫、杭州洞霄宫;等等。

就空白型遗迹的视角而言,陈桥驿是一个非常特殊的案例。"陈桥兵变"发生后,陈桥驿长期只是"城北一传舍",毫无纪念性质,直至宋徽宗突发奇想将其建成纪念宋朝开国的显烈观。但显烈观不久就在靖康之难中化为乌有,元明时期的陈桥驿只是一处空白型遗迹,在清代及中华人民共和国建国后才有纪念性质的碑刻与文物保护设施的出现。虽然今天的封丘陈桥驿也算一处追忆性遗迹,但令我印象最深的仍是显烈观作为纪念场馆的迅速消亡及其长期空白的历史——似乎纪念的虚妄更能显出空白与遗忘作为历史真相的重要性似的。

与其他各类历史遗迹相比，空白型遗迹才是历史与现实的常态，标志着历史的断裂、塌坍、遗忘、消逝。也只有站在荒僻的空白型遗迹面前，历史的沧桑感才会扑面而来，独自怆然的凭吊情怀才会在寻访者心中油然而生。

余　言

以上只是对仍在持续中的寻宋之旅的一点简单归纳，显然谈不上具有任何理论性的价值，而且前人很可能早已有对于这方面更深刻、精准的论述。只是寻宋所见各类遗迹一般多被列为文物保护单位，其保存、开发、利用的状态及为世人了解的程度各不相同，以上的简单分类或许能为文物的保护利用工作提供一些浅显的分析便利。比如延续型遗迹一般都保存完整、制造精良且仍然承担重要的社会文化功能，这类遗迹最适宜在采取充分的文物保护措施的基础上，投入资源，有效地开发利用其本身的文化功能及由此衍生的旅游功能。宣示性遗迹的利用重点是系统地开展学术整理研究。追忆性遗迹的利用重点应该是承担其应有的文化教育功能。而空白型遗迹主要是考古工作者与访古爱好者活动的对象，对于单纯的访古爱好者而言，这类遗址保护的实际需求主要是系统的寻访资料与实地的寻访标识。